André van der Braak

Liegestütz zur Erleuchtung

André van der Braak

Liegestütz zur Erleuchtung

Lehrjahre bei einem amerikanischen Guru

Aus dem Englischen übersetzt von Oliver Fehn

Edition Spuren

Die englische Originalausgabe erschien 2003 unter dem Titel
«Enlightenment Blues» bei
Monkfish Book Publisihing Comp., Rhinebeck, NY 12572, USA

Edition Spuren
Wartstraße 3, CH-8400 Winterthur
edition@spuren.ch www.spuren.ch

Übersetzung: Oliver Fehn
Lektorat: Martin Frischknecht
Umschlaggestaltung: Marco Perini
Printed in Czech Republic by Finidr
ISBN 3-033-00037-1

Inhaltsverzeichnis

Geleitwort

Liegestütz zur Erleuchtung ist ein Erfahrungsbericht über die aufrichtigen und ausdauernden Bemühungen eines jungen Mannes, sein Leben gemäß den Lehren des amerikanischen Gurus Andrew Cohen auszurichten und zu transformieren. André van der Braaks Geschichte ist gnadenlos ehrlich und aufwühlend, er schildert anschaulich und aus erster Hand das kompromisslose Experiment, indische Spiritualität in moderner westlicher Verpackung zu präsentieren. Pflichtlektüre für jeden, der den Reiz, aber auch die Fallstricke verstehen will, die einen erwarten, wenn man in der Hoffnung, die Welt auf spirituelle Weise verändern zu können, die eigene Urteilskraft in die Hände einer solchen Autorität legt.

Stephen Batchelor, Autor von Buddhismus für Ungläubige.

Für Sariputta und Moggallana

Einführung

Sämtliche Religionen zielen auf die gleiche überpersönliche Wahrheit ab. Die Erkenntnis dieser Wahrheit wird oftmals als «Erleuchtung» bezeichnet.

Über Jahrhunderte hinweg gab es die verschiedensten Ansätze, sich Zugang zu dieser umfassenden Wahrheit zu verschaffen. Fast allen gemeinsam war dabei die Notwendigkeit, sich einem spirituellen Führer oder Lehrer zu unterwerfen. Dies gilt als unerlässlich, da die meisten von uns viel zu sehr in ihren Konditionierungen verstrickt sind, um sich aus eigener Kraft daraus befreien zu können. Damit ein Lehrer, eine Lehrerin also etwas bewirken kann, muss der Schüler ihm oder ihr sein tiefstes Vertrauen entgegenbringen.

Unter diesen Vorzeichen überflutete in den 60er und 70er Jahren eine Fülle spiritueller Gemeinschaften die einschlägige Szene. Als im Westen die Kirchen sich leerten, füllten sich die heiligen Stätten des Ostens mit Besuchern aus dem Abendland, die es nach spirituellen Erlebnissen dürstete. Eine spirituelle Renaissance lag in der Luft. Leute aus dem Westen kleideten sich im Gewand buddhistischer Mönche, sie besuchten Ashrams, schulten sich in Yoga und wurden zu Anhängern westlich orientierter Lehrer des Ostens wie Bhagwan Rajneesh, Chögyam Trungpa Rinpoche, Suzuki Rôshi oder Swami Muktananda. Erleuchtung schien plötzlich für jedermann greifbar zu sein.

Zu der Zeit, in der meine Geschichte beginnt, in den späten 80ern nämlich, hatte sich die Grundstimmung gewandelt. Die neue Göttin namens Erleuchtung war eben doch nicht so leicht für sich zu gewinnen. Ein guter Teil der ursprünglichen Begeisterung war Zwiespalt und Zweifeln gewichen. Buddhistische Mönche legten ihre Gewänder ab und kehrten in den Westen zurück, um dort als Meditationslehrer zu wirken. Sie experimentierten mit Psychotherapie, romantischen Beziehungen als spirituellem Pfad und mit Spiritualität im Alltag. Die hochfliegenden Ambitionen früherer Tage wurden auf ein realistischeres Maß zurechtgestutzt. Auf die Zeit der Verzückung folgte das große Reinemachen, wie es in einem Buchtitel von Jack Kornfield heißt «After the Ecstasy, the Laundry» (dt. wörtlich: Nach der Ekstase kommt die Wäsche).

Abgesehen von der trügerischen Natur der Erleuchtung kam es zu einer weiteren verstörenden Entwicklung. Viele Erleuchtungslehrer waren mit einem Mal in öffentliche Skandale verwickelt, die meist mit Sex, Geld oder Macht zu tun hatten. Dies führte bei zahlreichen ergebenen Suchern auf dem spirituellen Pfad zu Enttäuschung und Desillusionierung. Entweder war es gar nicht möglich, ein Erleuchteter zu werden, oder falls doch, dann machte die Erleuchtung aus einem noch lange keinen anständigen Menschen. Die Zeichen der Zeit wiesen auf Krise und Erschütterung.

Da betrat Andrew Cohen die Bühne, ein unverfrorener amerikanischer Bursche von nebenan, dem es allem Anschein nach gelungen war, die ach so schwer greifbare Erleuchtung mit links zu erobern. Nachdem er verschiedene Wege durchprobiert hatte, begab sich Andrew 1986 zu dem weithin unbekannten indischen Guru H. W. L. Poonja, einem Jünger des berühmten Weisen Ramana Maharshi. Nach wenigen Gesprächen geschah das Unfassbare: Die Erleuchtung kam über Andrew. Auf irgendeine mysteriöse Weise geschah es, dass Andrew sich von einer Sekunde zur anderen von einem unsicheren 30-Jährigen in einen charismatischen spirituellen Lehrer verwandelte: wortgewandt, von unverdorbener Ausstrahlung, versehen mit einem mystischen Nimbus. Auf einen Schlag war Andrew unwiderstehlich. Wo immer er auftauchte, drängten die Leute sich um ihn, und wenn er sprach, hingen sie wie gebannt an seinen Lippen. Er schien mit der unheimlichen Gabe gesegnet, einen tiefen Einblick in das Wesen der Erleuchtung auszusenden und in anderen den Wunsch zu erwecken, alles hinter sich zu lassen, um zu seinem Jünger zu werden. Tausende von Menschen, in denen die Hoffnung und das Verlangen noch immer lebten, strömten ihm zu.

Als Andrew 1987 nach Amsterdam kam, besuchte ich einen seiner Vorträge. Die Begegnung mit ihm war für mich eine Offenbarung. Wie so viele andere Anwesende spürte ich, dass ich erst jetzt verstanden hatte, was Erleuchtung war, und zwar nicht auf theoretischer Ebene, sondern als lebendige Wirklichkeit. Und so wie wir uns zu Andrew hingezogen fühlten, fühlten wir uns auch zueinander hingezogen. Unsere tiefe Liebe zu dem Meister sowie der Wunsch, sich ihm ganz und gar zu unterwerfen, hielten uns alle zusammen. Wir betrachteten uns als jüngste Manifestation eines uralten Phänomens, vergleichbar mit Christus und seinen Jüngern, als Anhänger von Propheten, die gekommen waren, um das alte religiöse (in unserem Fall buddhistische) Establishment in seinen Grundfesten zu erschüttern. Für uns war Andrew ein «Menschenfischer», der uns lehrte, «die Toten ihre Toten begraben zu lassen». Wir zweifelten nicht daran: Andrews Revolution würde die spirituelle Welt im Sturm erobern.

André van der Braak, Juli 2003

1

Flitterwochen

Die Grundlage eines spirituellen Lebens liegt in der Klarheit der Absicht. Will ich wirklich Frei sein, hier und jetzt?
Andrew Cohen

Erste Begegnung mit Andrew

Totenstill ist es in dem kleinen Wohnzimmer. Wir befinden uns in einem jener besetzten Häuser: klein, baufällig, aber sauber. Aus dem Wohnzimmer haben sie sämtliche Möbel entfernt, und nun hokken dreißig Leute im Schneidersitz auf Meditationskissen am Boden; fünf weitere Leute sitzen im Hintergrund auf Stühlen und sehen zu. Keiner regt sich. Manche haben die Augen geschlossen, andere nicht. Doch alle scheinen von Ruhe und tiefem Frieden erfüllt zu sein. Ich bin mit meinem Freund Harry gekommen, der – voll engagiert, wie immer – in einer der vorderen Reihen hockt, während ich hinten auf einem Stuhl sitze und das Geschehen aus einigem Abstand beobachte.

Die Eingangstür geht auf und wieder zu. An der Garderobe rauschen Mäntel, Schritte ertönen, dann betritt ein freundlicher, sympathisch lächelnder junger Mann den Raum. Er dürfte so um die dreißig sein, also sechs Jahre älter als ich. Für ihn hat man ein Meditationskissen ganz vorne im Zimmer freigehalten, und er nimmt darauf Platz, kreuzt die Beine, mustert jeden der Anwesenden einzeln. Noch immer lächelnd lässt er seine Augen durch den Raum schweifen, begrüßt hier und dort jemand mit einem Nicken. Sein Blick wirkt offen, und er hat sinnliche Lippen, schwarze Haare und einen Schnurrbart. Von seinen dunkelbraunen Augen geht etwas Ungewöhnliches aus, das ich nicht genau definieren kann. Er wirkt vollkommen gelöst, als wäre ihm gar nicht bewusst, dass dreißig Leute ihn erwartungsvoll mit ihren Blicken verfolgen. Als wäre er ganz allein hier im Wohnzimmer. Ich finde ihn auf Anhieb sympathisch, so ungekünstelt und echt, wie er wirkt. Und ich bin gespannt, was als Nächstes kommt.

Andrews stumme Begrüßung ist vorbei, nun sitzt er ruhig und mit geschlossenen Augen auf seinem Kissen. Ich warte darauf, dass das Programm beginnt. Nach zehn Minuten jedoch beschleicht mich das nagende Gefühl, dass ich vermutlich der Einzige hier bin, der auf irgendetwas wartet. Die anderen machen einen völlig entspannten Eindruck, genießen einfach die Stille. Dann wird mir klar, dass es so etwas wie ein Abendprogramm wohl gar nicht geben wird! Ich setze mich aufrecht und schließe die Augen, um zu meditieren, was mir nach fünfjähriger Erfahrung mit buddhistischer Meditation nicht allzu schwer fällt. Gewissenhaft konzentriere ich mich beim Ein- und Ausatmen auf das Sichheben und -senken meiner Bauchdecke. Sowie ein Gedanke aufkommt, schiebe ich ihn sanft beiseite. So werde ich ruhiger und ruhiger. Der ganze Raum ist in Schweigen gehüllt.

Zwei Stunden später höre ich es rascheln. Ich öffne die Augen und sehe Andrew, wie er sich von seinem Kissen erhebt und langsam das Zimmer verlässt. Den ganzen Abend lang wurde nicht ein einziges Wort gesprochen. Irgendwie enttäuschend. Wozu das alles? Was war mit der Erleuchtung? Obwohl, die Meditation hat mir gut getan.

Auf der Heimfahrt in der Straßenbahn lassen Harry und ich den Abend noch einmal Revue passieren. Harry ist total begeistert. «Hast du diese Energie gespürt?», fragt er mich. «Einfach umwerfend. Die Energie der Erleuchtung.»

Ich zögere. So überwältigend fand ich's nun auch wieder nicht.

Aber schließlich habe ich ja auch hinten gesessen und Harry vorn.

«Ja, ich hab eine ziemlich tiefe Meditation erreicht», gestehe ich ihm zu.

«Auch morgen ist wieder Satsang», sagt er. «Diesmal kommen wir etwas früher, dann können wir beide vorn sitzen.» Satsang ist das indische Wort für die öffentlichen Zusammenkünfte mit Andrew. Es ist Sanskrit und bedeutet «Gemeinschaft mit dem Weisen». Es ist eine gängige Bezeichnung für das Zusammensein spiritueller Lehrer mit ihren Schülern.

Am nächsten Abend sitzen wir beide auf dem Fußboden. Diesmal unterhält sich Andrew mit den Leuten. Viele von ihnen sind schon früher da gewesen, manch einer ist gar extra vom Ausland nach Amsterdam gekommen – ein beeindruckender Loyalitätsbeweis. Jemand fragt Andrew, was Erleuchtung eigentlich sei. Ich spitze die Ohren.

«Erleuchtung», sagt Andrew mit einem Lächeln, «bedeutet Erlösung. Es bedeutet Stillstand. Stillstand des Werdens. Der Kampf ist vorbei, du kämpfst nicht mehr darum, irgendjemand oder irgendetwas zu werden. Es bedeutet, endlich zur Ruhe zu kommen, hier und jetzt, in diesem Leben.»

Mit so einer Antwort hatte ich nicht gerechnet. Was hat Andrew jetzt eigentlich gesagt? Hat er überhaupt etwas gesagt? Mein philosophisch geschulter Geist bemüht sich, seiner Aussage einen Inhalt abzuringen, doch damit komme ich nicht weit. Zur Ruhe kommen, na gut, aber wieso kommt man auf einmal zur Ruhe? Und ist das Leben wirklich so ein Kampf? Empfinde ich das Leben als Kampf? Suche ich nach Erlösung? Andrew selbst macht einen ziemlich gelassenen Eindruck, als hätte diese Erlösung bei ihm bereits stattgefunden. Er wirkt völlig entspannt. Er hält hier nicht einfach irgendeinen Vortrag; seine Worte gründen auf seinen Erfahrungen.

Jetzt sieht er den Fragesteller mit einem dezenten Lächeln an, als wolle er sagen: «Ja, so einfach ist das. Tut mir ja leid, aber komplizierter kann ich's nicht machen.» Der Fragesteller blickt Andrew in die Augen, und Andrew blickt zurück. Was nun? Kein Wort wird gewechselt. Man könnte eine Stecknadel fallen hören. Meine Augen wandern von Andrew zum Fragesteller. Was spielt sich hier ab? Irgendein tief greifender alchemistischer Prozess, eine Energieübertragung oder so? Es vergehen einige Sekunden.

Dann bricht der Fragesteller in Gelächter aus.

«Ja, genau», ruft Andrew laut. «Du hast's erfasst. Du hast's kapiert. Erleuchtung über den Kopf begreifen wollen – das geht nicht. Was spürst du jetzt in dir?»

Der Fragesteller, noch immer lachend, zuckt fröhlich mit den Schultern. Auch andere stimmen jetzt in das Gelächter ein.

«Spürst du noch irgendeinen Kampf in dir?», fragt Andrew. Der Fragesteller schüttelt den Kopf. «Hast du noch immer das Gefühl, irgendetwas oder irgendjemand werden zu müssen?» Erneutes Kopfschütteln.

«Genau das ist es», sagt Andrew. «Vergiss das nie wieder.» Dann wendet er sich an die weiteren Anwesenden. «Habt ihr das mitbekommen? Dieser Mann fragte nach einer Definition von Erleuchtung. Irgendetwas, über das er sich zu Hause wird den Kopf zerbrechen können. Aber Erleuchtung lässt sich nicht in eine Definition pressen, sie lässt sich nicht in Gedanken pressen. Man kann sie nur direkt erfahren, indem man sich traut, den kritischen Verstand mal für einen Moment beiseite zu lassen.»

Alle nicken zustimmend und sehen den Fragesteller an. Auch ich sehe ihn an. Er sieht aus, als wäre er soeben neugeboren worden. Seine Augen strahlen, um seine Lippen spielt ein Dauerlächeln. Was ist da abgelaufen? Hat Andrew mit seiner überraschenden Antwort seinen kritischen Verstand zum Schweigen gebracht? Hat er das Wesen der Erleuchtung einfach auf ihn übertragen?

Noch ein Gesprächsausschnitt, der bei mir etwas ausgelöst hat:

«Was ist mit eurer verzehrenden Sehnsucht nach Befreiung? Ohne diese verzehrende Sehnsucht nach Befreiung gibt es auch keine Hoffnung auf Befreiung. Eure Sehnsucht nach Befreiung ist eure Befreiung, und wenn ihr euch dieser Sehnsucht ausliefert, euch zu ihrem Sklaven macht, ist euer Schicksal besiegelt.»

Andrew spricht mit erstaunlicher Selbstsicherheit. Er verströmt Selbstbewusstsein und Charisma. Er spricht nicht nur über die Erleuchtung; er ist die Erleuchtung. Mit seiner gesamten Erscheinung bringt er das zum Ausdruck.

Mein Leben davor

«Herr, ich bitte dich; gib mir die Kraft und die Stärke, nur Gutes zu tun und meinen Glauben an dich nicht zu verlieren, was immer auch geschehen möge. Herr, bitte mach, dass Carla meine Liebe erwidert und dass wir später einmal heiraten können. Herr, ich liebe dich von ganzem Herzen. Was du von mir verlangst, das werde ich tun. Amen.»

Das war eins der Gebete, die ich Nacht für Nacht zu Gott in den Himmel schickte. Damals war ich acht. Als gut erzogener katholischer Junge versprach ich, mein ganzes Leben Jesus zu widmen. Zur gleichen Zeit hatte ich fest beschlossen, meine Jugendliebe Carla zu heiraten, und bat Gott in dieser Sache um seinen Beistand. Dass darin ein gewaltiger Widerspruch lag, störte mich nicht. In der Kirche sang ich mir das Herz aus dem Leib und verspürte nicht selten einen Hauch von mystischer Ehrfurcht. Um halb neun Uhr morgens, wenn der Schulgottesdienst zu Ende war, lief ich von der Kirche zur Schule und fühlte mich durch und durch geborgen. Gott war mein bester Freund, er behütete mich auf all meinen Wegen.

Ich bin das älteste von fünf Kindern einer typischen Mittelstandsfamilie. Meine Jugend verbrachte ich in einer Kleinstadt, fünfzehn Kilometer vor Amsterdam. Ich war ein blitzgescheiter Junge, gut in der Schule und im Sport, allerdings linkisch im Umgang mit anderen, was dazu führte, dass ich von ihnen ausgeschlossen wurde. Meine Isolation verschlimmerte sich noch durch die Tatsache, dass ich stotterte und deswegen von meinen Kameraden oft gehänselt wurde. Von meinem achten Lebensjahr an war ich unsterblich verliebt in meine Schulfreundin Carla. Ich war ein unverbesserlicher Romantiker, ein Tagträumer. Ohne von ihr erhört zu werden, betete ich Carla an, bis ich sechzehn wurde.

Wegen meiner häufigen Stotteranfälle schickte man mich als

Vierzehnjährigen zu einer Sprachtherapeutin. Wir übten nicht nur Atem- und Entspannungstechniken, sondern führten auch lange Gespräche. Ich quoll damals fast über vor Fragen: nach Gott, und wie man sein Leben richtig gestaltet und was auf dieser Welt wirklich von Bedeutung ist. Was man unter einem normalen Leben verstand, einen Beruf erlernen, ein Mädchen finden, sich verheiraten und eine Familie gründen, das reizte mich nicht. Ich war auf der Suche nach mehr. Ich wollte meinem Leben eine Bedeutung geben. Mich in höhere Dinge vertiefen.

Als ich sechzehn war, machte mich eine Klassenkameradin mit Transzendentaler Meditation (TM) bekannt, einer Meditationstechnik, die auf den indischen Guru Maharishi Mahesh Yogi zurückgeht. TM bedeutete, zweimal pro Tag zwanzig Minuten lang völlig still zu sitzen und dabei innerlich ein Mantra zu wiederholen, das einen auf eine tiefere Bewusstseinsebene führt. Mit siebzehn stieß ich auf die Schriften des indischen Weisen und Freidenkers Jiddu Krishnamurti. Seine Lehren brachten in mir die letzten Reste meines römisch-katholischen Glaubens zum Verstummen. Ich reiste sogar nach Saanen in die Schweiz, um ihm dort persönlich zuzuhören.

Krishnamurti sagte, es sei möglich, sich durch eine Transformation des Bewusstseins von inneren Konditionierungen zu lösen und ein Leben frei von Illusion und Unwissenheit zu führen. Seine Schilderung dieses ultimativen Durchbruchs stieß bei mir auf Resonanz, und ich kam zu dem Schluss, dies sei das Einzige, das zu erreichen sich wirklich lohnte. Anstatt wie geplant Mathematik zu studieren, schrieb ich mich an der Universität von Amsterdam ein für Psychologie und Philosophie.

Nachdem ich mich in Amsterdam eingerichtet hatte, verkehrte ich dort in einem großen spirituellen Zentrum, wo ich eine Vielzahl spiritueller Lehrer, Praktiken und orientalischer Überzeugungen kennen lernte. Eine davon war Advaita-Vedanta, eine auf der Lehre von der Non-Dualität gründende Richtung des Hinduismus, deren bekanntester Vertreter der indische Weise Ramana Maharshi ist. Besonders hingezogen fühlte ich mich zu einem holländischen Meister namens Wolter Keers. Er war ein warmherziger und bescheidener Mann von sechzig Jahren und hatte in Brüssel eine hochrangige Stelle inne. Meiner Vorstellung von einem spirituellen Lehrer entsprach er ganz und gar nicht: Er war Kettenraucher und sah eher aus wie ein Typ, dem man beim Einkaufen begegnet. Keers hatte Indien besucht, dort bei einem Guru studiert und sich von der Identifikation mit seinem Ego gelöst. Dass er ein Erleuchteter war, bestätigte auch der namhafte Advaita-Vedanta-Meister Nisargadatta Maharaj.

«Wer du bist», so lehrte mich Wolter, «lässt sich niemals vom Verstand erfassen. Dein Verstand operiert nach dem Prinzip der Dualität, mit gut und böse, hoch und tief, wirklich und unwirklich. Was sich jenseits der Dualität befindet, vermag er niemals zu erfassen.»

Immer wieder ermahnte er mich, nicht mit dem Kopf begreifen zu wollen, was der Kopf nicht begreifen kann. Er riet mir, mich «tief zu versenken in das elementare Gefühl des Lebendigseins – in den eigentlichen Sinn des <ich bin>. Dann denk dir das <ich> weg, und danach das <bin>, und du bist frei». Die Illusion, ein gesondertes Ich zu sein, das alle möglichen Erfahrungen mache, sei alles, was mich an der Freiheit hindere, sagte er. «Durchschaue diese Illusion ganz einfach, und lass sie fallen: Das ist Erleuchtung.»

Einmal, als ich Wolter zu Hause besuchte, musste er gerade zum Arzt, um sich am Rücken behandeln zu lassen. Ich blieb bei ihm im Garten sitzen und las in einem Buch von Nisargadatta. Es war ein heißer Tag, und ich fühlte mich müde, da ich nicht viel geschlafen hatte. Plötzlich, während ich las, schienen die Dinge von mir abzufallen und ich spürte, wie um mich alles so unendlich weit wurde, wie ich es noch nie erlebt hatte. Mein Bewusstsein schien sich immer mehr auszuweiten und das gesamte Universum zu umfassen, und tiefer Friede senkte sich auf mich. Nichts spielte mehr eine Rolle, alles war gut so, wie es war. Ich weiß nicht, wie lange ich dort draußen gesessen habe. Als Wolter heimkam, ging ich mit ihm zurück ins Haus. Während ich die Treppe hochstieg, wurde mir auf einmal schwindlig, dann gingen bei mir die Lichter aus. Als ich wieder aufwachte, lag ich als Patient in einem Krankenhaus. Ich fühlte mich glücklich und war von Frieden erfüllt. Neben meinem Bett standen Wolter und meine Eltern und machten besorgte Gesichter. Sie sagten, ich hätte einen epileptischen Anfall erlitten. Die restlichen Untersuchungen im Krankenhaus ergaben jedoch nichts Außergewöhnliches, und einen epileptischen Anfall habe ich seither nie wieder erlitten. Wolter sagte, ein solcher Anfall sei manchmal ein Hinweis darauf, dass der Geist versuche, sich selbst zu reinigen. Was immer es auch war, mich hatte es zu Tode erschreckt; monatelang wagte ich nicht mehr, die Augen zu schließen, um zu meditieren.

Bald schon erwies sich mein Verlangen nach Erleuchtung als stärker denn meine Ängste. Als Wolter ein Jahr später plötzlich an einer Herzattacke starb, weitete ich meine spirituelle Suche in andere Richtungen aus. Im Buddhismus war ebenfalls von Erleuchtung die Rede; dort hieß es, es handle sich um die Befreiung vom Leiden. Buddha hatte über den achtfachen Pfad gesprochen, ein System aus ethischen Grundsätzen und Meditation, das zur Erkenntnis und Weisheit führe. Ich wurde zu einem begeisterten Übenden von Vipassana, der buddhistischen Erkenntnismeditation. Diese Meditation ist eine Art Bewusstheitstraining; man lernt, seine Aufmerksamkeit stets voll auf das zu richten, was gerade geschieht. Durch fortwährende Bewusstheit werden uns die drei wichtigsten Einsichten in das Wesen der Wirklichkeit zuteil: dass alles von Natur aus unbefriedigend ist, dass alles unbeständig ist, und dass jegliche Vorstellung von einem Selbst, von einem unveränderlichen Wesen, reine Illusion ist. Diese Einsichten befreien uns von unseren Begierden und unserer Unwissenheit, und wir ruhen in der Erleuchtung.

Ich engagierte mich sehr. Ich wohnte in einer Studentenbude, und früh um sechs, wenn meine Zimmergenossen von nächtlichen Sauftouren zurückkamen, stand ich auf und meditierte. Mehrere Stunden am Tag praktizierte ich Meditation im Sitzen und Meditation im Gehen, außerdem nahm ich an Meditationskursen teil, die bis zu zehn Tage dauerten. Mein buddhistischer Lehrer gab mir den Pali-Namen Suddhatta, was «Reinheit» heißt.

Einer meiner Meditationskumpel war Harry, ein 28-jähriger Niederländer. Auch er war seit seinem achtzehnten Lebensjahr auf der spirituellen Suche. Er hatte bereits bei den Jungern von Hare Krishna mitgemacht, war jahrelang in Indien herumgereist und wäre dort beinahe an einer Leberkrankheit gestorben, hatte in Indien aber auch die buddhistische Meditation für sich entdeckt. Harry beschäftigte sich mit Gestalttherapie, und wir sprachen viel über Psychologie und Erleuchtung. Bei meinen psychologischen und philosophischen Studien suchte ich stets nach einer Synthese zwischen östlichen und westlichen Lehren. 1986 schrieb ich meine Diplomarbeit in Psychologie, in der ich die westliche Psychoanalyse mit der buddhistischen Erkenntnismeditation verglich, was ich auf Grund der Werke des amerikanischen Denkers Ken Wilber tat. In meiner Philosophie-Diplomarbeit verglich ich den Buddhismus mit Nietzsche. Nach dem Examen jedoch sehnte ich mich nach einem Job in der ganz realen Welt, fern von den hochgeistigen Sphären der Theorie. Da es schwer war, eine Stelle als Philosoph oder Psychologe zu finden, begann ich bei NCR als Computerfachmann zu arbeiten. Bereits an der Uni hatte ich einige Erfahrungen mit Computern gesammelt und kannte mich gut mit dem Betriebssystem Unix aus.

Was unsere Erfahrungen mit buddhistischer Meditation anbetraf, machte sich bei Harry und mir allmählich Ernüchterung breit. Brachte uns die Praxis der Meditation eigentlich an irgendein Ziel? Was war Erleuchtung wirklich? Gab es sie überhaupt? Unser Lehrer war nicht gerade begeistert davon, mit solchen Fragen konfrontiert zu werden. Als uns Gerüchte zu Ohren kamen, wie zweifelhaft sein Verhalten weiblichen Schülern gegenüber oft sei, verloren wir das Vertrauen in ihn als Lehrer. Dann hörte Harry von einem unbekannten jungen Amerikaner, der Gerüchten zufolge bei einem indischen Guru zur Erleuchtung gelangt war. Der neue Mann lehrte Advaita-Vedanta, und er hielt öffentliche Zusammenkünfte im Staatsliedenbuurt in Amsterdam ab. Vielleicht erwartete uns ja dort eine Antwort auf all unsere Fragen.

Existenzkrise in Dayton: Was will ich eigentlich?

Zwei Wochen lang sitze ich Nacht für Nacht in dem Wohnzimmer im Staatsliedenbuurt, meist bin ich hinten auf einem Stuhl. Noch immer bin ich dabei, die Dinge abzutasten. Ich genieße die Stille; es fühlt sich an, als würde mein denkender Verstand zu nichts verbrennen.

Andrews Lehrmethode besteht größtenteils aus Dialogen mit anderen: Fragen und Antworten über das Ich, über die Erfahrung, nichts zu wissen und niemand zu sein. Er spricht darüber, dass man sein Ego loslassen muss, um Teil jenes tieferen Bewusstseins zu werden. Seine Worte scheinen unmittelbar der Leere an sich zu entspringen. Eine Atmosphäre der Stille, ungekünstelt und echt. Nach etwa der Hälfte des Abends serviert man uns Kräutertee und Plätzchen. Das englische Wort «cozy» wäre wohl am Treffendsten. Ich aale mich in dieser Atmosphäre wie in einem warmen Bad.

Dieses Wohlempfinden möchte ich mir nicht vermiesen, indem ich mit Andrew über seine Aussagen diskutiere oder mich in philosophischen Spitzfindigkeiten verliere. Aus einem mir unerfindlichen Grund verhalte ich mich sogar sehr schüchtern. Normalerweise bereitet es mir keine Probleme, bei Diskussionen über philosophische oder spirituelle Themen die richtigen Worte zu finden. Doch hier fühle ich mich irgendwie nackt, als wären meine tiefsten Gefühle bloßgelegt oder zumindest nicht mehr durch meinen Intellekt geschützt. Die Atmosphäre hat etwas Heiliges, Ehrfurchteinflößendes, und ich fühle mich in die Zeit meiner Jugend zurückversetzt, als ich in der Kirche saß und alles, was mir heilig schien, voll Ehrfurcht in mich aufsog.

Nach und nach erfahre ich mehr über Andrews Vergangenheit. Geboren 1955 in New York City, hat er fast seine ganze Jugend darauf verwendet, sich einer Psychoanalyse zu unterziehen, gefolgt von einem spirituellen Spontanerlebnis, als er sechzehn war. Über die Jahre entwickelte er sich zum rastlosen spirituellen Sucher, beschäftigte sich mit Kampfkunst, der Kundalini-Kraft und Vipassana, ohne jedoch zu finden, wonach er suchte. Dann reiste er nach Lucknow in

Indien, um dort einen relativ unbekannten, 80-jährigen Advaita-Vedanta-Lehrer namens Harilal Poonja zu treffen. Am dritten Tag ihrer Begegnung hatte Andrew ein mächtiges Erweckungserlebnis. Gerade mal drei Wochen nach der ersten Zusammenkunft – so erzählt man sich – verkündete ihm Poonja, dass «ihr gemeinsames Werk nun vollendet» sei. Er schickte Andrew fort, auf dass er im Westen selbst als Erleuchtungslehrer wirken und «unter der Jugend eine Revolution ins Leben rufen» solle, und erklärte ihm, er sei jener Sohn, auf den er sein Leben lang gewartet habe.

Fast sofort zog Andrew jede Menge Schüler an. Seine indische Freundin Alka, die er ein Jahr später heiratete, akzeptierte ihn schon früh als ihren Meister. Andrew reiste weiter nach Rishikesh in Nordindien, wo mehrere junge Leute aus dem Westen zu ihm kamen und allesamt Schüler von ihm wurden. Der ganze Tag und manch durchwachte Nacht wurden damit verbracht, über das Wunder der Erleuchtung zu sprechen. Dann ging Andrew ins englische Devon, wo einer seiner buddhistischen Freunde ihn darum bat, auch dort zu unterrichten. Viele eingefleischte Buddhisten in Devon, unter ihnen selbst einige Meditationslehrer, wurden zu Schülern von ihm. Sie waren ihm völlig ergeben und nahmen jede noch so lange Reise auf sich, um sich mit Andrew zum Satsang zu treffen.

«Was ist deiner Meinung nach die wichtigste Voraussetzung, um zur Erleuchtung zu gelangen?»

Der junge Mann blickt Andrew mit erwartungsvollen Augen an.

«Tja», antwortet Andrew mit einem Lächeln. «Auf spiritueller Ebene ist es das Wichtigste, ein klares Ziel vor Augen zu haben. Du musst dir die Frage stellen: <Was will ich eigentlich? Was ist, wenn's drauf ankommt, wirklich das Wichtigste in meinem ganzen Leben?> Es gibt ja viele Leute, die behaupten, sich für dieses Phänomen namens Erleuchtung zu interessieren – aber verspürst du auch wirklich ein brennendes Verlangen danach?»

Der junge Mann zögert ein wenig, und Andrew fährt fort: «Ist dir die Freiheit wirklich wichtiger als alles andere? Bist du bereit, alles dafür herzugeben? Wenn du diese Frage bejahen kannst, wirst du keine Probleme damit haben, zur Erleuchtung zu gelangen. Die Erleuchtung wird hier und jetzt für dich zur Stelle sein.» In diese letzten Worte legt er besonders viel Leidenschaft, und mit einem Mal ist der ganze Raum wie elektrisch aufgeladen.

Der junge Mann setzt sich, wirkt wie vom Donner gerührt. Zum ersten Mal in seinem Leben scheint er diese Möglichkeit für sich zu erwägen: Strebe einzig und allein nach Erleuchtung, und opfere dafür alles andere. Seine Augen beginnen zu leuchten.

Ich sitze wie versteinert auf meinem Kissen. Ich denke an all die Jahre der Meditation zurück, in denen ich nach Erleuchtung strebte, als wäre sie eine Art Fernziel, Zukunftsmusik eben. Ich halte mich zwar für einen ergebenen und ernsthaften Sucher, doch wie viel war ich bislang wirklich bereit, für die Erleuchtung zu geben? Richtete sich meine spirituelle Suche nicht eher auf ein angenehmes Leben, auf eine behagliche Maskerade? Wie stand es um mein eigenes brennendes Verlangen nach Erleuchtung? Blitzartig kommt es über mich: Erleuchtung hat nicht das Geringste zu tun mit Strategie oder mit irgendeinem linearen Pfad des Fortschritts. Sie ist immerzu da, hier, jetzt, in diesem Moment, bei dieser Entscheidung, in diesem Feuer, das in meinem Bauch brennt. Von dort aus muss ich anfangen zu handeln, nicht vom Kopf aus. Mein Kopf interessiert sich für Erleuchtung nur als eine Art Selbstschutz, was mich daran hindert, jemals dem Eigentlichen, Wahren und Echtenzu begegnen.

Ich werde Zeuge vieler weiterer Gespräche mit Andrew. Begegne einer Menge Sucher, die schon seit vielen Jahren auf dem Pfad sind, die indische Ashrams besucht und viele Arten von Meditation praktiziert haben – und deren Herzen noch immer keine Erfüllung gefunden haben. Und nun steht Andrew vor ihnen und verkörpert all das, wonach sie die ganzen Jahre gesucht haben. Und sie hören ihn sagen: «Jeder von euch kann es schaffen! Ihr braucht dazu keine besondere Qualifikation! Ihr müsst es nur stark genug wollen.» Und sobald jemand dieses Aha-Erlebnis hat, deutet Andrew mit dem Finger auf ihn und ruft: «Ja, genau! Das ist es!»

Am liebsten würde ich weiterhin jede Nacht hier sitzen. Doch die Welt da draußen ruft mich. In zwei Tagen geht mein Flugzeug. Meine Arbeitgeber schicken mich für drei Monate in ihr Ausbildungszentrum nach Dayton, Ohio. Dort werde ich vollgestopft mit allem möglichen Wissen über Unix, C und Datenverarbeitung. Im Moment könnte es genauso gut Suaheli sein, das ich lernen soll, das alles ist so weit entfernt von mir, während ich hier auf diesem See der Stille treibe.

Dann auf einmal spricht Andrew mich an. «Der Herr in der hinteren Reihe, ja, der mit der Brille. Du warst schon öfter hier, stimmt's?»

Ich bestätige ihm, dass ich seit zwei Wochen jeden Abend komme.

«Hast du irgendwelche Fragen?»

Ich schüttle den Kopf.

«War Zeit für uns beide, endlich die Funkstille zu durchbrechen. Kannst du mir ein bisschen was von dir erzählen?»

Ich berichte ihm, dass ich mit Computern arbeite und dass ich übermorgen für ein Vierteljahr nach Dayton fliege. Andrew lacht und sagt, Dayton sei die langweiligste Stadt in ganz Amerika, ungefähr wie Liverpool. Ich lache auch, und das Eis zwischen uns ist gebrochen. Ich habe meine Schüchternheit überwunden. Ich bin vom Beobachter zum Teilnehmer geworden.

Ich liege im Swimmingpool am Dayton Holiday Inn, in Griffweite steht ein kühler Drink. Draußen hat es 38 Grad Hitze, meine Haut jedoch umspült eine angenehm sanfte Kühle. Ich bin deprimiert. Was will ich eigentlich hier? Wo treibt mein Leben hin? Soll ich wirklich eine Karriere in der Computerbranche verfolgen, um den Rest meines Lebens unter lauter Langweilern und Strebern zu verbringen? Ich erkenne einfach keinen Pfad für mich auf «der Welt». Es liegt mir nichts daran, reich zu werden, berühmt, ein Gelehrter. Mehr als einmal driften meine Gedanken zurück zu jenen Abenden mit Andrew, zur wundervollen Stille, der verzehrenden Sehnsucht nach Erleuchtung in jenem Raum. Genau, das ist es, woran mir etwas liegt. Das Einzige, was mich in seinen Bann schlägt.

«Hallo, hier spricht Harry.»

«Hi, Harry, hier ist André. Ich rufe aus den USA an. Wollte nur mal Hallo sagen.»

«Hi, André. Schön, dich zu hören. Und, bist du happy mit deinen Kursen?»

«Ja, ist schon okay. Ich lerne eine Menge.»

«Ja, aber du verpasst auch eine Menge! Hier ist es fantastisch. Du kannst dir gar nicht vorstellen, was bei Andrew alles abgeht. Eine echte Revolution! Von Tag zu Tag kommen mehr Leute. Und Andrew ist einfach großartig, so natürlich, so spontan. Ich hab das Gefühl, die Antwort auf all meine Fragen gefunden zu haben. Mit dem Buddhismus haben wir bloß unsere Zeit vergeudet. Wir waren echt blöd. Jetzt kapiere ich erst, was Erleuchtung wirklich ist: eine totale Revolution, alles hinter sich lassen, sich aufs Unbekannte einlassen. Das ist etwas ganz anderes, als täglich eine Stunde lang meditieren. Ich wünschte, du wärst hier und wärst dabei, André.»

«Hm, nun, das hört sich ja toll an, Harry.»

«Toll? Es ist eine Revolution, André; die Grenzen des Vertrauten überschreiten, leben im Unvertrauten! Und weißt du was? Andrew hat mich eingeladen, mit ihm nach Jerusalem zu kommen. Er fährt für sechs Wochen dorthin, um Satsangs abzuhalten. Aber ich muss jetzt Schluss machen, André. Andrew kann jeden Augenblick vorbeikommen. Geht's dir gut dort? Komm bald wieder. Wie lange bleibst du noch?»

«Noch drei Wochen.»

«Oh, dann sind wir leider schon weg, wenn du wieder in Holland bist. Aber sobald ich von Jerusalem zurück bin, melde ich mich bei dir. Mach's gut, ich denk an dich.»

Mit dem Hörer in der Hand stehe ich noch eine Zeit lang da, überwältigt durch einen Schwall von Emotionen. Die Intensität von

Harrys Erregung und Begeisterung bildet den totalen Gegenpol zu meinem depressiven Verfallszustand. Sollte dies der Ausweg aus meiner Krise sein? Harry ist jetzt bei Andrew; er ist kein Buddhist mehr. Und ich? Ich setze mich hin, nehme die mir vertraute Haltung ein, schließe die Augen, achte auf meinen Atem. Aber es ist, als würde der alte Trick nicht mehr funktionieren. Ich fühle mich noch genauso ruhelos und gehetzt wie zuvor. Ich spüre, wie sich in meinem Bauch ein Knoten zusammenzieht.

Ich bin froh, als ich wieder niederländischen Boden unter den Füßen habe, aber ich finde einfach nicht in meinen Rhythmus zurück. Die Krise, in der ich mich seit Dayton befinde, ist noch lang nicht ausgestanden. Ich stelle fest, dass ich nicht einfach wieder in mein altes Leben einsteigen kann, so wie man in einen Anzug schlüpft, der drei Monate lang ungetragen im Schrank hing. Es ist, als hätten jene sechs Monate mein Leben angefressen. Mein Job nimmt mich fortwährend in Anspruch, und mein Hirn ist ständig damit beschäftigt, neues Wissen aufzunehmen und in die Praxis umzusetzen. Irgendwo im Hinterkopf jedoch zähle ich die Tage, bis Andrew und Harry hier sind.

Eines Abends, während ich auf der Couch sitze und mir die Wiederholung eines alten Batman-Films ansehe, klingelt es an der Tür. Ich öffne, und ein begeisterter Harry stürmt herein. Glücklich fallen wir einander in die Arme. Der Knoten in meinem Bauch macht sich vorübergehend nicht bemerkbar. Harry sieht gut aus, er strahlt und leuchtet und wirkt überaus selbstbewusst. Gar nicht der alte Harry, wie ich ihn kenne. Noch bevor er auf der Couch Platz genommen hat, ist er schon mittendrin in einer von vielen Geschichten über Jerusalem, über Andrew, und über die große Revolution. Er ist total hingerissen von Andrew und seiner Botschaft, und er kann sich überhaupt nicht mehr vorstellen, was es sonst noch geben soll im Leben, das die Mühe lohnt. Kein Zweifel, Harry hat sein Lebensziel gefunden.

Während ich ihm auf der Couch gegenübersitze, lasse ich mir alles durch den Kopf gehen, was ich über Harry weiß. Er ist in Schiedam groß geworden, bei einem unnahbaren und dominanten

Vater und einer netten, aber unterwürfigen Mutter. Eigentlich sollte er das Geschäft seines Vaters übernehmen, eine Optikerladenkette. Doch dagegen lehnte Harry sich auf, indem er zuerst Motorradrocker wurde und sich später, als 22-Jähriger, nach Indien aufmachte, um dort nach Frieden, Liebe und Glückseligkeit zu suchen. Während seines Asienaufenthalts meditierte er viel, doch dann wurde er schwer krank und wäre beinahe gestorben. 1983 kam er als körperliches Wrack nach Holland zurück, und kurz darauf lernte ich ihn kennen, als er unserer Meditationsgruppe beitrat. Der Harry, der mir jetzt gegenübersitzt, ist jedoch alles andere als ein Wrack.

«Sag, André, erinnerst du dich noch an Sariputta und Moggallana?», fragt er mich auf einmal. Ich weiß, was er meint. In den vergangenen Jahren waren Harry und ich zu buddhistischen Glaubensbrüdern geworden, und wir verglichen uns stets gerne mit den berühmten buddhistischen Mönchen aus den Pali-Schriften, dem vergeistigten Sariputta und dem Kraftmenschen Moggallana. Die beiden waren Freunde, suchten nach Erleuchtung und zogen von einem Lehrer zum anderen. Dabei hatten sie ein Abkommen geschlossen: Sollte einer von ihnen dem wahren Lehrer begegnen, so müsse er dem anderen sofort davon erzählen. Auf diese Weise schlossen sich beide dem Buddha an und wurden zu höchst ergebenen Mönchen der buddhistischen Sangha (Gemeinschaft). An diese Geschichte versucht Harry mich jetzt zu erinnern. Als Moggallana ist es für Harry eine spirituelle Pflicht, mich, Sariputta André, darüber zu informieren, dass der wahre Lehrer in unser Leben getreten ist, ohne jeden Zweifel. Sein Name ist Andrew Cohen.

Ein klares Ziel vor Augen? Klar will ich frei sein!

Die Satsangs beginnen wieder. Ich spreche mit Andrew über meine Erlebnisse in Dayton, über all die Hotels und Restaurants, die mir nichts bedeuteten, über die Einsamkeit. Er scheint mich zu verstehen.

«Wenn du dich nach Befreiung sehnst», sagt er, «kannst du dich in der materiellen Welt nicht zu Hause fühlen. Wo jeder nur seinem eigenen Vorteil hinterherjagt und nur daran denkt, es in dieser Welt zu etwas zu bringen, kannst du dich natürlich nicht zu Hause fühlen. Vielleicht wäre es nicht schlecht, wenn du dich mehr mit Gleichgesinnten abgeben würdest.»

Er will wissen, ob ich je einfach so in den Tag hineingelebt habe. Nein, sage ich. Er meint, darüber solle ich doch mal nachdenken.

Es gibt ja so viel, was ich Andrew zum Thema Erleuchtung, Buddhismus und spirituelle Praktiken zu fragen habe. Auch ob es mich irgendeine Anstrengung kostet, erleuchtet zu werden. Als Andrew mir diese Frage beantwortet, sieht er mich mit seinen durchdringenden braunen Augen unverwandt an. Nach kurzem Schweigen erklärt er mir, was schon sein Lehrer ihm einst erklärte, und er betont dabei jedes Wort und sogar die Pausen zwischen den Worten.

«Frei - zu - werden - kostet - dich - keinerlei - Anstrengung.» Das flüstert er beinahe. Mein Verstand gerät ins Rasen. Kann das sein? Mit einem Mal scheint die Welt stillzustehen, scheint sich dieser Moment auszudehnen zur Ewigkeit. Und in diesem weiten Raum, der sich da unversehens auftut, nimmt ein Gedanke Gestalt an: der Gedanke, dass Erleuchtung kein Gegenstand ist. Man kann nicht nach ihr trachten, kann sie nicht erlangen. Sie ist die eigentliche Quelle allen Seins überhaupt, die Quelle meiner ureigenen Existenz. Eigentlich ist es gar nicht möglich, nicht erleuchtet zu sein. Es ist lediglich die verstockte Arroganz meines Verstandes, die mich daran hindert, diese simple Wahrheit zu erkennen. Andrew lächelt mich an, dann wendet er sich dem nächsten Fragesteller zu. Ich sitze da wie benommen. Für eine Ewigkeit, so scheint es mir, bleibt mein Gehirn einfach leer.

Nach diesem Abend fahre ich gemächlich auf meinem Fahrrad nach Hause. Ich spüre eine völlig neue Empfindung in mir hochkommen. Ich bin dabei, mich in Andrew zu verlieben. Ich habe meine Lehrer stets respektiert, bis über die Grenze der Verehrung hinaus, von Liebe aber konnte nie die Rede sein. Doch wenn ich Andrew in die Augen sehe, schmelze ich einfach dahin. Jeglicher

Widerstand schwindet, und ich empfinde genau das, was auch andere Leute empfinden, wenn sie sich verlieben: Man möchte die ganze Zeit mit dem anderen zusammen sein.

Wenn ich mit Andrew beim Satsang zusammen bin, fühle ich mich in einen See von tiefster Glückseligkeit eintauchen, gelange ich an einen Ort jenseits von gut und böse, ja jenseits aller Vorstellung. Ich spüre, dass Andrew sich in unmittelbarem Kontakt zur Quelle allen Seins befindet, jener Quelle, von der alles Denken ausgeht, alles Fühlen. Es ist die Quelle, in der ich mich selbst erkenne, mein eigenes wahres Gesicht. Andrew versetzt mich an jenen Ort, wo ich mich nicht mehr von anderen getrennt oder abgegrenzt fühle, wo Vergangenheit, Gegenwart und Zukunft zusammenfließen, wo Schmerz und Ekstase eins werden. Andrew scheint etwas auszustrahlen, mit dem alles Böse überwunden und der Geist zur Ruhe gebracht werden kann. Wenn man still mit ihm zusammensitzt, verfällt man sofort in Meditation und muss nicht erst gegen Gedanken und Gefühle ankämpfen; man wird einfach ganz langsam und unwiderruflich aufgesogen von tieferen Bewusstseinsschichten. Und das alles wirkt so mühelos, so einfach, obwohl zugleich etwas sehr Kräftiges von Andrew ausgeht. Ich spüre, dass hier höhere Mächte am Werk sind.

Ist das, was ich da verspüre, die Erleuchtung? Ich wage es kaum, diesen Gedanken zu Ende zu denken. Ich und erleuchtet? Trotzdem, ich kann nicht leugnen, dass mein ganzes inneres Wesen mich anschreit: «Ja, das ist es.» Ich fühle mich total geborgen in mir und dem Leben. Und verspüre eine unerträgliche Nähe und Vertrautheit zu den anderen hier im Raum, eine Nähe, die ich nur als Liebe bezeichnen kann. Ich mache mir keine Sorgen, denn tief in meinem Bauch sagt mir eine Stimme: Das Leben ist gut, es gibt keine Probleme, überall ist Frieden. Was brauche ich mehr? Wonach sollte ich sonst trachten? Wohin ich blicke, stoße ich auf Vollendung. All jene Fragen, die mich in Dayton quälten, sind beantwortet.

Ich sage Andrew, dass ich mit dem Gedanken spiele, ihn nach Devon zu begleiten. Ich frage ihn, was er davon hält. «Wenn du das möchtest, ist es gut so», sagt er. «Ich lege dir nichts in den Weg.» Ich berichte ihm von den Ängsten, die mich trotz allem noch quälen: von der Angst, mein Zuhause und meinen Job einfach so hinter mir zu lassen, der Angst letztlich, mein Leben zu verlieren. «Rechne nicht damit, dass diese Ängste schwinden», sagt er lachend. «Sie werden noch schlimmer werden.»

Die nächsten Tage sind eine Qual. Immer wieder frage ich mich: «Warum bin ich drauf und dran, mein ganzes Leben in Amsterdam einfach aufzugeben? Was habe ich zu gewinnen?» Die Antwort jedoch drängt mit zunehmender Klarheit aus meinem Herzen hervor: «Glücklichsein, Ruhe, tiefe Zufriedenheit; die Antwort auf all deine Fragen. Alles, worauf es dir bei deiner Suche nach Erleuchtung schon immer ankam.»

Ich schreibe Andrew eine Nachricht:

«Nach jahrelanger Beschäftigung mit dem Spirituellen spüre ich jetzt, dass die Erleuchtung für mich niemals an oberster Stelle stand. Ich danke dir, dass du mir geholfen hast, mir über meine Prioritäten klar zu werden. Ich habe eine klare Zielvorstellung entwickelt. Ich freue mich darauf, dich im September in Devon zu sehen.»

Der Nachricht lege ich eine Spende von hundert Gulden bei, um einen kleinen Beitrag an Andrews Reisespesen zu leisten. Am nächsten Abend beim Satsang bleibt Andrew beim Hinausgehen kurz neben mir stehen und schüttelt mir die Hand, ohne ein Wort zu sagen. Dann geht er weiter. Wir verstehen uns jetzt. Ein paar Tage später lade ich Andrew ein, mit mir zu Abend zu essen, und er sagt zu. Wir gehen in ein indisches Restaurant und reden ganz ungezwungen miteinander. Ich erzähle ihm von meinem ehemaligen Psychologie- und Philosophiestudium, und er verrät mir, dass er in der Schule nie gute Noten hatte und Leute mit geistigen Fähigkeiten stets beneidete. Wir amüsieren uns gut, sind uns spürbar nahe, von Verstellung oder hierarchischen Unterschieden kann nicht die Rede sein. Wir sind wie zwei Verliebte, die zusammen ausgehen.

Ich schwebe im siebten Himmel. Sollte Andrew tatsächlich der Buddha unserer Tage sein, dann sitze ich also gerade hier und esse eine Schüssel Reis mit dem Buddha! Welch Glück, dass ich Andrew kennen gelernt habe. Und welch Glück, dass wir beide uns so gut verstehen. Welch Glück, dass das Geheimnis der Erleuchtung mir endlich enthüllt worden ist.

Revolution in Devon, Amsterdam und Rom

Im September 1987 verlässt Andrew Amsterdam, um nach Devon zurückzukehren. Ich nehme mir ein paar Tage unbezahlten Urlaub und gehe mit. Andrew hält Kurse in der Kleinstadt Totnes, dem Zentrum der regionalen New-Age-Szene. Er wohnt dort in einem kleinen Haus, das zu einem größeren Bauernhof namens Beenleigh gehört. Weil das Wohnzimmer in dem Haus zu klein ist, hat man eine anliegende Scheune zur Satsang-Halle umgebaut. Dort hält Andrew sechsmal pro Woche einen Satsang ab. Bald schon sind es mehr als hundertfünfzig Leute, die kommen, um seinen Lehren zu lauschen. Abend für Abend stehen wir Schlange, um einen guten Sitzplatz zu bekommen.

In Devon ist das Leben in Andrews Nähe ziemlich aufregend. Wir kommen uns vor wie spirituelle Revolutionäre, die die versteinerte Szene mal so richtig aufmischen werden, vor allem die westliche Art Buddhismus. Andrew prangert ihre Selbstzufriedenheit und ihre Verkommenheit an und spricht sich eindeutig gegen die Verhältnisse aus, die dort eingerissen haben. Man könnte meinen, die westlichen Meditationslehrer würden Erleuchtung gar nicht mehr als erreichbares Ziel betrachten. Manche von ihnen propagieren jetzt Psychotherapie in Verbindung mit Meditation. Andere stellen zwischenmenschliche Beziehungen oder Kindererziehung als spirituellen Weg dar. Für so etwas hat Andrew gar nichts übrig. Er lehrt unbeirrt weiter, dass Erleuchtung sich jenseits des Geistes, jenseits des Egos abspielt, während eine Psychotherapie das Ego sogar noch stärkt, festigt, gesünder macht. Er sieht darin eine Verwässerung der spirituellen Lehre von der Erleuchtung. Spirituelles Leben, so sagt er, ist kein Hobby, das man an Wochenenden pflegt oder seinem Dasein als Sahnehäubchen aufsetzt. Spirituelles Leben ist ein Leben der Entsagung und daher mit einer freundlichen Haltung gegenüber der Welt nicht zu vereinbaren.

Er fordert seinen ehemaligen buddhistischen Meditationslehrer zu einem Streitgespräch über den Dharma heraus – und für uns geht er als klarer Sieger hervor. Das Neue hat über das Alte triumphiert. Eine Menge langjähriger Verfechter der buddhistischen Richtung und sogar einige Lehrer werden zu Anhängern von Andrew. Zwietracht liegt in der Luft. Man rät den buddhistischen Schülern, Andrews Kurse nicht zu besuchen. Er hypnotisiere seine Anhänger, heißt es.

Bei seinen Satsangs versucht Andrew uns dafür zu begeistern, unser Leben der ekstatischen Wirklichkeit der Erleuchtung hinzugeben, uns unserer Sehnsucht nach Befreiung völlig zu überlassen. Der Satsang-Raum ist oft wie elektrisch aufgeladen. Nach Jahren der spirituellen Praxis, die uns kein bisschen weitergebracht haben, scheint nun plötzlich alles möglich.

Um mit Andrew in Kontakt zu bleiben, schreiben wir ihm kurze Nachrichten, in denen wir unsere Erlebnisse schildern und ihn wissen lassen, wie angetan wir von seinem Satsang sind. Manchmal liest er unsere Mitteilungen während einer Sitzung laut vor. Jeder, dessen Brief er drannimmt, gerät total außer sich. Wir sind eine fest verschworene Gruppe. Treffen uns jeden Abend beim Satsang und machen auch in der restlichen Zeit alles gemeinsam: essen, Gespräche führen, über Andrews Lehren diskutieren, sich verzücken lassen, Videos ansehen, Musik hören. Zwischen uns herrscht eine unbeschreiblich tiefe Vertrautheit. Eine große Familie.

Schon bald schreiben wir ihm alle die ekstatischsten Liebesbriefe voll mit mystischen Erfahrungsberichten und tiefen Dankbarkeitsbezeigungen. Wir reden Andrew mit «Geliebter Meister» an, wie er es einst selbst mit seinem Lehrer Poonjaji hielt. Bei uns zu Hause haben wir Bilder von Andrew an der Wand hängen, um sein entwaffnendes, jungenhaftes Lächeln stets vor Augen zu haben oder seine wunderschönen Augen, aus denen so viel Güte strahlt. Sein Blick scheint unmittelbar aus dem Jenseits zu uns zu dringen. Keiner von uns – ob Mann oder Frau –, der nicht bis über beide Ohren in

Andrew verliebt wäre. Wir können lange Zeit sein Bild anstarren und dabei spüren, wie wir dahinschmelzen und eins werden mit ihm. In solchen Stadien der Hingabe fließt das Leben mühelos dahin. Dann gibt es keine Probleme mehr, hat es nie welche gegeben, könnten nie welche entstehen. Wir lassen einfach los und versinken in einen Zustand der Hingabe, immer und immer wieder.

Beim abendlichen Satsang staunen wir stets aufs Neue darüber, wie klar und anschaulich jede von Andrews Antworten ausfällt. Stets trifft er den Nagel auf den Kopf, stets legt er den Finger auf irgendeine fixe Idee, die der Fragesteller unbewusst mit sich herumträgt, löst einen emotionalen Widerstand im anderen auf und versetzt uns alle in einen Zustand tiefster Glückseligkeit durch langes und starkes Schweigen, bei dem wir spüren, wie ein Gefühl für die Einsicht, von nichts und niemandem getrennt zu sein, nahezu greifbar den Raum durchdringt.

Tagsüber tragen wir dieses kostbare Geheimnis, fest in unserem Bewusstsein verankert, mit uns herum. Wir können es uns gegenseitig von den Augen ablesen; wir hören es aus jedem Wort, das wir sagen, egal ob bei tiefsinnigen Gesprächen oder irgendwelchem Smalltalk. Alles wird uns heilig: Ob wir nun in der Teestube sitzen und Buttergebäck naschen, ob wir uns eine Van-Morrison-Kassette anhören oder eine Komödie mit Marilyn Monroe anschauen. Es ist das Geheimnis der Erleuchtung, das uns verbindet und das die anderen Einwohner von Totnes nicht kennen, da sie aus unserer Sicht einfach nur tagtäglich in ihrer eintönigen Tretmühle weiterexistieren, da ihre Augen nicht sehen und ihre Ohren nicht hören können.

In Dittisham, einige Kilometer von Dartmouth entfernt, haben wir uns ein Haus gemietet. Es ist ein Doppelhaus. Zehn von uns wohnen im linken Haus, sieben im rechten. Da Andrew öfter mal auf einen Besuch vorbeikommt und reges Interesse an den Geschehnissen bei uns zeigt, betrachten andere uns als so was wie seinen engsten Kreis. Wir sehen das genauso.

Ich fühle mich dort ausgesprochen glücklich. Ich habe meine Bestimmung gefunden, so wie Wasser sich seinen optimalen Pegel sucht. Vergangenheit und Zukunft sind von mir abgefallen, ich lebe in einem fortwährenden Jetzt. Es ist, als hätte meine persönliche Biographie ihren Abschluss gefunden, wie ein Buch, das ab einer bestimmten Stelle nur noch leere Seiten enthält.

Eine meiner Hausgenossinnen ist Sarah. Sie kommt aus Dänemark, ist 26 und hat ihr Collegestudium hingeschmissen, um Andrew nach England zu folgen. Eine attraktive, intelligente und lebhafte Frau, allerdings auch unzuverlässig. Wir verbringen viel Zeit gemeinsam, gehen spazieren oder führen lange Gespräche. Während ich ihr das Tischtennisspielen beibringe, schwärmen wir gemeinsam von der fantastischen Wende, die unser Leben genommen hat. Immer mehr fühlen wir uns zueinander hingezogen. Eines Tages schneidet Sarah das Thema Beziehung an. Aber ich weiß nicht recht, ob so etwas in unser neues Leben passen würde. Wenn mein Leben ein Buch mit lauter leeren Seiten ist, wie kann ich es dann mit anderen Dingen füllen? Und was würde Andrew dazu sagen?

Zu Beginn von Andrews Lehrtätigkeit ist es öfter mal passiert, dass es zwischen zwei Leuten zu zärtlichen Gefühlen kam; im Umkreis von Gurus ist das keine Seltenheit. Man blickt einander lange in die Augen und kitzelt bei sich und dem anderen Gefühle der Glückseligkeit und der Nähe wach. In einem solchen Zustand ist es eigentlich das Natürlichste von der Welt, miteinander schlafen zu wollen. Doch Andrew hat sich gegen solche Dinge ausgesprochen. Promiskuität, das bringe einen zum Juwel der Erleuchtung bloß auf Distanz. Seiner Meinung nach sollte man entweder eine feste Beziehung haben oder sich zusammenreißen.

Ich beschließe, mit Andrew darüber zu sprechen. Er hört sich meine Geschichte an, dann rät er mir, es vorerst bleiben zu lassen. «Du bist gerade dabei, deine neue Weltsicht fest zu integrieren», sagt er. «Eine Beziehung würde dich jetzt nur ablenken.»

Ich berichte Sarah von Andrews Ratschlag, und wir beschließen, die Sache etwas behutsamer anzugehen und erstmal nur Freunde zu bleiben.

Im Januar 1988 kehrt Andrew nach Amsterdam zurück, um dort zu lehren. Von dort soll es weitergehen nach Rom. Da ich nun festes Mitglied seiner Gemeinschaft bin, stelle ich ihm meine Wohnung in

Amsterdam für einen Monat zur Verfügung, während ich zusammen mit fünf anderen in einer Einzimmerwohnung lebe. Sarah gehört auch dazu. Und wieder fühlen Sarah und ich uns zueinander hingezogen. Jeden Abend gebe ich ihr einen Gutenachtkuss – ein kleines Ritual, das Tag für Tag etwas länger ausfällt. Dann, eines Abends, als die anderen unterwegs sind und Sarah und ich allein zu Hause sind, gelingt es uns nicht mehr, unser aufgereiztes Nervensystem zu zügeln. Wir beginnen uns zu küssen und auf der Couch herumzufummeln. Wir sind eindeutig verliebt – was soll's? Ich schreibe Andrew einen Brief, in dem ich ihm von unseren neu auflebenden Gefühlen berichte, und bitte ihn um Erlaubnis, eine Beziehung mit Sarah einzugehen. Seine Antwort lautet in etwa, dass es uns freisteht, zu tun, was uns gefällt. Nachdem Andrews Kurse in Amsterdam beendet sind, reist er für einen Monat nach Rom. Sarah und ich ziehen in meiner Wohnung ein.

Andrews Kurse in Rom sind richtiggehende europäische Zusammenkünfte. Scharen von Schülern aus England, Holland, Deutschland, Frankreich, Österreich, der Schweiz und natürlich aus Italien vergnügen sich in der Stadt, den Modeboutiques und den Caféhäusern. Für alle ein Riesenurlaub. Nach zwei Wochen mit Sarah in Amsterdam fahre ich für 14 Tage nach Rom, um bei den anderen zu sein. Zusammen mit zwanzig Leuten lebe ich dort in einer sehr geräumigen Wohnung. Jeden Abend findet ein Satsang statt, tagsüber treiben wir uns in Rom herum. Es ist fast das gleiche Leben wie in Devon, vor einer anderen Kulisse. Wir laden Andrew zum Kaffee ein, und er sagt zu. Er fragt mich, ob ich ihn abholen kann. Also werfe ich mich in Schale und mache mich auf zu seiner Wohnung. Alka, die inzwischen seine Frau ist, bittet mich hinein und sagt mir, dass Andrew jeden Moment so weit ist. Dann betritt ein frisch geduschter Andrew das Zimmer und beginnt sich anzuziehen. Wir plaudern über alles Mögliche, und als er so weit ist, fahren wir mit dem Bus zum Restaurant. Unterwegs erzähle ich ihm von meiner Beziehung zu Sarah. Irgendwie versuche ich, seinen Segen für unsere Beziehung einzuholen, doch er äußert sich neutral und unverbindlich. Ich bin erleichtert, dass er unsere Beziehung zumindest nicht missbilligt.

Und ich finde es aufregend, privat mit ihm zusammen sein zu dürfen. Wie immer empfinde ich seine Gesellschaft als das Höchste.

Das Satsang in Rom wird zum Erfolg. Das Wohnzimmer dort ist um einiges größer als das in Amsterdam, allerdings noch immer zu klein für die hundertfünfzig Leute, die versuchen, sich dort auf achtzig Quadratmetern zusammenzuquetschen. Schulter an Schulter sitzen wir in geschlossener Reihe auf dem Fußboden und hören Andrew aufmerksam zu. Die Raumtemperatur nimmt tropische Ausmaße an. Dies ist erstmal die letzte Chance, in Europa zum Satsang zu kommen. Andrew hat angekündigt, nächsten Monat nach Amherst, Massachusetts zu fliegen. Wenn Andrew seine Satsangs in den USA startet, werden in Nullkommanichts Tausende von Leuten zu ihm strömen, davon sind wir alle überzeugt. Dann sitzen wir vermutlich anonym in der hintersten Reihe. Also wollen wir die Zeit, in der Andrew noch persönlich für uns da ist, unbedingt nutzen.

Ich sitze mit gekreuzten Beinen auf dem Boden. Ich bin selig. Andrew berichtet von seinen eigenen Erlebnissen mit Poonjaji. Vor einem Riesenpublikum, das von Bewunderung ergriffen ist, erzählt er, Poonjaji habe ihm prophezeit, dass er im Westen unter den jungen Leuten eine Revolution auslösen werde. «Ich reiche mein Gewand an dich weiter», hatte Poonjaji gesagt. Andrew sagt, jeder, der Lust habe, könne gern mit ihm nach Amerika kommen, wo er Kurse halten werde. Ab ersten Mai sei jeder in Amherst willkommen. Eine Welle der Erregung schwappt durch den Raum. Dies wird das nächste Kapitel auf dem Weg der großen Revolution sein! Wir werden unser Leben in Europa hinter uns lassen und in Amherst den Sprung ins Ungewisse wagen, uns gemeinsam verzehren lassen vom Feuer der Erleuchtung.

2

Du musst dich ändern

Jeder will erleuchtet werden, aber keiner will sich ändern.
Andrew Cohen

Amherst

In Amherst, einer kleinen Stadt im Herzen von Massachusetts, die fünf Hochschulen beherbergt, darunter Smith, Holyoke und die Universität von Massachussetts, leben außerdem zahlreiche westliche Buddhisten. Ganz in der Nähe, in dem Städtchen Barre, ist der Sitz der namhaften Insight Meditation Society, wo namhafte amerikanische Buddhisten wie Joseph Goldstein und Jack Kornfield lehren. Andrew wurde von einem Mann namens Jakob dazu eingeladen, in Amherst zu lehren, von einem Amerikaner mittleren Alters, der sechs Jahre als buddhistischer Mönch in Asien verbracht und schon zwanzig Jahre lang meditiert hatte, als er Andrew zum ersten Mal traf. Eine Begegnung, die – ähnlich wie bei mir – sein gesamtes Leben auf den Kopf stellte.

Im Mai 1988 kaufe ich mir ein Einfachticket und fliege mit ein paar tausend Dollar in der Tasche nach Amherst. Sarah bleibt zwecks Geldverdienens noch einen Monat in Amsterdam. Als ich in Amherst ankomme, sind bereits an die hundert Schüler vor Ort. Die Collegestudenten sind alle in den Sommerferien, also wohnen wir in

Gruppen von mindestens zehn Leuten in den großen Wohnheimen. Als Sarah zu uns stößt, leben wir beide gemeinsam mit acht weiteren Leuten im so genannten Yellow House. Schon bald haben wir uns in den vertrauten Rhythmus eingelebt, den wir von Devon her noch gewohnt sind.

Nahezu jeden Abend lädt Andrew im Wohnzimmer seines geräumigen Hauses zum Satsang. Tagsüber sind wir am Strand, gehen spazieren oder trinken zusammen Kaffee. Aus aller Herren Länder kommen wir, und das Wichtigste, das uns verbindet, sind Andrew, seine Lehren und die Gemeinschaft, die sich allmählich herausbildet. Das bildet auch den wichtigsten Inhalt unserer Gespräche. Worüber hat Andrew letzten Abend geredet? Wer darf das nächste Mal für Andrew kochen? Ein weiteres unerschöpfliches Thema sind die Briefe, die wir ihm schreiben. Abend für Abend machen wir beim Satsang die starke Erfahrung von Einheit und Nähe. Diese Erfahrung erfüllt uns mit der Gewissheit, dass die Revolution in vollem Gange ist. Obgleich wir alle in verschiedenen Häusern wohnen, die sich über ganz Amherst verteilen, fühlen wir uns wie ein großer Ashram. Die Stadt gehört uns. Von der Erleuchtung sind wir rund um die Uhr wie beschwipst. In einer solch ekstatischen Hingabe zu leben, ohne sich irgendwo festhalten zu können, ist aufregend und furchteinflößend zugleich.

Wie sich zeigt, sind es bei so manchen gerade die fehlende Sicherheit und Schutzlosigkeit dieses Lebensstils, die ihre Kräfte übersteigen. Von Jakob höre ich Befremdliches. Als ich ankomme, ist er schon nicht mehr da. Anscheinend hat er sich mit Andrew verkracht und ist abgereist. Nach allem, was mir zu Ohren kommt, hatte er begonnen, an Andrew zu zweifeln, und Probleme damit gehabt, sich ihm völlig zu überlassen. Irgendwie muss sich sein Ego zurückgemeldet und ihn in vertraute Bahnen zurückgerissen haben. Ein Lehrstück für uns, damit wir stets daran denken, wie wichtig es ist, klare Zielvorstellungen zu haben und das kostbare Geschenk der Erleuchtung vor dem Gift unseres Verstandes zu bewahren.

Und tatsächlich: Das Zusammenleben mit so vielen Leuten verschiedenster Herkunft und kultureller Wurzeln ist nicht so leicht wie vermutet, vor allem bei Leuten wie uns, deren Zukunft völlig im Ungewissen liegt. Keiner weiß, wohin das alles führt, auch Andrew nicht. Wir müssen Vertrauen haben und das Schicksal walten lassen. Obwohl wir tief in uns spüren, dass die Dinge zum Besten stehen, kristallisiert sich auf profanerer Ebene doch das eine oder andere Problem heraus. Wir erkennen, dass trotz unseres neu gewonnenen Durchbruchs und trotz der fröhlichen Feier der Erleuchtung die meisten von uns sich alles andere als erleuchtet verhalten. Für Andrew ist das nicht akzeptabel. «Wenn ihr die Wahrheit erkannt habt», sagt er, «müsst ihr auch danach leben.» Das heißt keine Neurosen mehr, kein Egoismus, keine Wutausbrüche. Sich zusammenreißen. Andrew ermuntert uns dazu, Haus-Meetings abzuhalten, Zusammenkünfte also, bei denen wir unser Verhalten gegenseitig bewerten können.

In diesem Punkt beginnt Andrews Botschaft sich leicht zu wandeln. Er spricht zwar noch immer über klare Zielvorgaben als Weg zur Erleuchtung, immer häufiger aber auch über die Notwendigkeit, im Alltagsleben klare Entscheidungen zu treffen: Entscheidungen, die unseren erleuchteten Zustand vor Hindernissen, wie dem Verhaftetsein oder festgefahrenen Mustern, bewahren sollen. Und diese Entscheidungen können sich von denen, die wir bislang – sei es aus psychologischer Gewohnheit, aus Trägheit oder einfach aus Unwissenheit – getroffen haben, in hohem Maße unterscheiden. Andrew spricht dabei vom «Gesetz der Entschlossenheit», was so viel bedeutet wie unumschränkte Verantwortung zu jeder Zeit. Wir haben stets Entscheidungsfreiheit, deshalb sind wir für unsere Entscheidungen auch stets verantwortlich und dürfen dafür zur Rechenschaft gezogen werden. Zunehmend betont er die Notwendigkeit, sich zu ändern, das heißt, sich von alten festgefahrenen Neigungen zu befreien und sie als Handlungsgrundlage nicht mehr zuzulassen.

Pflicht zur Veränderung? Ich bin nach wie vor ausgesprochen glücklich; und nichts könnte vollkommener sein, als es zurzeit ist. Was könnte es da zu ändern geben? Als ich Andrew traf, war ich zutiefst erleichtert, mein buddhistisches Fortbildungsprogramm abschließen zu können, mit den vielen täglichen Meditationsstunden, dem Weg zur Erleuchtung auf der Kriechspur, um mir in jeder Minute Meditation ein Stückchen vom Ego abzuschleifen. Das alles hatte keinen Reiz, war nicht revolutionär. Es war Treten am Ort, denn man versuchte mit einem Teil von sich den anderen zu verbessern. Damals lautete Andrews Botschaft, nichts brauche verändert werden, alles sei bestens, so wie es ist, erkenne diese Wahrheit, gib dich ihr hin und all deine Probleme sind gelöst. Um dein ganzes Leben ist es geschehen. Wozu also plötzlich das Gerede von Veränderung? Nach allem, was ich weiß, hat Andrews eigener Lehrer Poonja niemals gesagt, man müsse sich ändern. Nähert Andrew sich etwa wieder einem buddhistischen Ansatz?

Beim Satsang weihe ich Andrew in meine Probleme ein.

«Na ja», sagt er, «so ein großes Ding ist das gar nicht. Nicht mehr als ein kleiner Hausputz, seine Sachen aufräumen, ein bisschen altes Karma entsorgen.»

«Aber ich dachte, Erleuchtung bedeutet so viel wie das Ende des alten Karmas, das Ende der Straße?»

«Ja, stimmt ja auch, mit ein bisschen Glück ist das so. So war es jedenfalls damals bei mir. Aber anscheinend ist es nicht bei jedem so. Bei den meisten von euch ist es vermutlich nicht so, leider. Deshalb müsst ihr tun, was getan werden muss. Nämlich die Verantwortung für das übrig gebliebene Karma übernehmen.»

«Aber ist das nicht dasselbe, was ich schon als Buddhist gemacht habe?»

«Nein, es ist etwas völlig anderes. Damals hattest du ständig das Gefühl, etwas liefe falsch, etwas würde fehlen. Jetzt aber hast du die Gewissheit, dass nichts falsch läuft und nichts fehlt. Und gerade daraus solltest du jene Energie und Leidenschaft ziehen, die du brauchst, um zu verändern, was bei dir verändert werden muss.»

«Aber wir haben doch gelernt, Erleuchtung bedeute so viel wie keine Begrenzungen?»

«Ja, wo siehst du denn eine Begrenzung? Wir alle können uns von einem Augenblick zum nächsten verändern. Dazu braucht es keinen zeitlichen Aufwand. Du brauchst nicht erst jahrelang eine Therapie zu machen oder zu meditieren. Nein, du triffst einfach die Entscheidung: Ich verändere mich – und …» Andrew schnippt mit den Fingern.

«Du meinst, einfach nur indem ich will?»

«Ja, aber auch indem du erkennst, dass alles von deinem Willen abhängt. Du kannst ständig frei entscheiden! Dich ständig für das Richtige entscheiden statt für das Falsche. Wir wissen, was richtig ist und was falsch. Wenn du erleuchtet bist, kannst du keine Unwissenheit mehr vorschieben. Dann kannst du nicht mehr wie die meisten Leute sagen: ‹Hm, ich hab's eben nicht besser gewusst.›»

«Indem wir uns verändern, werden wir also noch erleuchteter?»

«Nein! Völlig daneben. Erleuchtung ist kein zeitlich ablaufender Prozess, verstehst du? Sie kommt einfach in dein Leben, schnell wie der Blitz, sobald du sie erkannt hast. Es ist eine ewige Realität, jenseits von Raum und Zeit. Jederzeit können wir in diese Realität eintauchen. Man muss nur genug Mumm haben, seine Neurosen beim Namen zu nennen und über sie hinwegzuspringen, rein ins Ungewisse. Wozu wäre Erleuchtung sonst gut? Wenn sie dich nicht zu einem wunderbaren Menschen macht, wozu soll sie dann gut sein? Du kannst nicht einfach sagen: ‹So bin ich nun mal.› Du musst dich ändern. Es ist deine moralische Verpflichtung an das Leben, an den Kosmos selbst. Du musst dich mit den Erfordernissen der Erleuchtung in Einklang bringen.»

Doch Vorgaben der Erleuchtung gerecht zu werden, erweist sich als äußerst schwierig. Einer nach dem anderen müssen Andrews eigene Hausgenossen den Plan räumen, da sie den Anforderungen nicht genügen. Kathy, eine junge Engländerin, die Andrew schon kannte, bevor er erleuchtet war, muss ausziehen, weil sie zu Eigensinn und Unbeherrschtheit neigt. Alan, ein labiler Exhippie aus Neuseeland, muss ausziehen, weil er zu ängstlich und unsicher ist. Auch Harry wohnt momentan bei Andrew. Er erzählt mir, wie es ist, mit Andrew unter einem Dach zu leben: «Sehr intensiv», sagt er. «Weil Andrew so tief in der Erleuchtung versunken ist, duldet er keinerlei Selbstsucht oder sonstige Störfaktoren um sich. In Andrews Nähe werden sämtliche Störfaktoren gnadenlos von unter dem Teppich hervorgekehrt, und du musst dazu bereit sein, ihnen Lebwohl zu sagen. Du musst ununterbrochen an dem Entschluss festhalten, über deine Grenzen hinauszugehen.» Als Harry mir das alles erzählt, bin ich einerseits eifersüchtig, dass er Andrew so nahe sein kann und in den Genuss der einzigartigen Chance kommt, seine Störfaktoren ans Licht zu kehren. Andererseits, denke ich, ist es mir gar nicht mal so unrecht, ein bisschen weiter weg von jenem alles verzehrenden Feuer zu sein. So kann ich mich daran wärmen, anstatt darin zu verbrennen.

In Devon waren wir siebzehn, die in der Villa in Dittisham wohnten, und wir waren die oberste Elite unter Andrews Schülern. Die anderen, die neuen Studenten, blickten zu uns hoch, versuchten uns auf sich aufmerksam zu machen, wünschten, in unser Haus eingeladen zu werden. Hier in Amherst wohnen die Schüler auf zehn Häuser verteilt, und es gibt eine bestimmte Hierarchie, die allen klar zu sein scheint. Andrews Haus ist natürlich die Nummer eins; dort wohnen Andrew, Alka und eine Hand voll Schüler, die mit ihm auf sehr vertrautem Fuße stehen. Nicht weit davon entfernt, im zweiten Haus, wohnen Schüler, die öfter mal für Andrew kochen und häufig von ihm besucht werden. Unser Haus nimmt den dritten Rang ein. Der Rang eines Hauses richtet sich nach dem Ausmaß, in dem Andrews Lehren dort in die Tat umgesetzt werden. Um ständig am Ball zu bleiben, organisieren wir regelmäßige Haus-Meetings, bei denen wir beurteilen, wie sehr jeder von uns Andrews Lehren in seinem Leben beherzigt. Das Problem ist, dass es dafür keine klar formulierten, sondern nur ungeschriebene Richtlinien gibt. Einer von Andrews Grundsätzen lautet, dass man nichts dafür tun muss, um frei zu werden; weder meditieren noch beten, weder Rituale durchführen noch anderen spirituellen Praktiken nachkommen. Wir sind bereits frei, und es reicht, sich diese Tatsache stets zu vergegenwärtigen. Doch was bedeutet Freisein im alltäglichen Leben denn eigentlich? Wir wissen lediglich, was es alles nicht bedeutet: sich egozentrisch verhalten, sich von den anderen absondern, versuchen, sein Privatleben zu bewahren, spezielle Beziehungen zu pflegen – all das bedeutet, nicht frei zu sein. Oder vielmehr, sich der Tatsache zu widersetzen, immer schon frei gewesen zu sein, indem man an seinem speziellen Ego festhält. Um den Ansprüchen zu genügen, sind wir also gehalten, jeden zur Rede zu stellen, bei dem uns ein derartiger Widerstand auffällt.

Das Meeting

Wir sitzen alle im Wohnzimmer und blicken einander an. Mit dem Essen und Kaffeetrinken sind wir durch, unser Meeting kann beginnen. Es herrscht ein unbehagliches Schweigen. Wir sind acht Leute. Ich sitze auf dem Stuhl vorne beim Fenster. Auf der Couch neben mir sind Lucy und Jean, zwei Engländerinnen in den Dreißigern. Auf dem Stuhl mir gegenüber sitzt Andrews Mutter Luna. In den letzten Wochen habe ich Luna recht lieb gewonnen. Sie verfügt über einen enormen psychologischen Scharfsinn und scheut sich nicht – wenn es sein muss – auch Andrew und seine Gemeinschaft zu kritisieren. Nach Andrews wundersamer Begegnung mit Poonjaji gehörte Luna zu den ersten Leuten, die er darüber verständigte. Völlig verzückt von der Wandlung, die er erfahren hatte, bat er seine Mutter, mit dem nächsten Flugzeug nach Indien zu kommen. Was sie auch tat, und dort zu einer seiner ersten Schülerinnen wurde. Jetzt, nachdem sie mit ihrem Sohn in Rishikesh war, hat sie ihre New Yorker Wohnung verlassen, um mit uns in Amherst zu leben. Auf dem Stuhl zwischen Luna und mir sitzt Sarah.

Lucy meldet sich zu Wort. «Mir ist etwas aufgefallen, das ich gern zur Sprache bringen würde», sagt sie. «Es hat mit André und Sarah zu tun, mit der Beziehung, die sie zueinander haben.»

Mich fröstelt. Stimmt etwas nicht mit unserer Beziehung? Sarah und ich sind die einzigen im Haus, die eine sexuelle Beziehung verbindet, und vor ein paar Tagen hat Andrew beim Satsang über das Verhaftetsein in sexuellen Beziehungen gesprochen und wie die romantische Illusion uns von der Erleuchtung abhalten kann, da wir so sehr in den anderen vernarrt sind. Ich erinnere mich gut an jenes Pärchen aus Boston, mit dem Andrew dieses Thema besprochen hatte: Die beiden beschlossen daraufhin, sich für ein halbes Jahr zu trennen, um ihr gegenseitiges Verhaftetsein ganz nüchtern zu erforschen. Auch Lucy hat sich erst vor kurzem von ihrem Mann Randy getrennt. Sie lebt mit ihren beiden Söhnen bei uns im Haus, während er in einem anderen Schülerhaus wohnt.

Sie fährt fort. «Ihr wisst ja, Andrew hat gesagt, kein persönliches Verhaftetsein, und wie wichtig es für uns ist, nicht nur aus Gewohnheit und aufgrund alter Prägungen an Beziehungen festzuhalten. Mir ist aufgefallen, dass eure Beziehung etwas Klettenhaftes hat. Ihr werft euch bestimmte Blicke zu und schenkt euch eine ganz bestimmte Art von Aufmerksamkeit. Ich habe das Gefühl, André, du verbringst mehr Zeit mit Sarah als mit den anderen Leuten hier im Haus.» Einige nicken zustimmend. Anscheinend ist über diesen Punkt schon vor dem Meeting diskutiert worden.

Ich rutsche unbehaglich auf meinem Stuhl herum. Mein erster Gedanke ist aufzubegehren, hochzuspringen und ihnen zu sagen, dass ich anderer Meinung bin und dass sie sich um ihre eigenen Angelegenheiten kümmern sollen. Aber das ist natürlich mein Ego, das da spricht und versucht, mein Privatleben zu schützen. Mein Ego sträubt sich gegen eine aufrichtige und vorurteilslose Selbsterforschung, es will nicht in Betracht ziehen, dass Sarah und ich einander vielleicht wirklich zu sehr verhaftet sind. Allerdings muss ich gestehen, dass ich ein wenig an den Motiven zweifle, aus denen Lucy sich angeblich gegen mich und Sarah ausgesprochen hat. Ich weiß nämlich, dass sie und Sarah nicht besonders gut miteinander können. Vielleicht will sie uns heimzahlen, dass sie sich von ihrem Mann trennen musste.

Doch das ist lauter persönliches, nebensächliches Zeug. Worum es wirklich geht, ist, die ganze Angelegenheit aus der Sicht von Andrews Lehren zu beurteilen. Das ist es, wozu diese Meetings da sind. Und mir wird klar, dass Lucy mit ihren Ausführungen genau den Ton trifft, den auch Andrew zu diesem Thema angeschlagen hat. Sarah und ich verbringen mehr Zeit miteinander als mit den anderen. Ich stelle es mir schwer vor, daran etwas zu ändern; in gewisser Weise erscheint es mir sogar ganz normal, dass wir mehr Zeit miteinander verbringen. Schließlich haben wir eine Beziehung. Doch dieses Aneinanderkleben ist nichts als eine persönliche Prägung, an der wir beide festhalten. Schluss zu machen mit diesem gegenseitigen Verhaftetsein, das ist das Opfer, welches Andrew uns abverlangt. Also sage ich Lucy, sie habe Recht und es handle sich um eine Sache, die Sarah und ich tatsächlich prüfen sollten. Die anderen fragen mich, wie ernst es mir mit dem Entschluss ist, dieses Verhaltensmuster zu ändern, und ich bringe ein paar Argumente vor, die sie von der Aufrichtigkeit meiner Absicht überzeugen.

Nun wendet sich das Gespräch Sarah zu. Jean, eine ziemlich dominante Frau mit Brille und mittellangen roten Haaren, bezieht sich auf ein Gespräch, das wir vor ein paar Tagen geführt haben. Während dieses Gesprächs hatte Sarah glücklich lächelnd verkündet, dass sie und ich in der vergangenen Woche jede Nacht Sex gehabt hätten. Jean schneidet dieses Thema an, um zu beweisen, dass Sarah ihren sexuellen Wünschen einfach nachgibt, dass sie sich nicht an die Lehre hält und ihre Befreiung sausen lässt, indem sie sich in ihr Verhaftetsein mir gegenüber flüchtet. Andere pflichten ihr bei. Ich bleibe still. Ich spüre, dass es irgendwie unangemessen wäre, sich von mir aus dazu zu äußern. Aber die Art und Weise, wie Jean die Sache angeht, gefällt mir nicht. Ich finde, sie übertreibt. Doch wahrscheinlich ist auf Grund meines Verhaftetseins zu Sarah mein Urteilsvermögen getrübt. Vielleicht ist gerade dies ein deutliches Zeichen dafür, wie sehr wir einander verhaftet sind.

Sarah wird nun von einigen Anwesenden weiter in die Mangel genommen, und sie gerät immer mehr außer sich. Dann beginnt sie zu weinen. Lucy sagt, sie solle sich gefälligst nicht davor drücken, der Wahrheit ins Auge zu sehen, indem sie die Emotionale und Schwache spiele. Und so ufert das Meeting zunehmend aus. Es ist furchtbar, mit ansehen zu müssen, wie Sarah die Pistole auf die Brust gesetzt wird, doch gleichzeitig sagt mir eine innere Stimme, dass sie das einfach aushalten muss. Um ihrer eigenen Befreiung willen hat sie sich ihrer emotionalen Schwäche zu stellen. Die anderen im Haus aber haben noch nicht den Eindruck gewonnen, dass Sarah das auch tatsächlich tut. Sie sagen, sie weiche dem Problem aus, sie sei defensiv, emotional und sentimental. Als das Meeting vorbei ist, herrscht allgemeines Schweigen. Sarah hat nicht «bestanden». Um zu bestehen, hätte sie der an ihr geäußerten Kritik nicht nur beipflichten sollen, sondern auch auf emotional überzeugende Weise um Verzeihung bitten und den anderen zeigen müssen, dass sie das ihr angekreidete Verhalten als echt abscheulich empfindet. Aber sie ist nicht gewillt, sich selbst so in die Mangel zu nehmen. Stattdessen hat sie die Fassung verloren und sich in die Knie zwingen lassen. Das ist kein gutes Zeichen. Es schmerzt mich, sie in diesem Zustand sehen zu müssen.

Als wir schlafen gehen, entschuldigt Sarah sich bei mir und verspricht, künftig stärker zu sein. Ich versuche ihr Mut zu machen und sage, das werde schon wieder werden. Ich erkläre ihr auch, wie gut ich es finde, dass wir uns aus unserem Verhaftetsein gelöst haben; schließlich sei dies ja der Grund, warum wir hier bei Andrew sind. Sie nickt. Ich hoffe, sie übersteht das alles, aber sicher bin ich mir da nicht.

Am nächsten Tag ist unser Meeting vom Vortag in aller Munde. Man hat Andrew bis ins Detail davon berichtet, und er besteht darauf, dass die Sache restlos geklärt wird. Ich mache mit Luna einen Spaziergang. Sie ist sehr offen zu mir. Ihrer Meinung nach befinden Lucy und Jean sich auf einer Art Machttrip. Ich zögere. Dann sage ich, dieser Verdacht sei mir auch schon gekommen, von mir aber könne man ja nicht erwarten, objektiv zu sein.

«Unsinn. Du hättest den Mund aufmachen sollen», erklärt sie mir auf ihre typisch unverblümte Art. «Halten wir einfach noch ein Meeting ab.»

Also findet an jenem Abend ein weiteres Meeting statt. Luna spricht ohne Umschweife aus, was ihr an Lucy und Jean missfällt. Die beiden beginnen mit ihr zu streiten. Sie sagen, sie betrachte alles zu psychologisch, zu intellektuell. Ich versuche zu schlichten und einen Mittelweg zu finden. Dann äußert Sarah sich selbst zu der Sache. Sie pflichtet jedem Wort bei, das Lucy und Jean gesagt haben.

Laut schluchzend beschimpft sie sich selbst dafür, so schwach und sentimental gewesen zu sein. Ich weiß nicht, was ich sagen soll. Ich bin wütend auf Lucy und Jean, weil Sarah wegen ihnen jetzt total ausrastet, andererseits jedoch spüre ich auch, wie sehr sie sich an mich klammert. Vielleicht haben ja alle Recht. Vielleicht würde sie etwas erwachsener werden, wenn man sie dazu zwänge, auf eigenen Füßen zu stehen. Wäre es besser, wenn wir uns trennen? Sollten wir vielleicht eine Zeit lang in getrennten Räumen schlafen? Es fällt mir schwer, meine subjektiven Gefühle für Sarah außer Acht zu lassen und mich auf die Seite der viel umfassenderen, objektiven Wahrheit zu stellen. Doch genau das ist es, was Andrew von uns verlangt.

Es kommt mir vor, als würde sich der Wirbel um Sarah noch ewig hinziehen, doch alles in allem ist es wahrscheinlich nur eine Woche. Beim Satsang spricht Andrew erneut gegen das tückische Verhaftetsein, das Liebesbeziehungen innewohnt. Daraufhin begeht Sarah eine Panikhandlung. Ohne mit mir gesprochen zu haben, erklärt sie Jean und Lucy, dass sie mit mir Schluss machen will. Eine Heldentat im Dienste der Revolution? Oder nur der verzweifelte Versuch, ihre Angreifer versöhnlich zu stimmen? Jean und Lucy sind zufrieden mit Sarahs urplötzlicher Maßnahme, ich aber fühle mich verletzt, weil sie mir nichts davon gesagt hat. Obwohl ich es schon öfter erlebt habe, dass andere Paare in der Gemeinde sich getrennt haben, bringt es mich jetzt, wo ich selbst betroffen bin, total aus der Fassung. Alle versuchen mich zu trösten und sagen, das sei nun mal der Preis, den man für die Befreiung zu zahlen habe. Sie beglückwünschen mich zu dem unerschütterlichen Standpunkt, den ich bei der ganzen Sache eingenommen habe. Trotzdem werde ich das Gefühl nicht los, dass ich mich für Sarah mehr hätte einsetzen sollen. War dies wirklich der ideale Weg, um der ganzen Situation beizukommen? Bringt uns das der Erleuchtung tatsächlich näher?

«Ich verstehe ja, dass dir das alles sehr nahe geht», sagt Harry. «Aber glaub mir, es ist für alle Beteiligten das Beste. Du weißt ja, wir stekken mitten in einer Revolution, und diese Revolution fordert von uns allen einen hohen Preis.»

«Gut, aber was hat das denn noch mit Erleuchtung zu tun, verdammt noch mal?»

«Na, du weißt doch inzwischen, dass Erleuchtung nicht nur ein Zustand von Glückseligkeit ist, dem man sich hingibt. Nicht irgendeine Luftblase, in deren Inneren wir für den Rest unseres Lebens verweilen wollen. Erleuchtung fordert von uns, dass wir alle an uns arbeiten. Wir müssen Verantwortung übernehmen für unsere Prägungen, unsere Unzulänglichkeiten, unseren Egoismus, unser Verhaftetsein. Wenn wir das Geheimnis der Erleuchtung entdeckt haben, dann sollte diese Entdeckung sich eins zu eins in unserem Verhalten widerspiegeln. Soist das, und das ist das wahrhaft Revolutionäre an Andrews Methode.»

«Gut, aber heißt das denn nun, wir müssten rücksichtslos miteinander umgehen?»

«Ich verstehe ja, dass dir die Geschichte zu schaffen macht, doch das ist nun mal der Preis, den wir zu bezahlen haben. Und die eigentliche Herausforderung besteht darin, das mit Leidenschaft, Entschlossenheit und mit vollem Einsatz zu tun. Wenn uns das gelingt, können wir es schaffen! Sieh doch mal, was für ein Wahnsinn das alles ist! Ein evolutionäres Experiment! Wir alle sind die Vorläufer einer evolutionären Woge, und diese Woge wird die gesamte spirituelle Welt des Westens hinwegfegen und transformieren.»

Unsere Tragödie ist der Gemeinde offensichtlich nicht verborgen geblieben. Andrew war von Anfang an über alles im Bilde. Nach dem Satsang bittet er Sarah und mich auf sein Zimmer. Er ist verärgert über die Art und Weise, auf die Sarah die Beziehung zu mir beendet hat. Als hätte sie mir ein Messer in den Rücken gestoßen, sagt er. Ich denke zurück an das Gespräch, das ich mit Andrew in Devon geführt habe. Hatte er womöglich Recht, als er sagte, ich solle es mir besser zweimal überlegen, bevor ich mit Sarah eine Beziehung eingehe?

Sarah zieht in ein anderes Haus um, und etwa ein Jahr lang haben wir so gut wie keinen Kontakt mehr. Danach hat sich unsere Beziehung normalisiert, und wir sind einfach wieder zwei Glieder der Gemeinde.

Zum ersten Mal habe ich am eigenen Leib erfahren, was es heißt, für seine Befreiung einen Preis zahlen zu müssen. Jetzt weiß ich aus erster Hand, wie ernst Andrew es meinte, als er sagte, klare Zielvorgaben seien das Wichtigste überhaupt, und dass wir für jede Entscheidung, die wir treffen, volle Verantwortung zu übernehmen haben. Mich der Sache gemeinsam mit Sarah zu stellen und das Ende unserer Beziehung zuzulassen, ist das erste echte Opfer, das ich im Namen der Revolution erbracht habe.

Die anderen in der Gemeinschaft rühmen mein Engagement für Andrews Lehren, die Bereitwilligkeit, mit der ich das Opfer erbracht habe, und wie ich um der Erleuchtung willen mein Verhaftetsein kompromisslos in die Schranken verwiesen habe. Ich hatte mich zu entscheiden zwischen meinem Verhaftetsein zu Sarah und den Erfordernissen der Erleuchtung. Ich entschied mich für die Erleuchtung und somit gegen die Gefühle, die ich tief im Herzen für Sarah empfand. Aus menschlicher Sicht betrachtet, sei es sicher schmerzlich, so hieß es, doch von höherer Warte aus betrachtet, sei es ein weiser Entschluss.

Boston

Im Sommer 1988 strömen ständig neue Leute aus Europa nach Amherst. Fast alle kommen, um auf Dauer hier zu sein. Sie haben in Europa erledigt, was zu erledigen war, haben ihre Häuser verkauft, ihre Jobs hingeschmissen und ihre Kinder von der Schule genommen. Auch einige Amerikaner stoßen zu uns, darunter vier ehemalige Jünger eines anderen amerikanischen Gurus. Sie stammen aus Boston und nehmen täglich eine Wegstrecke von anderthalb Stunden in Kauf, um bei Andrews Satsang dabei sein zu können. Von den amerikanischen Buddhisten jedoch kommt keiner, was wir zutiefst bedauern. Einer der Gründe scheint zu sein, dass inzwischen allerlei Geschichten über Andrew kursieren. Es heißt, er habe auch eine dunkle Seite und mit Macht und Autorität könne er nicht umgehen. Wir sind empört über solche Anschuldigungen. Die vier Schüler aus Boston laden Andrew ein, doch mal nach Boston zu kommen und dort zu lehren. Andrew sagt zu. Für die meisten von uns bedeutet dies einen neuerlichen Ortswechsel. Hoffentlich wird Boston noch mehr spirituell Interessierte anziehen.

Bislang haben wir alle in paradiesischen Verhältnissen zusammengelebt, als gäbe es so etwas wie Geld gar nicht. Die meisten von uns hatten noch Ersparnisse, andere hatten sich Geld geliehen, und ein paar vom Glück Gesegnete wie Harry waren finanziell sowieso unabhängig. Andrew selbst lebt von einer kleinen Erbschaft, die ihm in jährlichen Raten ausbezahlt wird. Jetzt aber ist es für viele von uns an der Zeit, sich nach einer Arbeit umzusehen. Wir nehmen Jobs an, die es uns gestatten, bei minimalem Zeitaufwand eine ordentliche Summe Geld zu verdienen. Die meisten von uns verdingen sich als Raumpfleger oder Fensterputzer. Mir gelingt es, einen Job als Übersetzer für Holländisch und als Computerfachmann zu finden, und so komme ich auch zu einer Arbeitserlaubnis. Andrew lehrt fünfmal die Woche an der örtlichen Montessori-Schule. Seine Veranstaltungen sind inzwischen öffentlich, keine Wohnzimmertreffs mehr wie zuvor. Um einen guten Platz zu bekommen, stehen wir jedes Mal fünfundvierzig Minuten lang in der kalten Bostoner Winterluft Schlange. Andrew sitzt auf einem Podium, umgeben von üppigen Blumensträußen. Es hat sich eingebürgert, Briefe an Andrew mit einem Blumengeschenk zu verknüpfen: als Zeichen der Zuneigung, als Entschuldigung nach einem Fauxpas, oder um ihm ganz einfach für seine wunderbare Lehre zu danken. Der örtliche Blumenhändler wird mit zahlreichen Mitgliedern der Gemeinde gut Freund.

Obgleich das Leben der Gemeinschaft jetzt stärker strukturiert ist und wir nicht mehr so viel Zeit haben, miteinander rumzuhängen, finden immer noch große Gemeindepartys statt. Da tanzen wir die Nächte durch. Ohne dass man von irgendwelchen sexuellen Schwingungen überlagert wird, nein, einfach nur ein ekstatisches Feiern der Nähe und des Vertrautseins. Alkohol wird nicht ausgeschenkt, aber wir brauchen wahrhaftig keinen Alkohol, um berauscht zu sein.

In Boston rücken die Haus-Meetings zunehmend in den Mittelpunkt. Es ist nicht die Erfahrung des Einsseins, die dabei wichtig ist (die gehört mittlerweile zur Routine), sondern die Frage, ob unser Leben bereits ein Spiegel dessen ist, was wir neu dazugelernt haben. Immer öfter kommt es vor, dass jemand ein Haus verlassen muss, weil er den Vorgaben nicht entspricht. Auch unsere Hausgemeinschaft bricht nach ein paar Monaten auf Grund unüberwindbarer Differenzen zwischen einzelnen Leuten auseinander. Andrew ist wütend auf mich, weil er meint, ich habe mich zu passiv verhalten und mich zu lange bemüht, den Frieden zu wahren, anstatt die Betreffenden zur Rede zu stellen und klar Stellung zu beziehen. Er nennt mich einen Schlappschwanz. Andrew drückt sich öfter mal so drastisch aus, um unserem Ego einen Schock zu versetzen. Wie er bin ich der Meinung, dass es einzig und allein mein Ego war, das mich zurückschrecken ließ, mich für die Wahrheit einzusetzen. Ich schäme mich dafür, ihn so enttäuscht zu haben. Ich rufe bei ihm an, aber er hat keine Lust, mit mir zu sprechen. Ich weiß, ich hab's selbst verpatzt. Ich muss in ein anderes Haus umziehen. Ich frage bei mehreren Häusern an, doch überall werde ich zurückgewiesen, da ich jetzt schlechte Referenzen habe. Schließlich komme ich in einem Haus von niedrigerem Rang unter. Zu meinem Erstaunen muss ich feststellen, dass ich mich dort eigentlich viel besser fühle, und schließe nach und nach ein paar echte Freundschaften.

Luna steigt aus

Andrew bleibt bis April 1989 in Boston, die Gemeinschaft verzeichnet jedoch keinen wesentlichen Zuwachs. Anscheinend ist man an der Ostküste nicht so offen für seine Botschaft, und so beschließt Andrew, sich ins Mekka der Spiritualität zu begeben, nämlich nach Marin County in Kalifornien. Die gesamte Gemeinschaft von 150 Leuten, nach wie vor zur Hauptsache Europäer, reist quer durch das gesamte Land, um sich in Marin niederzulassen und dort nach Unterkunft und Jobs zu suchen.

Zusammen mit fünf anderen reise ich binnen vierzehn Tagen vom einen Ende des Kontinents zum anderen. In zwei Autos fahren wir von Boston über Virginia, Memphis (wo wir Graceland besuchen, das Haus von Elvis), den Grand Canyon, Las Vegas und den Yosemite Nationalpark bis zur San Francisco Bay Area. Wirklich tolle Tage.

Bis zum Juli sind auch die Letzten von uns in Nordkalifornien angekommen, und alle warten wir jetzt auf Andrew, der sich noch immer in Boston aufhält. Da kommt es zu einem unerwarteten Zwischenfall: Andrews Mutter Luna steigt aus. Ich weiß, dass sie in den vergangenen Monaten zunehmend ihre Zweifel an dem hatte, was sie als Andrews «Guru-Theater» bezeichnete. Daraufhin hat Andrew ihr wegen ihres Mangels an Hingabe und ihres Zynismus das Leben immer schwerer gemacht. Jetzt erreicht uns die Schreckensnachricht, dass Luna zusammen mit vier weiteren Schülern der Gemeinschaft den Rücken gekehrt hat, und zwar nach einer Begegnung mit dem indischen Anti-Guru U. G. Krishnamurti, der dafür bekannt ist, sowohl Gurus als auch das – wie er es nennt – ganze «Erleuchtungs-Business» bloßzustellen. Luna lehnt jetzt rundweg alles ab, was bei uns vor sich geht. Sie findet, Andrews Vision sei zu einer Art Faschismus verkommen, da jeder nur noch in der Angst vor Bestrafung lebe. U. G. hat sie davon überzeugt, dass so etwas wie Erleuchtung schlichtweg nicht existiere und dass jeder Guru, einschließlich Andrew, nur darauf aus sei, seine Schüler zu manipulieren und zu beherrschen.

Die Nachricht von Lunas Ausstieg trifft mich unvorbereitet und versetzt mir einen Schock. Unvermittelt bin ich zwischen zwei Stühle geraten, nicht nur wegen meiner Freundschaft zu Luna, sondern auch weil ich mich an U. G. noch von früher her erinnere. Als ich 1983 in Saanen war, um Jiddu Krishnamurti zuzuhören, der dort jeden Sommer Vorträge hielt, erfuhr ich, dass es noch einen «zweiten Krishnamurti» gab, der sich in Gstaad aufhielt, ganz in der Nähe von Saanen. Ich war fasziniert. Man erzählte sich, dass U. G., der mit Jiddu nicht verwandt ist, schon von Kindesbeinen an zu einem großen spirituellen Lehrer ausgebildet wurde, dass er mit dem ganzen

Erleuchtungs-Business nichts zu tun haben wollte und jahrelang auf der Straße gelebt hatte. Irgendwie war mit ihm eine Verwandlung vorgegangen, gezwungenermaßen beinahe, doch Gurus gingen ihm einfach gegen den Strich. Er behauptete, das ganze Erleuchtungs-Business sei der bare Unsinn. Deshalb nannte man ihn den Guru der Anti-Gurus. Ich kämpfte mich damals durchs Gebirge, bis ich vor seiner Veranda stand. Dort saß er in seinem Garten und bat mich herein. Anscheinend war er gar nicht überrascht, mich aufkreuzen zu sehen. Eine halbe Stunde lang sprachen wir über Meditation, spirituelle Praktiken und Erleuchtung, dann brach ich wieder auf. Seit jenem Tag bin ich ein Fan von U. G.

Andrew, noch immer in Boston, ist wütend. Bei einem Meeting der Gemeinschaft wird Luna zur Persona non grata erklärt. Es fällt mir schwer, zu verstehen, wie Luna Andrew auf solch schmerzliche Weise im Stich lassen konnte. Gewiss hat unsere Gemeinschaft ihre Schwachstellen, aber schließlich ist es bei jeder revolutionären Bewegung so, dass Fehler gemacht werden und man täglich dazulernen muss. Bestimmt liebt sie Andrew noch immer. Sie sollte die Bedenken, die sich in ihr regen, einfach nicht beachten. Ich versuche, sie telefonisch zu erreichen und ihr das zu sagen, aber sie weigert sich, mit irgendjemandem aus der Gemeinschaft zu sprechen. Ihr Abschied macht mich traurig. Dann schreibe ich ihr einen Brief: Wie konnte sie ihren geliebten Sohn und Meister nur so tief verletzen? Ein paar Wochen später erhalte ich eine kurze Nachricht von Luna. Die Gemeinschaft, so wiederholt sie darin, sei zu einer faschistischen Organisation verkommen, und alle lebten nur noch in Angst vor Andrew. Sie wolle mit der ganzen Sache nichts mehr zu tun haben. So habe ich sie als Freundin verloren, doch was kann ich schon tun? Ich erzähle Andrew von Lunas Antwortschreiben, und er erklärt mir, auch er sei zutiefst unglücklich darüber, dass seine eigene Mutter sich plötzlich gegen ihn gewandt habe. Er freut sich, dass ich Luna geschrieben habe und bereit bin, ihm in dieser schweren Stunde beizustehen.

Die Geburt eines offiziellen Sangha

Ab Sommer 1989 finden in Marin, im Yoga-Center von Corte Madera, Satsangs statt. Marin ist, ähnlich wie Totnes in Devon, einer der Brennpunkte des spirituellen Lebens und beherbergt eine Vielzahl spiritueller Sucher, Meditationslehrer, Gurus, spiritistischer Medien, Geistheiler und Therapeuten. Andrew hat inzwischen den Ruf eines sehr umstrittenen spirituellen Lehrers, der es sich zum Ziel gemacht hat, die spirituelle Szene unserer Tage gehörig aufzumischen. Seine Lehre von der «Erleuchtung hier und jetzt» ist für einige der westlichen buddhistischen Meditationslehrer, die für spirituelle Praxis und kontinuierliche Entwicklung eintreten, pure Häresie. Seine auf klaren Zielvorgaben gründende Entsagungshaltung steht im Widerspruch zu den gängigen Ansichten zahlreicher transpersonaler Psychologen, die verkünden, man müsse die Erleuchtung in sein Alltagsleben integrieren, anstatt, wie Andrew es lehrt, sein Leben rundum der Erleuchtung hinzugeben. Als Andrew mit seinen Satsangs beginnt, taucht daher eine ganze Reihe örtlicher Experten auf, um ihn einer umfassenden Prüfung zu unterziehen. Sie mögen Andrew, sie mögen die selig machenden Erlebnisse, die sie beim Satsang haben, aber uns, Andrews 150 zumeist europäische Schüler, die schweigend am Satsang teilnehmen, ihren spirituellen Meister verehren und ihm Liebesbriefe schreiben, mögen sie nicht. Die an einen individualistischen und mondänen Lebensstil gewöhnten Kalifornier finden ihn abstoßend, jenen Haufen europäischer Neohippies, die sich nicht zu fein sind, ihren Lebensunterhalt mit Putzen zu verdienen, die zu zehnt in Häusern mit drei Schlafzimmern hausen, denen es nichts ausmacht, auf jegliche Privatsphäre zu verzichten, und die alles in allem den Eindruck schlichter Mitläufer machen. Auf sie wirken wir wie eine Herde von Schafen. «Androiden» nennen sie uns.

Was uns nicht bekümmert. Das Leben in Marin ist nach wie vor das reine Paradies. Wunderschöne Landschaft ringsum. Die Wochenenden verbringen wir an traumhaften Stränden, oder wir machen lange Wanderungen zum Mount Tamalpais. Wir sind eine große spirituelle Familie, und permanent high. Viermal pro Woche gehen wir zum Satsang, und danach sitzen wir jedes Mal noch lange beisammen und diskutieren über Andrews Vorträge und seine tiefgründigen Dialoge mit anderen. Zwei oder drei Tage in der Woche arbeiten wir, und das reicht aus, um über die Runden zu kommen. Die übrige Zeit hängen wir zusammen rum.

Es ist mucksmäuschenstill im Yoga-Center Corte Madera. 150 Leute sitzen mit gekreuzten Beinen im Halbkreis um ein blumengeschmücktes Podium. Wir warten auf Andrew. Etwa zwanzig weitere Leute, größtenteils Neulinge, sitzen im Hintergrund auf Stühlen. Alles ist voll gespannter Erwartung. Dann geht die Tür auf, und Andrew tritt ein. Er trägt schicke schwarze Hosen und ein farbenprächtiges, kunstvoll gemustertes Hemd mit kurzen Ärmeln, zweifellos ein Geschenk aus unseren Reihen. Er setzt sich und schließt die Augen. Etwa zwanzig Minuten lang sitzen wir nur schweigend zusammen. Dann beginnt Andrew zu sprechen. Er heißt uns alle herzlich willkommen und will wissen, ob jemand irgendeine Frage hat.

Eine Frau mittleren Alters hebt die Hand. Ich kenne sie. Sie hat schon überall in der spirituellen Szene ein wenig herumgeschnuppert, war bei vielen Lehrern und hat jahrelang meditiert.

«Buddha sagt, es sei sehr wichtig, sich zu einem Sangha, einer spirituellen Gemeinschaft, zusammenzuschließen. Es würde mich interessieren, wie du das siehst. Muss man, um erleuchtet zu werden, tatsächlich Teil eines Sangha sein?»

Andrew verharrt eine Zeit lang still auf seinem Stuhl, bevor er die Frage beantwortet.

«Ein Sangha ist eine Gemeinschaft von Findern, von Leuten also, die ein tief greifendes Erweckungserlebnis hatten. Es ist eine Gruppe von Leuten, die nur aus einem einzigen Grunde zusammenkommen – weil sie bereit sind, sich völlig aufzugeben, um Freiheit zu erlangen. Dieses alles umfassende Sichaufgeben bedeutet, dass sie sich dazu verpflichten, alles zu überwinden, das den vollkommenen Ausdruck vollkommener Erleuchtung und vollkommener Freiheit je behindern könnte. Das ist die eigentliche Bedeutung von Sangha.»

Andrew schweigt kurz und nimmt aus einem Glas, das auf dem Tisch neben seinem Stuhl steht, einen kleinen Schluck Wasser.

«Eine hervorragende Antwort», denke ich mir. «Er hat ihre fixe Idee, bei einem Sangha ginge es darum, etwas für sich zu bekommen, sogleich im Keim erstickt. Eine Gemeinschaft von Findern, ja, das bringt meine Erfahrungen gut auf den Punkt. Wir sind nicht mehr daran interessiert, irgendetwas zu bekommen, wir genießen einfach nur gegenseitig unsere Gesellschaft und das Zusammenleben in unserer neu erlangten Freiheit.»

Andrew fährt fort: «Wenn eine Gruppe von Findern zusammenkommt, ist für alle die große Suche und das große Warten vorbei. Und wenn du nicht mehr zu suchen und nicht mehr zu warten brauchst, ändert sich etwas in dir, dann ändert sich deine Chemie. Überschwängliche Freude und ein tiefes Vertrauen in das Leben selbst kannst du nur erfahren, wenn du wahrhaft gefunden hast, wonach du suchtest.»

Die Frau scheint noch nicht recht überzeugt zu sein. «Was sind die Gründe für Leute, sich zu einer solchen Gemeinschaft zusammenzuschließen?», fragt sie.

Andrew lächelt auf seine gewohnt charmante und gewinnende Art.

«Tja, das einzige Motiv ist die Freude, die damit verbunden ist, die Ekstase. Und vielleicht noch die Tatsache, dass es etwas sehr Kostbares ist, sich in Lebensumständen zu befinden, in denen es nichts mehr gibt, das dich von der vollkommenen Spontaneität des wahren Erwachtseins ausschließen könnte.»

«Nichts, das dich von der vollkommenen Spontaneität des wahren Erwachtseins ausschließen könnte» – diesen Satz bekomme ich in den nächsten Tagen nicht mehr aus dem Kopf. Klingt großartig, aber was bedeutet das in der Praxis?

Na gut, einerseits sind damit unsere Haus-Meetings gemeint, bei denen wir uns immer wieder gegenseitig darauf hinweisen, wie wichtig es für uns ist, sich zu ändern. So wichtig, dass jemand, bei dem dieser Wille zur Veränderung nicht zu erkennen ist, unter Umständen sogar ausziehen muss. Das alles gehört zum großen Prozess spiritueller Transformation.

Andrew geht jetzt sogar noch einen Schritt weiter. Er ruft die Gemeinde zu einem Meeting zusammen und erklärt uns, dass von nun an alles anders sein werde. Er verlangt, dass unser auf den Erleuchtungsstandard ausgerichtetes Leben auch draußen in der Welt sichtbar wird. Er fasst die Engagiertesten unter uns zu einer eigenen Gruppe zusammen, die er als «den Sangha» bezeichnet – so nennt man im Buddhismus eine Gemeinschaft von Mönchen und Nonnen –, während die anderen, also zum Beispiel unsere europäischen Gäste oder solche, die sich seiner Lehre noch nicht offiziell verpflichtet haben, als Laienschüler gelten. Er ordnet an, dass die Frauen und Männer, die zum Sangha gehören, sich zweimal wöchentlich in separaten Gruppen zusammen finden, um über seine Lehren zu diskutieren und deren Verwirklichung im täglichen Leben auf einem noch höheren Standard anzustreben, dasselbe also, was wir bei den Haus-Meetings gemacht haben. Auch finden ab sofort private Vollversammlungen des Sangha statt, bei denen es um «Sangha-Business» geht, interne Angelegenheiten der Gemeinde. Es wird streng unterschieden zwischen «Familien-Business» und öffentlichen Angelegenheiten. Schon bald haben die Männer- und Frauenversammlungen die ursprüngliche Funktion der Haus-Meetings übernommen.

Eines Tages, als ich von der Arbeit nach Hause komme, bemerke ich, dass in unserer Wohnung die helle Aufregung herrscht. Zwei meiner fünf Zimmergenossen empfangen mich an der Tür. «Schnell, komm rein», sagen sie. «Andrew ist überraschend zu einem Hausbesuch vorbeigekommen. Die anderen sind bereits mit ihm im Whirlpool.»

Rasch ziehe ich mich um und eile zusammen mit den anderen zum Whirlpool in unserem Wohnungskomplex. Dann lassen wir uns ins heiße, sprudelnde Wasser sinken. Außer uns fünf und Andrew ist niemand da. Zunächst sitzen wir eine Zeit lang nur da, in glückseliges Schweigen versunken. Die Sonne hat um diese Tageszeit noch viel Kraft.

Bald schon entwickelt sich jedoch eine heiße Diskussion. Andrew kommt auf Juliette zu sprechen, eine unserer Mitschülerinnen. Er ist gar nicht glücklich mit ihr. Sie ist eine lebhafte und attraktive Französin, die in Devon zu uns gestoßen ist. Man sagt ihr nach, sie sei recht kokett. Andrew meint, sie befinde sich im Kampf mit ihrem Ego und sie halte an ihrer alten Prägung fest, eine attraktive Frau zu sein, die sich immerzu durch die Beachtung von Männern bestätigen lassen muss. In diesem Punkt sind wir mit Andrew einer Meinung und pflichten ihm bei.

«Ich weiß genau, was du meinst», sagt einer meiner Hausgenossen. «Sie ist so was von halsstarrig, echt skandalös. Will einfach nichts dagegen tun.»

«Ja, ein richtiges Baby», sagt Andrew.

«Ein Baby, ja, und schwach dazu», bestätigt mein Hausgenosse. Wir brechen in Gelächter aus. Doch einen Moment lang spüre ich in mir so etwas wie eine Welle von Angst. Was ist, wenn ich der Nächste bin, über den alle herziehen?

Die Sache mit Juliette verbessert sich um keinen Deut. Andrew meint, jetzt mit härteren Mitteln vorgehen zu müssen. Eines Abends, als Juliette zum Satsang kommt, sehen wir, dass ihr Kopf restlos kahl geschoren ist. Wir erfahren, dass Andrew sie nicht nur zum Zölibat verdonnert hat, sondern auch dazu, sich nach Art asketischer Mönche östlicher Tradition den Kopf kahl zu rasieren. Die Maßnahme ist als eine Art Schocktherapie gedacht, um sie von der Faszination zu heilen, die sie pausenlos für sich selbst, ihr äußeres Erscheinungsbild und für Männer empfindet.

Schon nach kurzer Zeit trifft es Weitere. Bald sind es acht Schüler, die kahl geschoren im Zölibat leben müssen. Andrew steckt sie zusammen in ein Haus. Alle zwei Wochen treffen sie sich zu einem

Meeting, wo sie einander die Köpfe rasieren und über Verzicht und Enthaltsamkeit sprechen.

Irgendwann besteht die Gemeinde zu einem Fünftel aus kahl rasierten Zölibatären. Obwohl dies auf Außenstehende, vor allem auf neue Schüler, die uns besuchen, oft recht befremdlich, ja geradezu verstörend wirkt, weiß ich doch von vielen Zölibatären, dass sie es als eine wichtige Lernerfahrung empfinden. Zusammen mit anderen Männern und Frauen im Zölibat zu leben verschafft ihnen die Gelegenheit, aus ihren festgefahrenen Geschlechtsrollen auszubrechen. So entsteht zwischen Männern und Frauen eine Gleichheit und Nähe, wie sie die Welt sonst nicht kennt.

Graham ist einer der Schüler, die Andrew nach Boston eingeladen haben, um dort zu lehren. Bevor er Andrew traf, pflegte er einen sehr materialistischen Lebensstil, von dem als letztes Relikt ein bildschöner Saab zeugt. Graham ist berüchtigt für sein Verhaftetsein diesem Auto gegenüber. Bereits in Boston hatte Andrew auf ihn eingeredet, er möge ihn doch verkaufen. Graham versprach, es zu tun, schob die Sache aber immer wieder hinaus. Nun drängt Andrew ihn ein zweites und drittes Mal zum Verkauf. Doch wiederum zögert Graham und versucht neu zu verhandeln. Um alles in der Welt möchte er sein Auto behalten. Nach und nach entwickelt sich die Sache zu einem Gefecht der Willenskräfte: Andrew kämpft gegen Grahams Ego an und versucht, sein Verhaftetsein für ihn niederzuringen. Beim Männertreffen sprechen wir mit Graham und versuchen ihn von seinem Verhaftetsein diesem Auto und allem gegenüber, wofür es symbolhaft steht, zu befreien. Doch obwohl Graham behauptet, auf unserer Seite zu stehen, können wir den Wunsch, loszulassen, bei ihm nicht wirklich erkennen. So wie sich das Drama entfaltet, steigt der Druck. Zuletzt greift Andrew, genau wie bei Juliette, zu radikaleren Mitteln. Wenn es um den Erleuchtungsstandard geht, gibt es nur schwarz und weiß: Wenn etwas nicht weiß ist, dann ist es schwarz. Andrew ruft Graham an und sagt, er selbst werde ihn ein für alle Mal aus seinem Dilemma befreien. Er hat vor, mit Graham zum Schrottplatz zu fahren, um den Saab dort einstampfen zu lassen. Zuerst reagiert Graham mit Unglauben, Panik, Wut und Verzweiflung, dann willigt er ein. Uns verschlägt es den Atem. Um Andrews spiritueller Revolution zu dienen, soll ein 20 000-Dollar-Wagen zerstört werden! Das ist die äußerste Form von Verzicht, genau wie in den klassischen Geschichten vom Gelehrten, der seine geliebten Bücher in den Ganges warf, oder von Buddha, der Frau und Kind sitzen ließ.

Am nächsten Abend beim Satsang erzählt Andrew die ganze Geschichte einer ungläubigen Zuhörerschar. Graham und Andrew sind tatsächlich mit dem Saab zum Schrottplatz gefahren. Der zuständige Arbeiter hatte sich zunächst geweigert, den Wagen zu zermalmen, weil er meinte, zwei Spinner vor sich zu haben. Andrew und Graham jedoch ließen nicht locker. Um die Wirkung noch zu steigern, musste Graham den Knopf, der sein Auto zu Schrott machte, sogar eigenhändig drücken. Andrew sagt, dies sei ein bedeutsames Reinigungsritual gewesen, ein kräftiger Aufwärtsschub für Graham. Er deutet mit dem Finger auf Graham, der tatsächlich eine Art Verwandlung durchgemacht zu haben scheint. Vor Selbstvertrauen strahlt er regelrecht, da er sich seinem Ego so knallhart entgegenstellte. Uns packt Bewunderung. Andrew hatte den Mumm, auch vor einer extremen Maßnahme nicht zurückzuschrecken. Und es war genau das Richtige. Man brauchte Graham bloß zu sehen, wie er dasaß und regelrecht leuchtete! Das ist es, worauf es ankommt, wenn man sein Ego besiegen will!

«Voller Einsatz» beim Männertreff

Zweimal wöchentlich findet nun unser Männertreff statt, bei dem wir gemeinsam über Andrews Lehre diskutieren und darüber, was es bedeutet, ein spirituelles Leben zu führen. Diese Zusammenkünfte sind gewissermaßen das Testgelände, auf dem sich zeigt, wie gut wir Andrews Lehren kapiert haben, wie wir einer den anderen wahrnehmen, ob wir genügend Mut und Willenskraft aufbringen, uns der Kritik anderer auszusetzen und auch über das zu reden, worauf wir weniger stolz sind und was wir am liebsten geheim halten würden. Es ist aufregend und oft richtiggehend ehrfurchtgebietend, sich zusammen mit anderen auf unvertrautes Terrain vorzuwagen, wo es keine Geheimnisse mehr gibt, wo einer dem anderen auf intime Weise vertraut, wo wir entdecken, was in uns steckt. Manche von uns sträuben sich und ersinnen Ausflüchte, andere sind von Kopf bis Fuß wie gelähmt, wenn sie ins Scheinwerferlicht der kollektiven Beurteilung geraten.

Anfangs verhalte ich mich während der Meetings recht still und schüchtern. Dann bekomme ich eine Nachricht von Andrew: Er möchte, dass ich mich voll beteilige und mehr aus mir herausgehe. Er sagt, ich würde mich nicht «voll einsetzen». «Voller Einsatz» ist einer jener Sangha-Begriffe, der ein seltsames Eigenleben angenommen hat. Es bedeutet so viel wie: sich furchtlos und mit aller Kraft den Lehren zu verschreiben und dafür einzustehen, dass andere dies genauso tun. Schließlich sitzen wir ja alle im selben Boot.

Es ist acht Uhr abends. Vierzig Männer hocken im Schneidersitz auf ihren Meditationskissen im Wohnzimmer eines der Sangha-Häuser und bilden einen großen Kreis. Schweigen erfüllt den Raum. Jeder versucht, im Gesicht des anderen zu lesen, keiner weiß so recht, wer den Anfang machen soll. Dann hören wir eine schüchterne Stimme piepsen: «Ich würde heute Abend gern was sagen.» Als wir uns umdrehen, sehen wir Rudy, einen großen, blonden Engländer, den wir alle mögen. Seit er sich im vergangenen Jahr von Lucy getrennt hat, macht er große Fortschritte, in letzter Zeit ist er jedoch ein wenig auf Distanz gegangen. Es leuchtet uns ein, dass ausgerechnet er heute Abend sprechen will. Andrew hat ihn gestern angerufen und ihm erklärt, dass er sich in der Gemeinde zu wenig einbringe, sich zu sehr im Hintergrund halte. Schön, dass Rudy vorhat, sich damit auseinander zu setzen.

Während Rudy uns berichtet, wie es bei ihm läuft, wird uns klar, dass er weiterhin allerlei weltlichen Gelüsten anhängt. Zögerlich gesteht er, dass es an seinem Arbeitsplatz eine Frau gibt, zu der er sich hingezogen fühlt. Dies führt zu einer langen Diskussion.

«Jetzt wird klar, wieso du dich die ganze Zeit von den anderen im Haus abgesondert hast», sagt einer von Rudys Hausgenossen. «Du bist nicht wirklich präsent. Du machst den Eindruck, dich mehr für deine Arbeit, für diese Frau und deine Karriere zu interessieren als für uns.»

«Nein, das stimmt nicht», sagt Rudy. Er hampelt nervös mit den Beinen herum. «Ich weiß, ich war bereits in Versuchung, wieder in die Welt da draußen zurückzukehren. Aber das ist es nicht, was ich wirklich will. Ich möchte mit euch zusammen sein, mit euch allen. Das ist es, wohin mein Herz mich drängt.»

«Pass mal auf, Rudy», sagt John mit strengem Gesichtsausdruck. «Wir hören deine Worte zwar, aber wir spüren sie nicht.» Zustimmendes Nicken bei einigen in der Runde. «Wir spüren es nicht tief in unserem Innern, dass du mit uns zusammen sein möchtest. Du wirkst distanziert.»

John ist Amerikaner und gilt als Andrews Topschüler. Er und Robert, ein britischer Exbuddhist, übernehmen bei unseren Meetings häufig die Führungsrolle. Sie sind es auch, die alles an Andrew weiterleiten.

Auf Rudys Stirn bilden sich Schweißtröpfchen, und es fällt ihm sichtlich schwer, die Hände still zu halten.

«Es stimmt aber wirklich, Leute. Ich fühle mich euch allen sehr, sehr nahe. Ihr seid alles, was es für mich gibt.» Seine Stimme klingt irgendwie eine Spur zu hoch.

«Ich würde dir ja gerne glauben, Rudy», sagt John, «aber du schaffst es einfach nicht, mich zu überzeugen. Ich werde einfach das Gefühl nicht los, diese Arbeitskollegin nimmt in deinem Herzen einen größeren Platz ein als wir alle hier.»

Jetzt wird Rudys Stimme lauter. «Ich meine es aber echt, Leute, mein Herz ist ganz und gar bei euch.»

«Gut, dann musst du einen Weg finden, es uns zu beweisen», sagt Robert. «Denn so richtig überzeugt hast du heute keinen.»

Schweigen. Die Anspannung im Raum wird immer größer. Unbehaglich rutsche ich auf meinem Kissen herum. Rudy sieht aus, als würde er gleich umkippen. Er starrt auf den Fußboden und wirkt wie gelähmt. Es verstreichen fünf lange Minuten.

«Rudy, was ist los mit dir?», ruft John. «Ich hab das Gefühl, du gehst uns verloren. Aber du kannst dich nicht einfach so entziehen. Du führst uns an der Nase herum. Was du hier abziehst, finde ich ziemlich abstoßend.»

Ich spüre, wie sich mein Magen zusammenschnürt. Die Spannung im Raum ist fast unerträglich. Was in diesem Moment in Rudy vorgeht, kann ich nur erahnen.

Plötzlich blickt Rudy mit verzerrtem Gesicht hoch. «Ich liebe euch!», schreit er aus Leibeskräften. Eine peinliche Situation. Keiner weiß, was er sagen oder tun soll.

Es ist Robert, der die Führung übernimmt. «Du benimmst dich unmöglich, Rudy. Wir vergeuden mit dir nur unsere Zeit.»

Das Meeting schleppt sich noch mehrere Stunden lang hin. Rudy bittet um Verzeihung, er verspricht, alles zu ändern, und beteuert, wie gern er mit uns zusammen sein möchte. Doch keiner von uns glaubt wirklich, dass er es ernst meint. 39 Männer versuchen sich daran, Rudy zur Einsicht zu bringen. Um fünf Uhr früh beenden wir das Meeting. Keiner ist davon überzeugt, dass Rudy wirklich bereit ist, seinen weltlichen Begierden zu entsagen, oder dass er das zumindest beabsichtigt.

Andrew reagiert wütend, als er von dem Meeting erfährt. Er schickt Rudy eine Nachricht, in der er ihn abkanzelt und beleidigt. Er schließt ihn aus dem Sangha aus. Wir sind fassungslos. Damit hätten wir nicht gerechnet. Doch Andrew meint es ernst. In der nächsten Woche werden noch mehr Männer und Frauen aus der Sangha ausgeschlossen. Die meisten von ihnen bleiben als Laienschüler weiter hier wohnen. Bis Dezember 1989 sind von den ursprünglich 120 Schülern in dem offiziellen Sangha nur noch 80 übrig. Mir fällt es schwer, das alles zu ertragen, aber es ist nun mal der Preis, den wir dafür bezahlen müssen, einer so kompromisslosen Lehre wie der von Andrew folgen zu dürfen.

Das Wohnzimmer in Mill Valley ist gerammelt voll. Ganze achtzig Leute treten sich gegenseitig auf die Füße, um Andrew zuzuhören. Er hat eine Vollversammlung des Sangha einberufen, um mit uns darüber zu sprechen, wie die Dinge vorangehen und warum in letzter Zeit so viele Leute ausgeschlossen wurden.

«Ich kann gut verstehen, dass viele von euch jetzt ein bisschen verunsichert und verwirrt sind», sagt er. «Aber ich bin fest davon überzeugt, dass es die einzige Möglichkeit ist. Es gibt ja so viele, die sagen, sie wollen erleuchtet werden, aber nur sehr wenige sind wirklich bereit, sich zu ändern. Weil Veränderung ein schwieriger und schmerzlicher Prozess sein kann, der einem enorme Opfer abverlangt. Eine spirituelle Gemeinde ist für mich ein Ort, wo alle, die es mit ihrer Entwicklung nicht wirklich ernst meinen, nicht überleben können. Darin zu leben sehe ich als eine weit größere Herausforderung als das Leben da draußen, wo es keine Standards gibt und wo Kompromisse stets willkommen sind. Ein richtiger Sangha ist ein Testgelände, ein ständiger Prüfstein, wo jeder selbst herausfinden kann, wie ernst es ihm ist.»

Im hinteren Teil des Zimmers sitzend, lasse ich diese Worte auf mich einwirken. Das ist eine völlig andere Definition von Sangha als damals, als von einer fröhlichen Gemeinschaft von Findern die Rede war. Diese heiteren, unbeschwerten Tage sind wohl für immer vorbei. Nach allem, was Andrew jetzt über Sanghas sagt, scheint es sich eher um ein spirituelles Drilllager zu handeln.

Eine Frau meldet sich zu Wort und fragt: «Wie findest du es, dass wir so streng mit den Leuten verfahren, die in irgendeinem Punkt versagt haben? Wäre es nicht besser, wenn wir etwas hilfsbereiter und toleranter miteinander umgingen? Bedingungsloser in unserer Liebe, damit wir dem anderen wirklich dabei helfen können, zu wachsen?»

Einen Moment lang wirkt Andrew geschockt, als könne er nicht glauben, dass jemand tatsächlich so eine Frage stellt. Dann antwortet er, mit leicht erhobener Stimme: «Weißt du eigentlich, worum es bei meiner Lehre geht? Du klingst wie einer von diesen New-Age-Freaks, bei denen sich alles nur darum dreht, sich selbst zu lieben und das innere Kind zu verhätscheln. Soll ich dir sagen, was ich davon halte?» Er macht mit der Hand eine Schneidebewegung quer über die Kehle und lacht. Es ist jenes seltsame, gackernde Gelächter, das wir inzwischen alle kennen.

«Ich hab was gegen bedingungslose Liebe», sagt er. «Liebe muss man sich verdienen.»

Ich nicke. Früher glaubte ich auch, Andrew würde mich lieben, egal was passiert. Heute jedoch weiß ich, dass ich mich als seiner Liebe würdig erweisen muss. Ich muss ihm bei seiner Revolution zur Seite stehen, erst dann ist so etwas wie überpersönliche Liebe zwischen uns möglich. Ich bin heiß darauf, das Banner der Erleuchtung vor mir herzutragen, so wie einst die Ritter der Tafelrunde, die nach dem Heiligen Gral suchten. Gleichzeitig jedoch vermisse ich die alten Tage, als ich einfach nur «Finder» sein durfte.

Andrew wirkt wieder entspannter, und es werden Getränke herumgereicht. Unser Gespräch geht jetzt mehr ins Persönliche und Vertrauliche. Andrew verrät uns, was es für ihn bedeutet, ein spiritueller Lehrer zu sein.

«Ihr wisst ja, am Anfang war ich der Meinung, es gebe für mich noch anderes, als Lehrer zu sein – ein privates Leben draußen in der Welt. Inzwischen jedoch habe ich einsehen müssen, dass meine Lehrerrolle mich für immer voll und ganz ausfüllen wird. Ich habe ja von Anfang an gesagt: Wenn die Erleuchtung euch mehr bedeutet als alles andere auf der Welt, dann müsst ihr bereit sein, dafür große Opfer zu bringen.»

Irgendwie tut Andrew mir Leid. Ich muss an seine Mutter denken, die ihn einfach stehen ließ, und an die Opfer, die er auf sich nimmt, nur um der Erleuchtung willen. Er hat tatsächlich kein Privatleben mehr. Ich fühle mich schuldig und empfinde mein Gejammer über die Opfer, die ich selbst erbringen muss, als dumm und kleinkariert. Wie nichtig und unbedeutend sie doch sind, im Vergleich zu dem, was Andrew auf sich nimmt. Natürlich schmerzt es, zusehen zu müssen, wie einige unserer Weggefährten auf der Strecke bleiben oder verletzt werden, aber bei einer Schlacht wie dieser, einer Schlacht gegen das Ego, darf man etwas anderes nicht erwarten.

Das Buch

Während unseres Aufenthalts in Boston schrieb Andrew an einem Buch über seine wundersame Begegnung mit Poonja und seine daraus resultierende Transformation. Einigen seiner engsten Vertrauten gestattete er, ihm beim Schreiben beizustehen. Das Buch erschien im Mai 1989 unter dem Titel *My Master is My Self*. Nun arbeitet Andrew an einem zweiten Buch, in dem es nicht über sein Leben gehen soll, sondern um seine Erleuchtungslehre. Es soll sein Meisterwerk werden: ein Buch, das auf Grund seiner Tiefe und Kraft die spirituelle Welt in ihren Grundfesten erschüttert. Es stützt sich auf die Mitschriften seiner Satsangs. Denn jeder Satsang wird mitgeschnitten und nachträglich von einer Gruppe seiner vertrauenswürdigsten Schüler Wort für Wort abgetippt. Ein beneidenswerter Job. Im September 1989 bewerbe ich mich darum, an den Transkriptionen mitarbeiten zu dürfen. Obwohl Englisch nicht meine Muttersprache ist, bekomme ich eine Zusage. Ich bin außer mir vor Freude.

Zwei Wochen später kommt es noch besser. Andrew ruft mich an, was in letzter Zeit nur noch selten geschieht, denn meistens erledigen das inzwischen Leute aus dem Gemeindebüro für ihn. Nach einigen Minuten Smalltalk fragt er mich, ob ich Lust habe, mit John an seinem neuen Buch zu arbeiten. Ich bin überglücklich. Es ist, als habe ich im Lotto gewonnen. Ja, sage ich, klar bin ich dabei. Mit Freuden sogar. «Gut, alles Weitere erfährst du von John, aber enttäusche mich nicht.» Ich kann ihm gar nicht schnell genug versichern, dass ich das Vertrauen, welches er in mich setzt, ganz bestimmt zu würdigen weiß. Ich bin total aus dem Häuschen, mit einer solch ehrenhaften Aufgabe betraut worden zu sein. Mit John zusammenarbeiten! Wie alle anderen habe auch ich einen Heidenrespekt vor ihm. Er ist Andrews rechte Hand. Genau wie ich ist er 26 Jahre alt, und genau wie ich hat er Philosophie studiert. Bis jetzt hatte ich so gut wie keinen persönlichen Kontakt zu ihm, da er Andrew um so vieles näher steht. Ich bin äußerst glücklich, Andrew und seinen

Lehren in derart wichtiger Funktion dienen zu dürfen. Überglücklich schreibe ich Andrew einen Dankesbrief, und den liefere ich zusammen mit einem großen Blumenstrauß bei ihm zu Hause ab.

In den folgenden Monaten versorgt John mich mit dicken Ordnern voller Mitschriften von Andrews Satsangs aus den Jahren 1986 bis 1989. Ganz am Anfang hat John beim Satsang einfach nur ein paar Stichpunkte mitgekritzelt. Inzwischen wird aber jeder einzelne Abend auf Tonband aufgezeichnet, und die besten Dialoge und Lehrinhalte werden danach wortgetreu zu Papier gebracht. Die bislang 300 Satsangs, von denen Mitschriften existieren, vereinigen sich zu einer Sammlung von insgesamt 4000 Seiten Umfang. John und ich lesen alles durch und teilen jedem Dialog auf einer Bewertungsskala eine Zahl von eins bis fünf zu, wobei fünf das Höchste ist. Ich speichere alles in einer Computerdatei. Was mit eins oder zwei bewertet wurde, scheidet aus. Anfang November sind wir bei 2000 Seiten angelangt. Dann geht das Auswahlverfahren in die nächste Runde. Allzu lange Dialoge streichen wir auf ihre Kernaussage zusammen, und auch alles, was mit Drei bewertet wurde, sondern wir aus. Zusätzlich kompliziert wird die Sache dadurch, dass ständig neue Mitschriften nachfolgen, die wir für noch besser halten als das bisher gesichtete Material.

Vorsichtig steuere ich meinen Wagen die kurvenreiche Straße den Hügel von Larkspur hinauf. Ich bin unterwegs zu einem Treffen mit John, bei dem es um das Buch gehen soll. Diesmal treffen wir uns nicht wie üblich im Büro, sondern im Haus von Andrew, wo John ebenfalls wohnt. Während ich die Straße überblicke, muss ich an Matt denken, einen Schüler aus England, der vergangenen Monat diesen ganzen Weg bis hoch zu Andrews Haus auf Knien zurücklegte. Er wollte Andrew damit zeigen, wie ernst es ihm mit dem Entschluss sei, seinem Ego die Stirn zu bieten. Je mehr ich mich der Hügelspitze nähere, umso stärker macht sich in mir ein Gefühl von Aufregung und Nervosität breit. Es ist zwar eine tolle

Sache, mit Andrew einen so engen Kontakt pflegen zu dürfen, doch andererseits kann auch jede falsche Geste, jedes falsche Wort, jedes Zeichen von Anspannung Teile meines Egos bloßlegen, die Andrew sich vorknöpfen wird.

Ich läute an der Tür, und Andrew öffnet. Er trägt einen Trainingsanzug und bittet mich gähnend zu sich herein. Wahrscheinlich hat er gerade Yoga gemacht. Das Haus wirkt makellos sauber, und überall stehen Blumen. Während ich mir die Schuhe ausziehe, blicke ich verstohlen auf die Pinnwand, an der Andrew jede Woche die besten Briefe befestigt, die bei ihm eingetroffen sind. Ich bin sprachlos vor Glück, als ich bemerke, dass auch mein eigener Brief darunter ist: eine Nachricht, die nur aus einem Wort besteht, einem großen JA, das sich über den ganzen Briefbogen erstreckt.

Im Wohnzimmer setzen wir uns. Andrew bittet John, uns einen Cappuccino zu machen, und während dieser seiner Bitte nachkommt, nimmt Andrew ihn pausenlos auf den Arm. John scheint so etwas gewohnt zu sein. Es ist ein Supergefühl, sich mit Andrew so gut zu verstehen. Es ist, als hätte man einen ganz normalen Amerikaner vor sich, menschlich und umgänglich. Ja doch, eindeutig: Ich bin verliebt in diesen Knaben.

«Na, was sagst du zu Matt?», fragt mich Andrew. Es ehrt mich, dass ihn meine Meinung interessiert.

«Ich finde, er hat ausreichend bewiesen, wie ernst es ihm ist», antworte ich, womit ich Matts Exerzitium auf den Knien meine.

«Hast du das gehört?», ruft Andrew zu John in die Küche. «André findet, Matt habe bewiesen, wie ernst es ihm ist. Wie kannst du bloß mit so einer Memme zusammenarbeiten?» Dann wendet er sich mir zu. «Matt ist es überhaupt nicht ernst. Er ist ein total aggressiver Typ. Sein Gang auf Knien, das war doch alles nur eine Riesenshow.» Andrew gähnt erneut und sagt: «Ich spiele mit dem Gedanken, ihn für ein Jahr nach Thailand zu schicken.»

Vor seiner Begegnung mit Andrew hatte Matt jahrelang als buddhistischer Mönch gelebt. Ich schlucke. Ich bin es nicht gewohnt, dass so scheinbar nebenher über anderer Leute Leben bestimmt wird.

John bringt uns den Kaffee, und das Gespräch wendet sich Ken Wilber zu, einem in spirituellen Kreisen sehr bekannten Autor. Damals, als Andrew einen Monat lang in meiner Wohnung in Amsterdam lebte, war ihm aufgefallen, dass mein Bücherregal geradezu überquoll mit Werken von Ken Wilber, von dem schließlich auch meine Diplomarbeit in Psychologie handelte. Andrew hatte eins der Bücher herausgenommen und war davon sehr beeindruckt. Seit jenem Tag hat er es sich in den Kopf gesetzt, Wilber als seinen Schüler zu gewinnen, und wir diskutieren hin und her, wie wir Wilber anlocken könnten. Wir gelangen zu allerlei Mutmaßungen darüber, wieso er nicht bereit war, sich mit Andrew zu treffen. Hat er Angst vor dem Tod seines Egos?

«Warte nur, bis er dein Buch gelesen hat», sage ich. «Die Absolutheit deiner Aussagen wird ihn nicht mehr loslassen.» So etwas hört Andrew gern.

«Na schön, Jungs», ruft er. «Dann mal zurück an die Arbeit. Je früher das Buch erscheint, umso besser. Es wird einsame Spitze werden!»

«Ja!», rufen John und ich. «Einsame Spitze!»

So wühlen John und ich uns weiterhin durch endlose Stöße von Material, arbeiten eine thematisch orientierte Struktur aus und sind Ende Dezember schließlich bei einer Auswahl von 500 Seiten angelangt: das Beste vom Besten. In den letzten Monaten haben wir oft bis spät in die Nacht in einem kleinen Büro im Kellergeschoss zusammengesessen und einen Dialog nach dem anderen gelesen und bewertet. Es ist eine tolle Sache, dieses ganze Material sichten zu dürfen, doch nach und nach fordert diese Arbeit ihren Tribut. John ist total erschöpft, und mir geht es nicht viel besser. Andrew ist schon seit Monatsbeginn in England und will nächste Woche zurückkommen. John und ich planen, ihm bei seiner Ankunft eine Rohfassung des Buches vorlegen zu können. Wir können es kaum erwarten, ihm unser Werk zu präsentieren.

Gina: der Beginn

Gina kommt im Juli 1989 direkt aus England zu uns nach Kalifornien. Sie ist Griechin, 37 Jahre alt, und dem Thema Erleuchtung leidenschaftlich zugetan. Sie war bereits in Indien und hat dort eine gewisse Zeit bei dem berühmten Weisen Nisargadatta Maharaj verbracht. Sie zieht ins Dawn Court House ein, wo auch ich wohne. Wir leben dort zu sechst, doch schon ein paar Monate nach ihrer Ankunft sind nur noch drei davon übrig.

Mein Stern innerhalb der Gemeinde beginnt jetzt so richtig zu erstrahlen. Die Mitarbeit an Andrews Buch hat mich in der Rangordnung weit nach oben gebracht. Bei den Männertreffs fühle ich mich inzwischen sehr selbstsicher und spreche frei von der Leber weg und voll Überzeugung über Andrews Lehre. Alle spüren sie, dass ich einen klaren Standpunkt vertrete. Andrew ist hochzufrieden mit mir. Es könnte gar nicht besser laufen. Ich fühle mich großartig und sehr selbstbewusst, und diejenige hier im Haus, mit der ich dieses neue Lebensgefühl teilen kann, ist Gina. Manchmal machen wir eine ganze Nacht durch und führen bewegende Gespräche über Andrew und seine Lehre. Wenn wir einander in die Augen blicken, empfinden wir so etwas wie Nähe und Vertrautheit.

Für Gina scheint das alles rein platonisch zu sein. In mir aber keimt der Verdacht auf, dass irgendetwas anders geworden sein muss, wenn sie beispielsweise zum Friseur geht, sich eine ausgefallene Frisur verpassen lässt und sich dann sehr dafür interessiert, ob mir die neue Frisur gefällt. Die letzten Unklarheiten scheinen beseitigt, als sie bei einem unserer nächtlichen Gespräche plötzlich nach meiner Hand greift und mich mit durchdringenden Augen ansieht.

«André, nie zuvor habe ich für einen Mann empfunden, was ich für dich empfinde.»

Sie sagt es mit ruhiger Stimme, die unterschwellige Gefühlstiefe in ihren Worten jedoch ist nicht zu überhören. Am liebsten würde ich auf der Stelle mit ihr ins Bett springen. Ich erwidere ihren intensiven Blick und sage: «Mir geht es genauso.»

Wir bleiben noch eine Weile sitzen, dann stehen wir auf. Ich mache den linkischen Versuch, sie zu umarmen, doch sie geht nicht darauf ein. Für einen Moment hatte sie wohl die Kontrolle über sich verloren, doch nun ist sie wieder ganz Herrin ihrer selbst.

«Gute Nacht, André», sagt sie.

Am nächsten Tag, als wir beide allein im Haus sind, sprechen wir über die verblüffende Intimität, die wir da verspürt haben.

«Es war, als hätte das Absolute sich direkt durch uns manifestiert», sagt Gina. Dass ich die ganze Sache etwas irdischer empfunden habe, behalte ich besser für mich. Wir sehen einander in die Augen und sitzen eine Zeit lang nur da. Ich spüre, wie sich etwas sehr Intensives zwischen uns aufbaut. Da ist es wieder, jenes unerträgliche Gefühl von Nähe. Und wieder lassen sich meine niederen Triebe nicht im Zaum halten. Diesmal kommt es mit solcher Gewalt, dass ich auf der Stelle ejakuliere. Was war das denn? Hat sich da wieder einmal das Absolute durch uns manifestiert, wie Gina es auszudrücken pflegt? Der Gedanke, dass Gottes Wege nun mal unergründlich sind, schießt mir durch den Kopf. Gina geht unterdessen völlig auf in unseren Blicken, mit denen wir einander festhalten. Sie sieht rundum glücklich aus.

In unserer Gemeinde herrscht, wenn auch weitgehend unausgesprochen, so etwas wie eine unterschwellig puritanische Haltung gegenüber allem, was mit Sexualität zu tun hat. Schon deshalb kommen wir uns vor, als hätten wir von der verbotenen Frucht gegessen. Ich spreche mit keiner Menschenseele über mein Erlebnis. Ich habe Schuldgefühle. Sexuellen Verlockungen einfach so nachzugeben, entspricht nicht gerade Andrews Lehre. Was würden bloß die anderen von mir denken, wenn sie davon wüssten? Ich habe ja schon Probleme, mir selbst einzugestehen, dass ich gerade dabei bin, mich zu verlieben. Tief in mir lebt noch immer die Erinnerung an meine Beziehung mit Sarah – so etwas möchte ich kein zweites Mal durchmachen. Gina und ich machen zusammen einen Spaziergang, um zu besprechen, was sich da zwischen uns anbahnt. Ich bin mir im Klaren darüber, dass sie einen starken sexuellen Reiz auf mich ausübt, sie aber drückt sich anders aus, redet von der erhabenen Begegnung zweier Seelen, einer Begegnung im Geiste. Wir sprechen auch darüber, wie es wäre, eine Beziehung einzugehen – doch halt, so etwas geht nicht, das wissen wir beide. Darf man denn das Streben nach Erleuchtung einer persönlichen, einer sexuellen Beziehung unterordnen? Gina gibt mir uneingeschränkt Recht, aber ich vermute, dass ihre Gefühle ihr ganz schön zusetzen und dass sie sich vielleicht nicht zu dem Eingeständnis durchringen kann, dass es sich dabei um Gefühle sexueller Art handelt. Beim Satsang kommt es zwischen ihr und Andrew ein paarmal zu seltsamen Gesprächseinlagen, die eine gewisse Intensität verraten, über die sich alle wundern. In ihr scheint sich Verwirrung breit zu machen. Man spricht sie beim Frauen-Meeting darauf an, die Sache artet aus, und schließlich zwingt man sie dazu, das Haus in Marin Court zu verlassen. Nachdem sie weg ist, geht es mit ihr immer weiter bergab. Ein paar Monate später ist alles so übel geworden, dass sie beschließt, den Sangha zu verlassen und nach London zurückzukehren. Vom Flughafen aus ruft sie mich an, um mir Lebwohl zu sagen. Es tut mir Leid um sie, aber so langsam lerne ich, mich gegen meine persönlichen Gefühle zu wappnen. Sich aufs menschliche Drama einzulassen, ist mit zuviel Schmerz verbunden.

3

Allem die Stirn bieten, nichts scheuen

Wenn uns Freiheit mehr bedeutet als alles andere, müssen wir in jedem Augenblick unseres Lebens bereit sein, uns allem zu stellen und nichts zu scheuen.
Andrew Cohen

Ein Irrer

Januar 1990. John ruft mich an. Es ist sein Job, dafür zu sorgen, dass bei Andrew zu Hause alles tipptopp sauber ist, wenn er nächste Woche zurückkommt. Er muss für ihn einkaufen und für ihn putzen. «Kriegst du den Rohentwurf für das Buch auch ohne mich hin?», fragt er mich.

Ich bin mir nicht sicher, ob ich so etwas allein schaffe, trotzdem antworte ich: «Klar. Lass mich ruhig machen.»

Wie ein Besessener mache ich mich ans Werk. Sämtliche Dialoge müssen ins gleiche Computerformat gebracht und anschließend ausgedruckt werden; andere, die nur handschriftlich vorliegen, muss ich erst noch abtippen. Eine Heidenarbeit! Ich schufte bis spät in die Nacht hinein, und als Andrew zurückkommt, präsentieren John und ich ihm voller Stolz unseren Rohentwurf für *Enlightenment is a Secret*. Doch so glanzvoll es äußerlich auch daherkommt – inhaltlich steckt es noch voller kleiner Irrtümer, Lässlichkeiten und Flüchtigkeitsfehler – was ich unter günstigeren Vorgaben selbstverständlich weit besser hätte machen können.

Andrew bittet Robert, mir zu helfen, was ich mit gemischten Gefühlen zur Kenntnis nehme. Klar, je mehr Leute mithelfen, umso besser, aber irgendwie komme ich mir ausgebootet vor. John wohnt schließlich mit Andrew zusammen, und Robert ist dort jeden Tag zu Besuch. Ich gehöre nicht zum inneren Kreis, sondern werde nur geduldet, weil ich an dem Buch mitarbeite. So jedenfalls scheint es mir.

Die Arbeitsrunden mit Andrew beginnen. Wir sitzen auf dem Fußboden bei ihm im Wohnzimmer. John, Robert und ich lesen die Dialoge, die uns am besten gefallen, laut vor. Mit leidenschaftlicher Stimme rezitiere ich einen zweiseitigen Dialog, den ich für einen der besten halte. John ebenfalls. Als ich damit fertig bin, bemerke ich ein Zögern in Andrews Gesicht. «Ach nö, zu lang, zu langweilig», sagt er. «Da fehlt der Pfiff.»

Ich bin anderer Meinung. Ich finde den Dialog großartig, weil er dem Leser gewissermaßen eine Entscheidung abnötigt. Andrew aber sagt, er wolle nicht den ganzen Text veröffentlicht haben, nur den Abschnitt, der von der unumgänglichen Entscheidung handelt. «Das Buch soll schließlich eine Sammlung von Juwelen sein», erklärt er. «Ein brisantes Juwel nach dem anderen.»

Wieder bin ich anderer Meinung. «Für den Leser ist das zu schwer verdaulich», sage ich. «So als würde man ihm eine Schokoladentorte vorsetzen, die einzig und allein aus Schokolade besteht.» Ich vertrete meinen Standpunkt voller Inbrunst. Sowohl John als auch Andrew scheinen angetan von meinen Argumenten. Oder hat ihr Blick etwas anderes zu bedeuten? Mache ich irgendwas falsch? Wie auch immer, der Dialog wird zusammengestrichen, ganz nach Andrews Vorstellungen.

John, Robert und ich treffen uns auch weiterhin im Büro, um an dem Buch zu arbeiten. Doch irgendetwas beginnt sich zu verändern. Ich fühle mich in zunehmendem Maße ausgeschlossen. Und immer häufiger kommt es vor, dass John und Robert sich einig sind, während ich das dritte Rad am Wagen bin. Oft scheint es mir, sie würden Andrews Standpunkt vertreten und ich stets das Gegenteil. Ich finde, sie sollen ruhig wissen, dass meine Meinung ebenso wichtig ist, doch der leise Verdacht in mir, dass hier irgendetwas falsch läuft, beginnt sich zu erhärten. Vielleicht leiste ich nicht genug. Vielleicht sollte ich mich mehr ins Zeug legen. Verzweifelt bemühe ich mich darum, alles richtig zu machen, nicht zuletzt um Andrew damit zu beweisen, dass ich seine Lehren praktisch umsetze.

Inzwischen hat sich das gesamte Prozedere um das Buch zum Chaos gewandelt. Pünktlichkeit und Ordnung sind ohnehin nicht meine Stärken, und nun fange ich richtig an zu schludern. Es ist nahezu unmöglich, mit dem ständigen Nachschub an neuen Abschriften Schritt zu halten. Hinzu kommt, dass ich im Gegensatz zu John und Robert mindestens zwanzig Stunden pro Woche für meinen Lebensunterhalt zu arbeiten habe. Sollte ich vielleicht andeuten, dass ich mir da zu viel aufgehalst habe? Einfach zugeben, dass mir die Arbeit über den Kopf wächst?

Immer häufiger unterlaufen mir Fehler, was den anderen auffällt. Und ich beginne, gegen Johns und Roberts Hegemonie aufzubegehren, was den anderen ebenso wenig verborgen bleibt. Manchmal, wenn wir während einer Arbeitssitzung eine Entscheidung über einen Dialog treffen (Roberts und Johns Stimmen gegen meine), weigere ich mich einfach, mich an diese Entscheidung zu halten. John reißt darüber seine Witze. «Sag mal, André», sagt er mit einem Grinsen, «schreibst du eigentlich an Andrews Buch oder an deinem eigenen?»

«An meinem natürlich. Und das wird viel besser», scherze ich zurück. Doch das Scherzen soll mir schon bald vergehen ...

Eines Abends, während wir zu dritt bei der Arbeit sind, lässt John den Stift sinken.

«André, es gibt da eine Sache, die Robert und ich mit dir besprechen müssen.»

Rot. Alarmstufe Rot. Der Knoten in meinem Bauch schnürt sich zusammen.

«Ja?»

«Uns fällt in zunehmendem Maße auf, dass du dich oft einfach nicht an die Entscheidungen hältst, die wir zu dritt getroffen haben. Woran liegt das?»

John fixiert mich mit festem, wenn auch nicht unfreundlichem Blick. Angst überkommt mich. Jetzt werden sie herausfinden, dass ich bei unserem Projekt nicht so am Ball bin, wie ich eigentlich sollte.

«Ja, du hast Recht, das ist ein paarmal vorgekommen. Tut mir Leid. Waren nur Ausrutscher.»

«Also nur Schludrigkeit?»

«Ja.»

«Nun ja, uns ist eben auch aufgefallen, dass es meistens nur Entscheidungen betrifft, mit denen Robert und ich einverstanden sind – im Gegensatz zu dir.»

Das stimmt, und ich gebe es auch zu. Ich gestehe, dass ich öfter mal den paranoiden Gedanken hatte, übergangen zu werden, und darauf wahrscheinlich überzogen reagierte.

«Hm, das ist aber nicht in Ordnung, André», sagt John mit strenger Miene. «Darüber hättest du dich auf jeden Fall mit uns aussprechen sollen. Wenn du mit etwas nicht einverstanden bist, musst du uns das sagen. Wir sind hier ein Team.»

Ich nicke. Es beruhigt mich, dass wir darüber reden, auch wenn ich mich nur ungern kritisieren lasse. Ich verspreche, mich mit der Sache auseinander zu setzen. John und Robert sind mir gegenüber stets sehr offen, und ich gebe ihnen mein Ehrenwort, mich künftig ebenso zu verhalten. Auf dem Heimweg denke ich über alles nach. Über meine Neigung, mir grundsätzlich zu viel aufzubürden, über meinen Ehrgeiz, über meine Schludrigkeit. Ich fasse den festen Entschluss, mich zu ändern.

«Sich den Dingen stellen» – das ist innerhalb des Sangha ebenfalls zu einem feststehenden Begriff geworden. Bei unseren Männer-Meetings hat sich in den vergangenen sechs Monaten herauskristallisiert, dass Veränderung nicht so einfach ist, wie Andrew uns vielleicht glauben machen wollte. Theoretisch sollten wir dazu in der Lage sein, ganz einfach die Wahrheit über das zu erkennen, was uns als Angst, Stolz oder Aggression bewusst gemacht wurde, und unverzüglich dagegen vorzugehen, worauf wir nie wieder von solchen Dingen behelligt würden. Dummerweise ist dies aber nie der Fall. Wir reagieren mit Widerstand, wenn wir auf etwas aufmerksam gemacht werden, und bleiben unseren alten Mustern treu. Selbst wenn wir uns vom Verhalten her ändern, bleiben unsere tief verwurzelten egozentrischen Triebfedern weiterhin intakt. Aus diesem Grunde legt Andrew zunehmend Wert darauf, dass wir uns selbst erforschen und mit unseren elementarsten Triebfedern ins Reine kommen. Er nennt es «sich allem stellen und nichts scheuen»: das heißt, nach den Wurzeln jener egozentrischen Triebfedern zu suchen und sich gegen ihr furchtbar selbstsüchtiges Wesen stets aufs Neue zu erheben – so lange, bis man von ihnen total angewidert ist. Nur dieses Angewidertsein, sagt Andrew, kann uns dazu befähigen, solchen Impulsen, wenn sie das nächste Mal ihr hässliches Haupt erheben, eine Absage zu erteilen.

Am nächsten Morgen erwartet mich eine unliebsame Überraschung. John ruft mich an. Er hat mit Andrew über den Vorfall der vergangenen Nacht gesprochen, und Andrew ist außer sich vor Wut. Er sagt, ich befände mich auf einem gewaltigen Egotrip. Auf einen Schlag artet die Sache aus. Mir bricht kalter Schweiß aus den Poren. Stotternd erkläre ich John, dass ich wirklich gründlich über alles nachdenken werde, dass es mir wahnsinnig Leid tut und so weiter. Ich stehe rundum unter Druck. Bei mir ist jetzt fertig lustig, wie Andrew zu sagen pflegt. Er meint damit, dass eine gewisse Neigung zum Egoismus längere Zeit unbemerkt existieren kann, bis sie irgendwann plötzlich zum Vorschein kommt. Man muss bereit sein, eine Menge Druck zu ertragen, auch Demütigung, sofern dies zur Bekämpfung jener Neigung notwendig ist. Nun sind meine Arroganz und mein Ehrgeiz also zum Vorschein gekommen, und ich werde daran zu knabbern haben. Ich darf nicht weglaufen und muss mich diesen ganzen Unannehmlichkeiten aussetzen.

Die Tatsache, dass Andrew den Begriff «Egotrip» verwendet hat, macht mich zum Gezeichneten. Immer wieder muss ich mich in Gesprächen gegen die Anschuldigungen verwahren, ich würde Andrews Buch im Alleingang lektorieren, ich sei unfähig zur Teamarbeit, hielte mich für schlauer und für was Besseres als John und Robert. Ich gebe zwar zu, geschludert zu haben und überfordert gewesen zu sein, bin aber zu stolz für das Eingeständnis, tief im Schlamassel zu stecken. Für die anderen klingen meine Entschuldigungen ohnehin mager. Sie finden, ich gehe dem eigentlichen Thema aus dem Weg: meinem Größenwahn nämlich, der mich glauben lässt, besser Bescheid zu wissen als Andrew. Manchmal komme ich mir vor wie verloren in einem Kafka-Roman. Ich versuche meine Gedanken zu dem, was geschehen ist, offen und ehrlich auszusprechen, und den anderen reicht das nicht. Ich versuche zu sagen, was die anderen gern hören möchten, aber auch das reicht ihnen nicht. Eine scheinbar ausweglose Situation.

Der Konflikt, der in mir zu wüten beginnt, entgleitet mir völlig. Ich fühle mich zu Unrecht beschuldigt und finde, was ich getan habe, halb so schlimm. Ich bin zornig, und dieser Zorn braut sich schon seit geraumer Zeit in mir zusammen: die vielen Nachtschichten, die ich Andrews Buch gewidmet, während ich meine anderen Pflichten vernachlässigt habe; ständig alles herausholen zu wollen, ständig an seine Grenzen zu gehen. Etwas in mir, das ich schon viel zu lange ignoriert habe, will sich jetzt Bahn brechen. Getrieben von meinem Ehrgeiz und meiner Gefallsucht habe ich während der Arbeit am Buch versucht, die Rolle des perfekten Schülers zu spielen. Jetzt mache ich einen Fehler nach dem anderen, sogar bei dem verzweifelten Versuch, wieder ins Gleichgewicht zu kommen. Natürlich schmerzt es, den Status des herausragenden Schülers eingebüßt zu haben, natürlich schmerzt es, Andrews Liebe und Wertschätzung zu verlieren. Ich bin müde und verwirrt. Jeder Tag ist ein Kampf ums Überleben, ein Kampf darum, die Fehler wieder wettzumachen, die ich bei der Arbeit am Buch begangen habe.

In dieser Woche kommt es zu einem weiteren Vorfall. Ich habe ein Dialogmanuskript verschlampt, ohne John darüber zu informieren. Andrew gerät so in Rage, dass er sich sogar weigert, mit mir zu sprechen. Es gibt nur eine Lösung: Ich muss meine Situation beim Männer-Meeting zur Sprache bringen, um mit meinen unbewussten Triebfedern ins Reine zu kommen und mir die heimtückische Realität meines Egotrips klar zu machen. Ich zermartere mir den Kopf darüber, wie ich es anfangen soll, weil ich ja im Grunde gar nicht daran glaube, dass mein Verhalten so schrecklich gewesen sein soll. Was habe ich denn eigentlich getan? Mag ja sein, dass meine wichtige Rolle bei der Arbeit am Buch mir zu Kopf gestiegen ist. Mag ja sein, dass ich wirklich so stolz war, zum inneren Kreis gehören zu dürfen, dass ich mich für was Besseres hielt als die anderen. Hochmut kommt vor dem Fall, das ist bekannt. Trotzdem kann ich es nicht akzeptieren, wenn es heißt, ich habe Andrews Buch durch mein eigenmächtiges Lektorat absichtlich verschandelt und mein eigenes Buch daraus machen wollen. Es sei denn, ich bin verrückt und habe völlig die eigene Machtgier verkannt. Solche Antworten würden beim Männer-Meeting wohl nicht so gut ankommen. Ich habe ein recht mulmiges Gefühl.

Soeben hat das Männer-Meeting begonnen. Dreißig Männer sitzen im Kreis auf Meditationskissen. Ich hebe sofort die Hand, um anzuzeigen, dass ich etwas sagen möchte. Nachdem man mit einigen anderen Punkten durch ist, bin ich an der Reihe. Mit schwitzenden Händen, bebender Stimme und gesenktem Kopf berichte ich, auf welch gewaltigem Egotrip ich mich während der Arbeit an Andrews Buch befunden hätte, wie sehr es mir Leid tue und wie furchtbar ich es finde, mich so niederträchtig verhalten zu haben. Ich lasse nichts aus, erzähle auch, wie sehr ich mich darum bemüht hätte, die Sache zu prüfen, und alle anderen trotzdem der Meinung gewesen seien, das reiche nicht aus. Ich bitte die anderen, mir dabei zu helfen, der Sache auf den Grund zu gehen.

Nach etwa zehn Minuten bin ich mit Reden fertig. Ich blicke hoch. Dreißig ausdruckslose Gesichter starren mich an. Schweigen. In meinem Bauch schnürt sich ein Knoten aus Angst. Ich fühle mich den anderen auf Gedeih und Verderb ausgeliefert. Heute Nacht wird über mein Schicksal entschieden. Bitte, jetzt sag doch einer was. Schließlich beginnt Robert zu sprechen.

«Das ist ja alles schön und gut, André, aber ich finde trotzdem, da fehlt einiges. Ich habe das Gefühl, dir tut dein Handeln gar nicht wirklich Leid. Ich bezweifle sogar, ob dir klar ist, was du eigentlich getan hast.»

Mein Herz beginnt zu rasen. Ich muss irgendwie reagieren.

«Doch, Robert, ich bin mir sehr wohl im Klaren darüber. Was ich getan habe, ist schrecklich.»

Überzeugend klingen meine Worte jedoch nicht, nicht mal für mich selber.

«Ich glaube, du führst uns hier an der Nase herum, André. Du treibst ein verdammt übles Spielchen mit uns. Dein Egotrip ist längst nicht vorbei. Du bist dermaßen arrogant, dass du immer noch glaubst, uns allen Sand in die Augen streuen zu können. Du wirst nach wie vor von deinem Ego gesteuert. Und genau dieser Teil von dir muss sterben. Muss von dir vernichtet werden.»

Es tut mir furchtbar weh, ihn so reden zu hören. Wie eine Wanze komme ich mir vor, die soeben genüsslich zerquetscht wird. Er denkt, ich treibe ein Spielchen mit ihnen, was ich jedoch verspüre, ist die totale Hilflosigkeit. Ich weiß nicht, was ich tun soll. Ich habe das Gefühl, hier in jeder Hinsicht am kürzeren Hebel zu sitzen.

Ich stammle Robert etwas vor über die Hilflosigkeit, die ich empfinde.

«Pass auf, André, dir mag es vielleicht wie Hilflosigkeit vorkommen, wir jedoch empfinden das eher als einen höchst aggressiven Manipulationsversuch. Du willst, dass wir dich bemitleiden, aber genau das tust du die ganze Zeit ja selbst. Du bist kein Opfer.»

«Nein, das wollte ich auch gar nicht ...»

«Wir alle hier sprechen exakt das aus, was uns auf der Seele liegt, André. Dir aber geht es nur darum, mit heiler Haut davonzukommen. Aber auch das ist wieder ein Zeichen von Arroganz: dass du denkst, du könntest dich hier aus der Schlinge reden. Du versuchst es immer noch auf die clevere Tour. Gib's auf, Mann! Wir kaufen dir diese Masche nicht mehr ab.»

Stille. Ich starre auf den Fußboden, spüre Tränen hochkommen. Ich bin verzweifelt, und mir fehlen die Worte. Als ich zu weinen beginne, schließe ich die Augen und sehe nichts als schwarze Dunkelheit. Am liebsten würde ich im Erdboden versinken. Es fällt mir schwer, einen klaren Gedanken zu fassen. Was wollen sie denn jetzt von mir? Ein umfassendes Geständnis? Aber was soll ich gestehen – dass ich ein Egomane bin? Dass ich nicht davon überzeugt bin, ein Egomane zu sein? Dass ich versuche, mich davon zu überzeugen, ein Egomane zu sein? Ich muss irgendetwas sagen. Ich muss dieses Schweigen brechen, irgendwie.

«Ich weiß nicht, was ihr noch von mir hören wollt. Ich sagte ja bereits, es tut mir Leid.»

«Das ist aber zu wenig, André. Du enttäuschst uns. Wir versuchen dir zu helfen, und du bewegst dich um keinen Millimeter. Dir geht es nur darum, dich zu schützen und dein eigenes positives Selbstbild nicht in Gefahr zu bringen.»

Zuletzt geben sie es auf. Die Versammlung trennt sich in tiefem Schweigen. Beim Hinausgehen würdigt mich keiner eines Blickes.

In den folgenden Wochen finden weitere Meetings statt. Wie ein Jongleur versuche ich, meinen inneren Konflikt in den Griff zu bekommen, und wie ein Überlebenskünstler versuche ich, die anderen mit meinen Entschuldigungen auf Abstand zu halten. Doch wie demütig und schuldbewusst ich mich auch gebe, sie sind einfach nicht zu überzeugen. Stets aufs Neue betont man mir gegenüber, welche Todsünde ich begangen habe und wie arrogant ich sei – doch tief in mir glaube ich nicht daran. Und das zeigt sich auch weiterhin in meinem Verhalten. Ich mache, was ich will; ich weiß, dass ich im Recht bin. Bewusstes und Unbewusstes liefern sich in mir schwere Kämpfe. Meine Linke weiß nicht mehr, was die Rechte tut. Ich widersetze mich Andrew so heftig wie möglich – und so heftig wie möglich widersetze ich mich auch meinem eigenen Widerstand.

Ein Krieg tobt in mir, Ego gegen Über-Ich, Ich gegen Ideal-Ich. Andrew greift zu immer drakonischeren Maßnahmen. Bei einem

Sangha-Meeting, zu dem ich nicht eingeladen bin, bezeichnet er mich als einen Irren. Er sagt, ich sei ein äußerst befremdliches Beispiel dafür, wie jemand die Lehre von der Erleuchtung fast vollständig kapiert haben und dennoch dazu fähig sein kann, sich höchst selbstsüchtig und unmoralisch zu verhalten. Und aus diesem Grunde, so meint er, sei es absolut unerlässlich, sich allem zu stellen und nichts zu scheuen.

Als Worte nicht mehr helfen, will Andrew mich handeln sehen. Er verlangt, dass ich mir den Schädel kahl rasiere. Der gefürchtete Moment ist nun doch gekommen. Es ist das Allerletzte, worauf ich Lust habe. Aber ich weiß, dass eine Weigerung nicht in Frage kommt. Also rasiere ich mir den Schädel. Von nun an beteilige auch ich mich an den Meetings der Kahlgeschorenen. Doch die anderen Büßer blicken mit Verachtung auf mich herab. Ich bin der Letzte unter den Letzten innerhalb der Sangha-Hierarchie.

Darüber hinaus ist es meine Pflicht, das Buch von allen Verunstaltungen zu säubern, die ich dem Text zugefügt habe. John, Robert und ich nehmen uns gemeinsam jedes kleine Partikel vor, stundenlang, tagelang, zwei Monate am Stück. Als wir endlich fertig sind und auch das letzte Fitzelchen bereinigt ist, schreibe ich Andrew einen Entschuldigungsbrief und füge an, ich sei sehr froh, dass das Manuskript jetzt wieder in tadellosem Zustand sei. Dies jedoch erweist sich als ein Fauxpas, der folgende Szene nach sich zieht:

Es ist ein heißer Tag im Juni 1990. Ich stehe in Corte Madera in einer Telefonzelle, direkt vor dem Feinkostladen. In meiner Tasche krame ich nach einer Münze. Man hat mir gesagt, ich solle dringend John zurückrufen. Mein Herz rast vor Aufregung, ich wähle seine Nummer.

«Ja, hier ist John?»

«Hallo, John, ich bin's, André.»

«Hallo, André. Am besten, ich komme gleich zur Sache. Der Brief, den du Andrew gestern geschickt hast, war eine Zumutung.

Andrew und ich haben darüber gesprochen, und wir wissen allmählich nicht mehr, was wir mit dir anfangen sollen. Bist du denn gar nicht lernfähig?»

«Worum genau geht es denn?»

«Worum es geht? Spiel nicht den Dummen. Du weißt ganz genau, wovon ich rede. Aus deinem Brief spricht nicht der kleinsten Funke von Demut. So nach dem Motto: Ich hab jetzt diesen Superjob erledigt und das Buch in Ordnung gebracht, Mann, was bin ich gut. Sollen wir jetzt alle vor Bewunderung auf die Knie fallen? Du bist und bleibst größenwahnsinnig. Kann man dich denn mit nichts davon überzeugen, dass du nicht Gottes größtes Geschenk an diese Welt bist?»

«Aber ich habe mich in dem Brief doch für alles entschuldigt, was ihr wegen mir durchmachen musstet ...»

«André, du hast keinen blassen Schimmer, was wir wegen dir wirklich alles durchmachen. In den letzten Monaten hatten wir mit dir nur Scherereien. Jedes kleine Informationshäppchen mussten wir dir aus der Nase ziehen, und du hast dich einfach nur quer gestellt. Dass die Arbeit jetzt vollendet ist, haben wir nicht dir zu verdanken. Wir müssten vielmehr dankbar sein, dass wir es trotz deiner geschafft haben. Außerdem ist das Buch noch lange nicht, wie Andrew es sich vorstellt. Wir müssen nochmal von vorn anfangen! Wegen dir haben wir vier kostbare Monate verloren!»

Ich spüre, wie sich Wut in mir zusammenballt. «Stimmt ja gar nicht, du Schwachkopf», denke ich. «Du und Andrew, ihr wart es doch, die es so wichtig fanden, jedes Fetzchen Papier, das durch meine Hände gegangen war, noch einmal zu durchforsten. Lachhaft. Absurd. Ihr hättet schon vor vier Monaten an dem Buch weiterarbeiten können. Also schiebt nicht mir die Schuld in die Schuhe!»

Aber ich bin zu müde, um zu protestieren. Viel zu oft habe ich mich mit John herumgestritten, ihm zu erklären versucht, dass ich nur helfen wollte. Was soll's? Es bringt John nur noch mehr auf die Palme, wenn ich mich mit ihm anlege.

«Ja, du hast Recht, John. Es tut mir Leid.»

«Es tut dir Leid? Was ist das doch wieder für ein Bullshit! Gar nichts tut dir Leid! Du bist dir gar nicht im Klaren darüber, was du angerichtet hast.»

«Nein, ich bin mir nicht im Klaren darüber. Es tut mir sehr Leid.»

«Du bist ein Trottel, ein Versager und ein armseliger Lügner. Ich habe vor dir keinen Funken Respekt mehr.»

Inzwischen habe ich selbst keinen Funken Respekt mehr vor mir. Ich bin sogar zu ausgelaugt, um mich zu verteidigen. Soll er mich doch abschlachten.

«Ich bestehe darauf, dass du dich schriftlich entschuldigst. Nicht nur bei mir und Andrew, sondern bei jedem Einzelnen in der Gemeinschaft. Und damit du nicht wieder lügst oder dich in ein besseres Licht rückst, als es dir gebührt, werde ich dir Wort für Wort diktieren, was du schreiben sollst. Schnapp dir Papier und Stift.»

Ich wühle in meiner Tasche, die neben mir steht. Mit mir wird alles wieder okay sein, sobald John wieder den Hörer auflegt.

«Also, schreib Folgendes: ‹Ich entschuldige mich aus tiefstem Herzen für alles Leid, das ich euch verursacht habe. Auf Grund meiner größenwahnsinnigen Egotrips und meines heimtückischen Stolzes habe ich euch um eine äußerst kostbare Gabe gebracht, nämlich um Andrews Buch. Ich bin total wahnsinnig und ein ausgesprochen verdorbener Charakter, sonst wäre ich nie so tief gesunken. Ich bitte euch allesamt um Vergebung› – nein, streich das, schreib besser: ‹Obwohl ich weiß, dass ich es nicht verdient habe, bitte ich euch alle um Vergebung für all die üblen Machenschaften, die ich euch aufgrund meines Machthungers und meiner Verlogenheit zugefügt habe. Mit dem allertiefsten Bedauern – André.›»

«Okay, John. Ich hab's so weit.»

«Das war noch nicht alles, André. Ich bestehe außerdem darauf, dass du jedem einzelnen Mitglied der Gemeinschaft einen Blumenstrauß kaufst und ihm eine handschriftliche Kopie dieses Briefes beifügst. Bis morgen früh bist du fertig.»

«Okay, John.»

Ja, John, nein, John, tut mir Leid, John, ganz wie du willst, John. Aber bitte beende jetzt dieses Telefongespräch.

John legt auf, und ich stehe wie benebelt in der Telefonzelle. Dann schlurfe ich hinaus. Ich fühle mich zutiefst gedemütigt, so als wäre der innerste Kern meines Wesens so abgenagt, dass er gar nicht mehr existiert. Aber ich werde es tun, das weiß ich. Es ist das Äußerste, was ich noch machen kann: wenigstens um Treu und Glauben bemüht sein und zeigen, dass ich gerne bereit bin, das notwendige Opfer zu erbringen. Gehorsam nach außen ist das Einzige, worin ich nicht versagen kann.

Ich schreibe achtzig Briefe von Hand und kaufe achtzig Blumensträuße. Morgen werde ich damit sämtliche Gemeinschaftshäuser abklappern und die Blumen und Briefe überreichen. Danach werde ich rehabilitiert sein. Die Sache nimmt mich so in Anspruch, dass ich wenig Zeit habe, über andere Dinge nachzudenken, aber trotzdem gelingt es einer leisen inneren Stimme, bis zu meinem Bewusstsein vorzudringen. Warum tue ich das eigentlich? Will Andrew mir damit helfen? Oder ist es einfach nur Strafe? Verstörende Fragen, denen ich nicht weiter nachgehe ...

Die erste Glaubenskrise

So vollende ich meine Blumenmission und finde endlich ein wenig Ruhe. Mit mir gibt sich keiner mehr ab. Die anderen wissen nicht, was sie mit mir, dem aus der Gemeinschaft Ausgestoßenen, dem vom Podest Gefallenen, noch anfangen sollen. Sie glauben, ich habe Andrew eine Menge Leid zugefügt, ohne dafür Reue zu zeigen. Meine schlimmste Befürchtung ist, Andrew könnte mich wegschicken wie so viele andere vor mir. Gleichzeitig aber spiele ich mit dem Gedanken, selbst auszusteigen. In diesen Tagen ist gerade ein Song von The Clash sehr populär. Immer wieder höre ich mir den Refrain an: «Should I stay or should I go? If I go there will be trouble, if I stay it will be double.»

Juli 1990. An einem Picknicktisch im Park von Corte Madera sitze ich Harry gegenüber auf einer Bank. Es ist Sonntagmorgen. Ein wenig entfernt von uns wird Fußball gespielt.

«Was willst du jetzt eigentlich tun?», fragt Harry.

Gute Frage. Inzwischen wohne ich allein in einem Gartenhäuschen in Mill Valley, lebe wie ein Eremit und fühle mich deprimiert und ausgelaugt. Andrew sagt, ich sei zu den Männer-Meetings nicht mehr zugelassen und dürfe auch nicht mit anderen Mitgliedern der Gemeinschaft zusammenleben. Mir kann es nur recht sein. Ich bin sowieso lieber allein.

«Willst du nach Amsterdam zurückkehren?»

Ich sehe ihn an. Ich weiß, worauf er anspielt. Die Geschichte von Sariputta und Moggallana. Bin ich dabei, unsere gemeinsame Mission zu verraten?

«Nein», antworte ich. «Ich bin gerade in einer schwierigen Phase, aber ich möchte da durch. Was das praktisch bedeutet, weiß ich nicht, aber ich möchte mich selbst unter Beschuss nehmen. In mir steckt eine Menge Wut, und der will ich mich stellen.»

«Wut? Worüber?», fragt Harry.

Ich lasse einen Moment verstreichen, bevor ich antworte. Soll ich ihm die ganze Geschichte erzählen? Dass ich wütend bin auf Grund der Rücksichtslosigkeit, mit der man mich behandelt hat? Dass ich es grotesk finde, jemanden so fertig zu machen wie mich? Dass ich mich ernsthaft frage, wie ein angeblich erleuchteter Mensch wie Andrew so etwas tolerieren und sogar noch unterstützen kann? Wie immer blicken mich Harrys Augen aufrichtig an. Er ist mein Freund. Gleichzeitig aber ist er Andrews Schüler. Plötzlich keimt in mir der Verdacht auf, Andrew selbst könne Harry hierher geschickt haben, um mich auszuhorchen und in Erfahrung zu bringen, ob ich Andrew womöglich misstraue. Ich könnte mir selbst in den Hintern treten wegen meines Zynismus, aber ich weiß, der Gedanke ist gar nicht so abwegig.

«Dieser Zorn, der in mir steckt, das ist die Stimme meines Egos. Mein Ego widersetzt sich dem Druck, der mir auferlegt wurde, damit ich mich ändern kann. Mein Ego sträubt sich gegen diese Veränderung.»

«Ja, und?»

Ich wag's.

«Ja, und außerdem sind mir einige Zweifel gekommen.»

Jetzt ist es raus. Ein wenig verkrampft blicke ich Harry an, bin auf der Hut, versuche seine Reaktion zu testen. Das hässliche Z-Wort, nun ist es draußen.

Er nickt verständnisvoll.

«Ja, das ist ganz normal. Diese Reaktion kennen wir alle. Du weißt ja, dein Verstand kann dir die schrecklichsten Gedanken einflüstern, und sie können sehr überzeugend wirken. Die eigentliche Frage aber lautet: Wo stehst du? Glaubst du wirklich, dass diese Gedanken das letzte Wort sind? Oder erkennst du in ihnen dein aufmüpfiges Ego? Du weißt, was Andrew sagt: ‹Wenn ihr frei sein wollt, ist es sehr gefährlich, euren Zweifeln nachzugeben und euch mit ihnen zu beschäftigen. Nehmt euch vor euren Zweifeln in Acht. Zweifel werden von eurem Ego ganz automatisch erzeugt, aber mit Urteilsvermögen haben sie nicht das Geringste zu tun.›»

Ja, ich weiß das. Es steht in einer der tausend Mitschriften, die ich gelesen habe. Aber wieso fragt Harry nicht, woran ich eigentlich zweifle? Ich beginne selbst zu erklären, woher meine Zweifel kommen, aber er unterbricht mich.

«Worauf deine Zweifel sich richten, brauche ich nicht zu wissen. Mir ist es lieber, wenn du die Mülltonne deines Verstandes hier nicht entleerst. Mich interessiert nur eins: Bist du dir wenigstens im Klaren darüber, dass es sich um Müll handelt?»

Harry blickt mich dabei streng an. Und auf einmal bin ich mir sicher. Er ist im Auftrag von Andrew hier, nicht als mein Freund. Wobei für ihn wahrscheinlich beide Rollen identisch sind. Ich muss jetzt sehr darauf achten, was ich sage.

«Ja, Harry, ich weiß, dass es sich um Müll handelt. Es fällt mir nur schwer, diese Einschätzung aufrechtzuerhalten. Diese Gedanken können derart überzeugend sein.»

Harry nickt verständnisvoll.

«Ich weiß. Diese Erfahrung haben wir alle schon gemacht. Und genau aus diesem Grund sagt Andrew immer, wir brauchen zwei Schwerter – eins für unseren eigenen Verstand und eins für den Verstand anderer Leute.»

Er sieht mir direkt in die Augen – ein aufmunternder Blick. Mir wird klar, dass er es grundehrlich mit mir meint. Er möchte mich vor dem Müll bewahren, dem Müll in meinem Verstand. Keine Chance, mit ihm über das zu reden, was zurzeit wirklich mit mir los ist. Aber wenn ich nicht einmal mit Harry reden kann, mit wem dann?

Warum also nicht einfach aussteigen? Mit dem Flugzeug zurück nach Amsterdam, und die Sache ist abgehakt? Warum leiden wie ein Wahnsinniger, warum sich so herumstoßen lassen? Ich betrachte meine Situation genau. Ich bin 27 Jahre alt. Die letzten 3 Jahre habe ich in einem modernen Kloster gelebt, gelebt für Gott. Die lebendige Wahrheit der Erleuchtung habe ich am eigenen Leib erfahren dürfen, nicht nur bei meiner Begegnung mit Andrew, sondern auch danach immer wieder. Auch wenn es mir wahnsinnig zusetzt, weiterhin in einer Situation zu stecken, in der ich nicht einmal mehr mit meinen besten Freunden wie Harry offen reden kann, bin ich im Grunde dennoch davon überzeugt, dass Andrews Botschaft richtig ist. Seine Lehre ist tief in mir verankert, sie steckt in jeder einzelnen Zelle.

Klar, im Moment fühle ich mich gedemütigt, mit Füßen getreten, schlecht behandelt – aber ist das nicht nur die Stimme meines jammernden Egos, das in Selbstmitleid badet? Die Stimme des Feindes, die erstickt werden muss?

Neun Monate lang habe ich tagtäglich mehrere Stunden lang Mitschriften von Andrews Dialogen gelesen: von der Wichtigkeit, sich nichts sehnlicher zu wünschen als Freiheit; vom Gesetz der Entschlossenheit, demzufolge wir für all unsere Handlungen Verantwortung übernehmen müssen, egal wie sehr wir uns als Opfer empfinden; sich allem stellen und nichts scheuen, egal wie sehr es schmerzt. Und das ist weiterhin meine Mission. Auch wenn ich mich persönlich noch so gedemütigt fühle: Ich vertraue Andrew nach wie vor.

Ich bin fest entschlossen, alles zu tun, um die Sache zu bewältigen. Ich will nicht abspringen wie so viele, die den Druck nicht mehr ertragen haben. Lieber die Qualen erdulden, die Andrews Reinigungsprozess mit sich bringt, als in ein bedeutungsloses und mittelmäßiges Leben zurückzukehren, das nur der Befriedigung der eigenen Begierden dient. Ich werde Andrew beweisen, dass ich ihm und seiner Mission weiterhin treu bin.

Rebirthing

Wer ein Wofür im Leben hat, der kann fast jedes Wie ertragen.
Friedrich Nietzsche

Soeben kommt Andrew von einer Vortragsreise zurück nach Marin. Als die Satsangs wieder beginnen, schreibe ich ihm einen Brief, in dem ich ihn bitte, wieder in den Sangha aufgenommen zu werden, und falls nicht, wenigstens am Satsang teilnehmen zu dürfen. Ob seiner Antwort verschlägt es mir die Sprache. Es bestehe für mich derzeit keine Möglichkeit, sich dem Sangha wieder anzuschließen, und auch die Teilnahme am Satsang habe ich nicht verdient. Mein Starrsinn sei beispiellos, und seiner Meinung nach fehle mir auf emotionaler Ebene jegliches gesunde Verhältnis zu meinem Widerstand und meiner Rebellion. Vor ein paar Wochen habe er den Gedanken erwogen, mich zu einer Rebirthing-Sitzung zu schicken, damit ich ein klares Gespür für meine Gefühle entwickeln könne, doch dafür sei es nun zu spät. Nur eine äußerst starke Medizin könne jetzt noch helfen. Andrew schlägt mir vor, hundert Sitzungen bei einem Rebirthing-Therapeuten zu machen. Unter dieser Bedingung würde er mir erlauben, wenigstens einmal wöchentlich am Satsang teilzunehmen. Wenn ich die Rebirthing-Sitzungen hinter mich gebracht habe, könne ich mich noch einmal darum bewerben, wieder in die Sangha aufgenommen zu werden.

Mir wird schwindlig. Rebirthing ist eine äußerst intensive Therapieform. Allein schon der Gedanke an eine einzige solche Sitzung erfüllt mich mit Grauen, von deren hundert ganz zu schweigen. Andererseits fühle ich mich auch erleichtert, dass Andrew mir die Chance bietet, meiner Zwickmühle zu entkommen. Also melde ich mich bei einem Therapeuten für hundert Sitzungen an, für die ich insgesamt fünftausend Dollar hinzulegen habe. Eine innere Stimme meldet sich zu Wort und fragt, ob es sich dabei wirklich um eine Therapie handelt oder nur um eine Strafe; ob mir geholfen werden oder ob ich nur meine Schuld abbüßen soll. Im Vordergrund jedoch steht die Erleichterung darüber, dass man mir immerhin noch irgendwie zugesteht, Teil des gesamten Gefüges zu sein. Diese andere Stimme, das ist die Stimme meines Egos; die Stimme, der ich mich zu widersetzen habe.

Für die einen ist Rebirthing eine Form von Psychotherapie, für die anderen ein religiöser Weg. Es handelt sich um eine Technik, bei der man bewusst eine Dreiviertelstunde lang hyperventiliert. Aufgrund des Sauerstoffüberschusses werden dabei starke Emotionen freigesetzt. Viele Leute, so hört man oft, würden dabei ihre eigene Geburt noch einmal durchleben, die Reise durch den Geburtskanal. Zu solchen Erfahrungen kommt es bei mir zwar nicht, aber intensiv sind die Sitzungen dennoch. Die ersten fünf verlaufen sogar äußerst emotional. Mein ganzer aufgestauter Zorn kommt hoch. Es wirkt befreiend, nach Herzenslust kreischen und schreien zu dürfen. Danach verlaufen die Sitzungen weniger emotional, dafür aber entdecke ich in mir tiefere Schichten des Widerstands. Das Muster, nach dem die Sitzungen ablaufen, ist fast immer das gleiche. Nach etwa zehn Minuten intensiven Atmens werde ich extrem schläfrig, so als wollte ich dem gegenwärtigen Moment buchstäblich entfliehen. Mein Therapeut ermuntert mich dann, einfach weiter intensiv zu atmen. Egal, was ich dabei erlebe, es wird nicht analysiert. Es geht nur darum, sich hindurchzuatmen. Nach dreißig bis vierzig Minuten weicht meine Schläfrigkeit einem Gefühl von Euphorie. Selbst wenn dies nur eine Folge des Sauerstoffüberschusses im Blut ist, ist die Erfahrung jedenfalls großartig. Rebirthing-Experten sprechen von einer biologischen Gotteserfahrung. Doch wie auch immer, nach all dem Elend der vergangenen Monate ist es auf jeden Fall eine willkommene Abwechslung. Im Verlauf der hundert Sitzungen erwerbe ich mir die Gewissheit, mich durch jede noch so aufwühlende Empfindung oder Erfahrung hindurchatmen zu können, um auf der anderen Seite wieder herauszukommen. Vor der Intensität meiner Emotionen habe ich nun keine Angst mehr.

Die hundert Sitzungen erstrecken sich über neun Monate. In dieser Zeit lebe ich allein in meinem Gartenhäuschen und folge einem ruhigen und geregelten Lebensrhythmus, fernab vom hektischen Gemeinschaftsleben mit seinen ständigen Meetings, den ehrenamtlichen Arbeiten und dem pausenlosen Umgang mit anderen. Abends sitze ich oft draußen im Garten und blicke in die Sterne. Szenen aus meinem Leben ziehen an mir vorüber: der sehnsüchtige Sucher, der sich selbst für einen Freidenker hält, gleichzeitig aber, um Gott finden zu können, sein Herz und seine Seele einem Hirten überantwortet und von jenem Hirten nun in seine Schranken verwiesen wurde. Um Gott finden zu können, muss dieser Sucher selbst sein Leben lassen. Sich selbst die Klinge ins Fleisch stoßen. Der Wunsch, sich auszuzeichnen, zu glänzen, steht ihm dabei im Weg. Nicht mein, dein Wille geschehe. Edle, idealistische Gedanken, doch das menschliche Drama, das ich durchlebt habe, hat in mir einige Fragen über Andrew aufgeworfen. Warum hat er während der gesamten Krise nicht ein einziges Mal mit mir persönlich gesprochen? Warum durfte ich ihm nicht selbst erklären, was ich denke und empfinde? Mein Herz sehnt sich danach, mit ihm zu sprechen, auf dass er all meine Zweifel zerstreue. Doch als Guru weigert er sich, sich seinen Schülern auf der Ebene ihres Egos zu widmen. Ihre Projektionen sind ihr eigenes Problem. Diese Erwägungen jedoch helfen mir nicht über meine Empfindungen hinweg. Ich vermisse seine Freundschaft. Er jedoch scheint Freunde nicht nötig zu haben. Bei ihm ist die Liebe und Freundschaft zu seinen Schülern an Bedingungen geknüpft. Jeder, der sich als sein getreuer Schüler erweist, ist sein Freund. Wer sich aber als unloyal oder unzuverlässig erweist, fällt in Ungnade. Ich frage mich oft – und das ist ein erschreckender, ein respektloser Gedanke –, ob Andrew als Mensch überhaupt zu Freundschaften fähig ist. Denn dies würde ja Gleichberechtigung voraussetzen und eine Verwundbarkeit, die auf Gegenseitigkeit beruht.

Was mir ebenfalls im Kopf herumgeht: dass alle meinen, ich müsse wegen dem, was ich Andrew angetan habe, nun Gewissensbisse empfinden. Nach wie vor jedoch habe ich nicht das Gefühl, eine Sünde begangen zu haben. Weshalb hat Andrew so empfindlich auf meinen Fehltritt reagiert? War meine Verfehlung denn tatsächlich so schrecklich? Wenn ein ehrgeiziger, nach Anerkennung strebender junger Mann für ein derart anspruchsvolles Projekt eingesetzt wird, ist es dann nicht gleichsam vorprogrammiert, dass sein Ego sich aufplustert? Wenn ich es bei NCR bis zum Projektmanager gebracht hätte, wäre es dann nicht ganz ähnlich gekommen? Gehört das nicht alles zum normalen Prozess des Erwachsenwerdens, zum Feinschliff weg von der jugendlichen Vermessenheit? Ich fühle mich traurig und verletzt, enttäuscht von Andrew. Mein Herz und meine Seele gab ich ihm, er aber geht nicht allzu sorgsam damit um. Ich meine: Andrew hat mir so viel Verantwortung übertragen, ohne Unterstützung, ohne Sicherheitsmaßnahmen, dass ich vom Ehrgeiz und Erfolgswillen getrieben ganze sechzehn Stunden am Tag für ihn gearbeitet habe. Wäre es nicht sein Job, diesen Ehrgeiz, dieses Erfolgsstreben zu erkennen und mir in diesem Unternehmen beizustehen? Ich habe aber nicht den Eindruck, mir sei geholfen worden, fühle mich nur schroff zurechtgewiesen. Dann wandern meine Gedanken zurück zu denen, die ich schroff zurechtgewiesen habe, als ich noch auf der anderen Seite des mächtigen Trennbalkens stand. Habe ich denn das Recht, mich selbst zu bemitleiden? Hatte Luna vielleicht doch Recht gehabt? Ist Andrews Revolution tatsächlich zu einer faschistischen Gruppe verkommen? Über solche Fragen kann ich mich mit anderen natürlich nicht austauschen. Sie würden mich zum Verräter stempeln. Andrew hat schon Leute aus weit geringerem Anlass fortgeschickt. Es fällt mir schwer, solche Gedanken überhaupt zuzulassen. Denn es handelt sich dabei um unverblümte Zweifel an Andrew und seiner Revolution. Sie entstehen nur deshalb in mir, weil ich mich rechtfertigen will, weil ich mir nicht eingestehen will, dass Andrew im Recht ist. Also versuche ich mich selbst umzustimmen.

Die fröhlichen Abende im Staatsliedenbuurt, damals im April 1987, erscheinen mir jetzt so weit weg. Andrew kennen zu lernen, das hieß für mich: die nachhaltige Erfahrung der Erkenntnis meiner eigenen wahren Natur zu machen und nach langer Suche endlich zur Ruhe zu kommen. Alles im Leben erschien mir auf einmal so einfach, so leicht. Es ging vor allem darum, das wunderbare Geheimnis der Erleuchtung mit gleich gesinnten Seelen aus aller Herren Länder zu teilen. Doch nun ist alles unglaublich viel verzwickter geworden. So viel gibt es jetzt, dessen ich mir nicht mehr sicher bin. Ich fühle mich mies, weil ich mich Gina gegenüber so kalt und lieblos verhalten habe. Ich hätte mich für unsere Liebe stark machen müssen, egal was andere dazu sagten. War es mein Ego, das da seine hässliche Fratze zeigte? War ich nicht viel zu eifrig darauf bedacht, bei der Revolution im Dienste der Erleuchtung die Rolle des hingebungsvollen Soldaten zu spielen? Manchmal komme ich mir vor wie ein Parteisoldat oder ein Politiker, der seine persönlichen Wertvorstellungen denen der Gruppe opfert.

Trotzdem: All jene Dinge, auf die ich ganz und gar nicht stolz bin, liefern mir umso mehr Anlass, mich einer kompromisslosen Läuterung zu unterziehen. Gerade weil ich manchmal so unmenschlich war, brauche ich Andrews Lehre mehr denn je.

Umringt von all diesen Zweifeln und Unsicherheiten empfinde ich noch immer Liebe zu Andrew. Ich betrachte ihn nach wie vor als meinen Lehrer, fühle mich nach wie vor eins mit ihm und glaube, dass er nur mein Bestes will. Einmal pro Woche gehe ich zum Satsang, und jedes Mal bin ich erschüttert von der Wahrhaftigkeit und der Kraft seiner Worte, vor allem jedoch von der Macht seines Schweigens und der Liebe, die aus diesem Schweigen zu mir spricht. Die Liebe, die er ausstrahlt, gilt nicht mir als Person, nein, es ist die Liebe zu meinem tiefsten inneren Wesen.

Unpersönliche Liebe, ja. Das muss es sein.

Im März 1991 habe ich die hundert Rebirthing-Sitzungen hinter mich gebracht. Ich bin fest entschlossen, mich mit den Zweifeln, die mir über Andrew gekommen sind, und mit der Behandlung, die ich erfahren habe, gründlich auseinander zu setzen. Meine Liebe zu Andrew, mein Vertrauen zu ihm und mein spirituelles Verlangen sind stärker als jeder Einwand, den mein kritischer Verstand vorzubringen vermag. Ich gebe mich diesem Verlangen hin und beschließe, mich voll und ganz darauf einzulassen, egal was mein Verstand dazu sagt. Der Effekt ist umwerfend. Ich fühle mich hochkatapultiert in einen hoch energetischen Zustand des Fließens. Ich habe die Ketten meines Zweifels gesprengt. Mein Blickwinkel ist wieder zurechtgerückt; ich bin wieder bereit, den Wall zu durchbrechen. Die Vergangenheit steht mir dabei nicht im Weg; die Zukunft birgt nichts, wovor ich Angst zu haben brauchte. Ich erkenne nur noch das grenzenlose Potenzial des Augenblicks, des Lebens im Hier und Jetzt. Ich habe mich selbst wieder gefunden.

Jetzt weiß ich, was es bedeutet, sich überwinden zu müssen, sich den Weg zu Andrews Weltsicht zurückzuerobern, komme, was da wolle. Dieses «komme, was da wolle» ist es, das Andrews Lehre zu einer wahrhaft allumfassenden und bedingungslosen Lehre macht. Ich schreibe ihm einen Brief.

«Mir ist klar geworden, dass bis vor neun Monaten mein ganzes Streben nur darauf gerichtet war, fähig, intelligent und anderen Leuten überlegen zu sein, und selbst mein intellektuelles Verständnis des Dharma hatte ich in diesen Dienst gestellt. Als es aber wirklich auf mich, meinen Charakter, meine Integrität ankam, musste ich erkennen, dass ich als Mensch ein absoluter Fehlgriff war. Und diese Erkenntnis ist in den vergangenen neun Monaten nicht mehr von mir gewichen. Die Rebirthing-Sitzungen haben mir auf sehr schmerzvolle Weise klar gemacht, welch ungeheuren Preis es mich kostete, mich auf die Seite meines Verstandes gestellt zu haben. Plötzlich ergaben sie einen Sinn für mich, all jene Geschichten vom Teufel, dem man seine Seele verkauft – denn ich hatte den Teufel direkt in mir ausfindig gemacht. Durch und durch skrupellos, ein rücksichtsloser Manipulierer, zutiefst misstrauisch, auf beängstigende Weise glaubwürdig und überzeugend, voller Argwohn und Feindseligkeit gegenüber allem Schönen – so ist er, der Feind, dem ich das Steuer meines Lebens in die Hand gab. Es war schockierend, mit anzusehen, von wie viel Verderbtheit mein gesamtes Leben durchdrungen war. Nichts ist mir zu viel, wenn es darum geht, diesen Feind zu besiegen – ich habe keine Angst mehr vor dem Leiden.

Meine Dankbarkeit für deine Gegenwart, deine Fürsorge, deine Hilfe, deine Liebe ist einer Lawine gleich stets größer und größer geworden. Niemand auf dieser Welt weiß, was der Verstand wirklich ist und was er alles anrichten kann. Du aber gabst mir die Chance, genau dies für mich zu erkennen, selbst dann noch, als ich dich und so viele andere, die mir diese Wahrheit förmlich ins Gesicht schrieen, einfach ignorierte. Mein Dank an dich soll niemals enden.»

Der Brief schließt mit einer Liebeserklärung:

«Mein Meister, ich liebe dich mehr, als sich mit Worten sagen lässt. Du allein bist die Würze meines Lebens. Du bist die Sonne, die meine Welt erleuchtet. Du bist das Zentrum meines Universums. Ich liebe dich.»

Mit Hilfe dieses Briefes gliedere ich mich wieder fest in die Übereinstimmungshaltung der Gemeinschaft ein. Von anderen erfahre ich, Andrew sei von meinem Brief absolut angetan gewesen – ja, «kosmisch» soll er ihn genannt haben.

4

Krieg der Erleuchteten

Jeder Aspekt unserer persönlichen Erfahrung ist letzten Endes ganz und gar unpersönlich. Es gibt nur eine einzige menschliche Erfahrung, doch jeder glaubt, dass diese Erfahrung ihm ganz allein gehört.
Andrew Cohen

Von der persönlichen zur unpersönlichen Erleuchtung

März 1991. Andrew kommt soeben von einer Vortragsreise aus Bodh Gaya zurück, einem kleinen Dorf in Bihar, dem ärmsten Landstrich Indiens. Bodh Gaya gilt traditionellerweise als der Ort, an dem Buddha erleuchtet wurde. Es ist eine Pilgerstätte für Buddhisten jedweder Couleur. Vielleicht findet Andrew ja dort jene Crème de la crème der spirituellen Sucher, die empfänglich ist für seine Botschaft. Die ganze kalifornische Gemeinschaft war mit ihm gereist, außer mir und einigen anderen, die aus der Gemeinschaft ausgeschlossen sind. Natürlich sterbe ich vor Neugier, wie es dort gelaufen ist.

Im La Petite, einem gemütlichen Restaurant in Mill Valley, sitze ich Harry gegenüber. Es ist mein Lieblingsrestaurant, nicht weit entfernt von der Wohnung, die ich mit zwei anderen Freunden teile, die ebenfalls darauf hinarbeiten, wieder in die Gemeinschaft aufgenommen zu werden. Harry hat ein Sandwich mit Schweizer Käse und Roastbeef bestellt, ich ein Clubsandwich California mit einer extra Portion Avocado.

Harry sprudelt über vor Geschichten aus Bodh Gaya. Der ganze Sangha war dabei gewesen – na ja, zumindest fast.

«Unglaublich, was dort los war, André! Jeden Abend Satsang!»

«Waren abgesehen von dem Sangha noch viele andere Leute dabei?»

«Nein, eigentlich nicht. Hauptsächlich nur wir.»

«Und was wurde gelehrt, Harry?»

Er schluckt einen Bissen von seinem Sandwich runter, dann sagt er:

«Na ja, in Bodh Gaya beschwerte Andrew sich, wir würden jetzt schon seit vier Jahren am Satsang teilnehmen und hätten es trotzdem noch immer nicht recht gepackt. Er hat sich verstärkt Gedanken gemacht über den Unterschied, der zwischen ihm und uns besteht. Warum er niemals aus dem Zustand der Gnade fiel, während wir die ganze Zeit über straucheln. Und warum bei manchen Leuten ein flüchtiger Eindruck der Wirklichkeit genügt, um erleuchtet zu werden, während dies bei den meisten nicht der Fall ist. Und genau diese Frage hat auch Buddha einst gestellt. Er sagte, es habe mit dem Karma zu tun, mit dem jeweiligen Entwicklungsstand einer Person. Einem hoch entwickelten Individuum genügt es, die Lehre von der Erleuchtung ein einziges Mal zu hören, um sofort tief greifend und nachhaltig davon beeinflusst zu werden. So ähnlich war es mit Andrew. Und am anderen Ende des Spektrums stoßen wir auf jene Leute, die der Welt und dem materialistischen Lebensstil viel zu verhaftet und deshalb für die Botschaft ganz und gar unempfänglich sind. Zwischen diesen beiden Polen befinden sich Menschen auf jedem erdenklichen Entwicklungsstand. Und alle sind sie in gewisser Weise empfänglich für die Erleuchtungsbotschaft, allerdings in sehr unterschiedlicher Intensität.»

«Ja, aber im Buddhismus wird Erleuchtung völlig anders definiert als in der Advaita-Vedanta-Lehre. Die Buddhisten sagen, es gehe gar nicht darum, sein wahres Wesen zu erkennen, sondern vielmehr darum, einen Zustand der Reinheit zu erlangen. Dies ist – nachdem sämtliche karmischen Hindernisse ausgeräumt sind – das eigentliche Ziel des spirituellen Pfades. Die Buddhisten sehen Erleuchtung als eine Art dauerhaften Endzustand, von wo aus man keinen Rückschlag mehr erleiden kann. Ein Zustand der Reinheit, in dem man keinen Schatten mehr wirft.»

«Genau so ist es! Deshalb erleidet Andrew keine Rückschläge und wir schon. Er hat jenen Endzustand der Reinheit erlangt, während sich in uns noch jede Menge Unreinheit findet. Deshalb ist er auch beständig erleuchtet, während uns nur ab und zu ein flüchtiger Eindruck dessen vergönnt ist, wonach wir verbissen streben.»

Eine Zeit lang schweige ich, in eigene Gedanken versunken. Ich denke daran, mit wie viel Nachdruck Andrew stets auf die Labilität seines eigenen Erleuchtungszustands hingewiesen hatte. «Ich kann in jeder Sekunde rückfällig werden», sagte er immer. Manchmal gab er sich erstaunt und verwundert darüber, dass es ihm noch nie passiert sei und dass er aus irgendeinem wundersamen Grund beständig in der Spur blieb, dass er die richtigen Entscheidungen traf, das Richtige tat und nicht wie so viele andere Gurus eine Schneise der Verwirrung und des Elends hinter sich herzog, sondern vielmehr eine Schneise geistiger Klarheit.

Harry bricht das Schweigen.

«Chatrul Rinpoche – das ist einer der tibetischen Lamas, mit denen Andrew sich getroffen hat – sagte genau dasselbe: dass wir eben keineswegs alle gleich sind. Die meisten benötigen spirituelles Training, um ihre karmischen Hindernisse überwinden zu können. Andrew sagte, nun verstehe er zum ersten Mal, weshalb Buddha eine spirituelle Gemeinschaft gegründet und Mönche eingeweiht und weshalb er die Menschen dazu ermuntert habe, der Welt den Rücken zu kehren.»

«Aber was hält Poonjaji von all dem? Er lehrt doch das genaue Gegenteil. Mehr so in Richtung Ramana Maharshi.»

«Ach, weißt du, dieser Poonja, bei dem ist alles ein bisschen zweifelhaft.» Harrys Augen drücken mit einem Mal Verachtung aus. Auch verzichtet er anscheinend bewusst auf das liebevolle «ji» am

Ende des Namens, das innerhalb des Sangha stets gang und gäbe war. In den letzten Monaten waren immer wieder Gerüchte an mein Ohr gedrungen, es würde zwischen Andrew und Poonjaji nicht mehr stimmen. Da ich aber aus dem Sangha ausgeschlossen war, erfuhr ich nie genau warum.

«Poonja hat sich uns und Andrew gegenüber sehr seltsam benommen. Als wir in Lucknow waren, hatte Andrew eigentlich vorgehabt, ihm seinen gesamten Sangha vorzustellen, aber Poonja hat alle möglichen Ausflüchte vorgebracht, um uns aus dem Weg zu gehen. Einmal war er krank, das andere Mal hatte er gerade Gäste. Am dritten Tag haben wir einfach selbst die Initiative ergriffen. Wir fuhren mit Taxis zu Poonjas Haus und stellten uns vor seine Tür.»

«Und was hat Poonjaji gesagt?»

«Er war gar nicht da. Machte gerade einen Spaziergang. Also setzten wir uns und warteten auf ihn.»

«Und dann?»

«Na ja, zu guter Letzt hat er uns doch noch empfangen, war auch sehr höflich. Aber den unangenehmen Beigeschmack wurden wir trotzdem nicht los. Ich glaube, er ist eifersüchtig auf Andrews Sangha.»

«Aber Poonjaji hat doch immer gesagt, dass er gar keinen eigenen Sangha will.»

«Ja, aber ich glaube, insgeheim hätte er doch gern einen.»

«Und was sagt Andrew zu der ganzen Sache?»

«Er hat Poonja zur Rede gestellt, aber Poonja sagte, er solle sich darüber nicht den Kopf zerbrechen. Dann hörten wir, Poonja habe bei einem seiner Satsangs gesagt, er sei auf der Suche nach Löwen, nicht nach Lämmern. Uns war klar, dass dies als Kritik an Andrew gedacht war, noch dazu hinter seinem Rücken.»

Nicht nur das persönliche Verhältnis zwischen Andrew und Poonja verschlechtert sich zusehends, auch von Poonjas Lehre distanziert sich Andrew zusehends. Einmal fragt ihn jemand beim Satsang, was er von Advaita-Vedanta hält. Er spricht es ganz unverblümt aus.

«Ich glaube nicht, dass die Advaita-Lehre euch wirklich ans Ziel bringt. Sie gewährt euch vielleicht einen flüchtigen Eindruck dessen, was Erleuchtung ist, aber sie transformiert euch nicht.»

«Und wieso nicht?»

«Nun ja, beim Advaita lernt man, was ich als ‹persönliche Erleuchtung› bezeichnen würde. Da geht es im Wesentlichen um meine Erleuchtung, meine Bewusstwerdung, meine Befreiung vom Leiden. Wenn es euch letztlich nur um euch selbst geht, wie wollt ihr dann je von Grund auf transformiert werden? Das Ego gibt nach wie vor den Ton an; und es wird auf alles andere übergreifen, auch auf die Erleuchtung.»

«Was also bedeutet es dann, von Grund auf transformiert zu werden?»

«Das, was bei mir ‹unpersönliche Erleuchtung› heißt. Da geht es nicht um euren eigenen Nutzen, sondern um einen evolutionären Drang in euch, der bewirkt, dass ihr über eure eigene popelige Sichtweise hinauswachsen und eine weit umfassendere Möglichkeit entdecken könnt, die der gesamten Menschheit zugute kommt. Diese Entdeckung jedoch ist viel mehr als die Erfahrung von Glückseligkeit. Sie ist nur dann sinnvoll, wenn sie euch von Grund auf transformiert, wenn sie jede Spur einer persönlichen Sichtweise ausradiert.»

«Klingt nach etwas völlig anderem.»

«Es ist etwas völlig anderes. Es ist der Unterschied zwischen einem brennenden Streichholz und einem Waldbrand.»

«Hat es mit dem zu tun, was die Buddhisten Nicht-Selbst nennen? Mit der Auffassung, dass es so etwas wie ein definierbares Selbst gar nicht gibt?»

«Ja, in mancherlei Hinsicht. Wir empfinden uns nur deshalb als eigenständiges Individuum, weil man uns das so beigebracht hat. Im Grunde aber stellt die Gewohnheit, unsere Erfahrungen und uns selbst aus einem persönlichen Blickwinkel zu betrachten, im spirituellen Leben eines der größten Hindernisse dar. Da wir uns mit Gedanken und Gefühlen als ‹unseren Gedanken›, ‹unseren Gefühlen› identifizieren, grenzen wir uns ab und errichten um uns einen Schutzpanzer. Danach investieren wir massenweise Energie, um dieses imaginäre Selbstgefühl am Leben zu erhalten und zu schützen. Wenn wir aber genau hinsehen, erkennen wir, dass unseren Erfahrungen nichts anhaftet, was auf irgendeine Weise persönlich wäre. Alles, was wir denken und fühlen, ist eine unpersönliche Reaktion auf unpersönliche Umstände. So etwas wie ein <Ich>, das unsere Gedanken denkt, unsere Gefühle fühlt, gibt es nicht. Gedanken und Gefühle kommen und gehen, das ist alles.»

Das Schweigen, das nach diesen Worten im Raum hängt, nutze ich, um Andrews Worte tief in mich eindringen zu lassen. Die Sache mit der persönlichen und unpersönlichen Erleuchtung erinnert mich an die zwei Hauptzweige des Buddhismus: Theravada, diese indische Vipassana-Tradition, der sich Andrew ursprünglich verschrieben hatte, und Mahayana, von dem der tibetische Buddhismus eine Ausdrucksform ist. Persönliche Erleuchtung, das entspricht dem Theravada-Ideal des Arhat, der das Nirvana (die Erleuchtung) für sich selbst anstrebt, während die unpersönliche Erleuchtung dem Mahayana-Ideal des Bodhisattva entspricht, der auf Grund seiner allumfassenden Liebe und seines Mitgefühls mit aller Kreatur verspricht, nicht eher ins Nirvana einzutreten, bis auch alle anderen Wesen es erreicht haben. Andrew klingt, als wolle er sich zum Mahayana-Buddhisten entwickeln. Es fasziniert mich, macht mich aber auch ein wenig besorgt. Will er sich über seinen eigenen Guru erheben, über die gesamte Tradition des Advaita-Vedanta?

Vater und Sohn trennen sich

Die sich verbreiternde Kluft zwischen Andrews neuen Thesen und der Advaita-Vedanta-Lehre bleibt den spirituellen Suchern, die zum Satsang erscheinen, natürlich nicht verborgen. Viele von ihnen kommen in der Erwartung, einen Erleuchtungslehrer zu finden, der ihnen zu einer nachhaltigen spirituellen Erfahrung verhilft. Stattdessen rügt man sie für ihre mangelnde Entschlossenheit, sich zu verändern. Viele empfinden dies als eine Art von Moralapostelei, auf die sie gut verzichten können, und beschließen, sich der eigentlichen Quelle zuzuwenden und zu Poonja nach Indien zu fahren, was auch einige der Schüler tun, die Andrew aus seiner Gemeinschaft verbannt hat. Zu ihrer Erleichterung und zu Andrews Verdruss werden sie dort sehr herzlich empfangen. Einige von ihnen, die bei Poonjaji zur Erleuchtung finden, werden zurück in den Westen geschickt, um dort selbst als Lehrer aktiv zu werden. Die Bedeutendste davon ist eine Amerikanerin namens Antoinette Varner, die Andrews Satsangs ein paar Monate lang besucht hatte, bevor sie ihn verließ, um zu Poonja zu gehen. Poonjaji verleiht ihr den Namen Gangaji und sendet sie aus, um überall dort zu lehren, wo zuvor Andrew lehrte. Er bittet sie, «Andrew hinterherzuräumen», den Menschen das richtige Verständnis von Advaita-Vedanta zurückzugeben und die Egos zu heilen, die verwundet worden sind. Uns dringt zu Ohren, dass Poonja uns als «Schafe» bezeichnet, die lediglich einer Autorität folgen, was er für unvereinbar hält mit wahrer Freiheit und Erleuchtung.

Allmählich sammelt Poonja immer mehr Anhänger um sich, während die Zahl von Andrews Schülern gleich zu bleiben scheint. Eine innige Vater-Sohn-Beziehung artet zum Wettstreit aus. Andrew fühlt sich von seinem Lehrer verraten und spürt, dass zwischen ihm und dem Advaita-Vedanta-Establishment der Krieg ausgebrochen ist.

Doch auch innerhalb des Sangha wütet ein Krieg: der Krieg gegen das Ego. Da Andrew neuerdings so großen Nachdruck auf unpersönliche Erleuchtung legt, gelangt der Reinigungsprozess zu einer neuen und höheren Bedeutung. Er dient nicht nur unserem persönlichen Nutzen, sondern der evolutionären Weiterentwicklung der gesamten Menschheit. Andrew beginnt nach Methoden zu suchen, die wirkungsvoll genug sind, um jene Art von Transformation, die ihm vorschwebt, in Gang zu setzen. Obwohl die alte Feindschaft mit einem Teil der westlich-buddhistischen Meditationsszene noch immer schwelt, freundet Andrew sich zunehmend mit dem tibetischen Buddhismus an. Im April 1990 trifft er sich in Boulder, Colorado mit ehemaligen Schülern von Chögyam Trungpa Rinpoche zum Satsang, und einige von ihnen treten dem Sangha bei. Dann, im Januar 1991, trifft Andrew in Bodh Gaya mit mehreren bekannten

Lamas zusammen. Er hat dafür eine seiner Broschüren ins Tibetische übertragen lassen. Die Gespräche mit den tibetischen Buddhisten schüren sein Interesse am tibetischen System und dessen zahlreichen praktischen Aspekten wie Mantren, Niederwerfungen, Meditation und Studium der Schriften. Vieles davon baut er schließlich in seine eigenen Lehren ein. Während der Klausur in Bodh Gaya beginnt er, mit seinen Schülern formell zu meditieren, jeden Morgen eine Stunde lang. Wieder in Marin, geht es nach diesem Schema weiter. Nach und nach wird der Vorrang, der der Reinigung und dem Verbrennen karmischer Neigungen eingeräumt wird, durch das Einführen spiritueller Praktiken betont.

Ab 1991 sind spirituelle Praktiken ein fester Bestandteil des Gemeinschaftslebens, dem täglich zwei bis drei Stunden gewidmet werden. Und die spirituellen Praktiken zeitigen Wirkung. Sie stärken das vertraute Gefühl, sich selbst zu überwinden, das heißt, stärker zu sein als der Widerstand in einem. Für Zweifel bleibt keine Zeit, und wer mit seinen Übungen fertig ist, hat tatsächlich das Gefühl, etwas geleistet, etwas vollbracht zu haben. Die Übungen helfen dabei, die richtige Sichtweise aufrechtzuerhalten: jenes berauschende Gefühl, dass keine Hindernisse existieren, dass alles möglich ist und innerhalb unserer Reichweite liegt. Eine mächtige Energiewelle. Wenn man zusammen mit den Hausgenossen die 500 allmorgendlichen Niederwerfungen hinter sich gebracht hat, wird um sieben Uhr gemeinsam Kaffee getrunken, und jeder fühlt sich großartig, bereit, die Welt zu erobern.

Dann führt Andrew noch eine neue Methode ein. Schüler, die sich als besonders hartnäckige Fälle erweisen, bekommen einen Spitznamen. Ist jemand leicht erregbar, wird er Wilder Stier genannt; ein etwas alberner Schüler heißt ab sofort Fips der Clown, eine Frau, die dazu neigt, vor sich hinzuträumen, bekommt den Namen Fräulein Weggetreten. Später kommen weitere Bezeichnungen hinzu wie Herr Weltfremd, Frau Aufrichtig, Euer Hochwohlgeboren und so weiter. Die Namen dienen zur Demütigung der Schüler, die dadurch ständig an die negativen Verhaltensmuster erinnert werden, von denen sie sich nicht lossagen wollen.

Andrew legt großen Wert darauf, dass seine Lehren vom Intellekt her verstanden und von den Schülern jederzeit in klare, objektive Worte gefasst werden können. Eins der Hilfsmittel, um diese Fähigkeit einzuüben, ist die Diskussionsgruppe. Ab 1992 schließen sich Schüler in Gruppen von sechs bis zehn Leuten zusammen, um über bestimmte Passagen aus Andrews Buch *Enlightenment is a Secret* zu diskutieren. Häufig wird der Text dabei Satz für Satz durchgegangen. Später, in den Jahren 1993 und 1994, werden diese Gruppen einer Hierarchie unterstellt und von fortgeschrittenen Schülern geleitet. Am Ende jeder Versammlung werden Bewertungen vergeben, je nachdem, wie sehr wir uns eingebracht haben und wie präzise, wie einfallsreich und wie überzeugend wir unser Textverständnis in Worte umzusetzen vermochten. Wer gut abschneidet, wird in der folgenden Woche einer höheren Gruppe zugeteilt; wer schlecht abschneidet, steigt ab. Das gesamte Programm wird von einer Gruppe Fortgeschrittener gemanagt. In der Regel mache ich mich dabei recht gut und schaffe es, nicht herabgestuft zu werden.

Was ist Erleuchtung?

Der «Krieg» gegen Poonja und Advaita-Vedanta tobt bis zum November 1991. Seit dem vergangenen Frühling bin ich nach und nach wieder in die Gemeinschaft hineingewachsen. Ich wohne auch wieder in einem der Gemeinschaftshäuser, jetzt allerdings in einem von niedrigerem Rang. Ich besuche sämtliche Meetings. Dann klingelt eines Tages bei uns das Telefon, und Andrew ist am Apparat. Er sagt, er möchte mich sprechen. Nervös greife ich nach dem Hörer. Seit der Tragödie um sein Buch hatte ich kaum mehr Kontakt zu ihm.

«Pass auf, André», sagt er. «Du weißt ja, wie Poonja und die ganze Advaita-Vedanta-Szene mich in der Öffentlichkeit schlecht gemacht haben. Kein Mensch weiß jetzt so richtig, was ich eigentlich lehre. Dagegen möchte ich was unternehmen. Wir werden eine Zeitschrift herausgeben, mit Artikeln über meine Lehre, Interviews mit anderen Lehrern und so weiter. Sie soll *Was ist Erleuchtung?* heißen und sich der Frage widmen, was Erleuchtung eigentlich ist.»

«Hört sich großartig an, Andrew», sage ich. «Ein wunderbares Mittel, um mit deiner Lehre an die Öffentlichkeit zu treten und mit all den Missverständnissen und falschen Behauptungen, die über dich im Umlauf sind, ein für alle Mal aufzuräumen.»

«Ja, nicht wahr? Die Zeitung soll alle sechs Monate erscheinen. Und jetzt pass auf! Ich will, dass du daran mitarbeitest. Du sollst Chefredakteur werden.»

Ich traue meinen Ohren nicht. Endlich eine neue Aufgabe! Endlich die Chance, mich zu rehabilitieren!

«Danke, Andrew», sage ich. «Das ist wirklich sehr großzügig von dir.»

Ich bin außer mir vor Glück. Hier ist sie, die Chance, zu beweisen, dass ich durchaus fähig bin, in einem Team zu arbeiten, und man sich darauf verlassen kann, dass ich gute Arbeit leiste, ja dass ich ein völlig neuer Mensch geworden bin. Ich versichere Andrew, er könne auf mich zählen.

«Wirklich?», fragt er nach. «So hundertrprozentig überzeugt bin ich nämlich nicht. Aber John und Robert waren der Meinung, du hättest eine neue Chance verdient. Ich persönlich komme mir allerdings vor, als würde ich einem Alkoholiker eine Flasche Whiskey zustecken.»

Er lacht und legt auf. Sofort eile ich zum Blumengeschäft, um ihm einen Strauß Blumen zu kaufen. Anderthalb Jahre nach meinem Fiasko gibt er mir endlich eine neue Chance!

Kurz darauf arbeite ich wieder mit John, Robert und all den anderen Leuten, die ich noch so gut von der Arbeit am Buch her kenne, in dem vertrauten Gemeinschaftsbüro zusammen. Eines der Hauptthemen unserer ersten Ausgabe ist die Diskrepanz, die zwischen Andrews Thesen und der Advaita-Vedanta-Lehre besteht, also persönliche kontra unpersönliche Erleuchtung. So wie Andrew sich zuvor mit den Buddhisten auf Grund ihrer Selbstgerechtigkeit angelegt hatte, nimmt er es jetzt mit den Anhängern von Advaita-

Vedanta auf. Er stellt die Advaita-Lehre in Frage, da sie eine Menge Freiraum für menschlichen Verfall biete. Da die Persönlichkeit ja nicht real ist, kann man unter Advaita-Anhängern alles Mögliche durchgehen lassen, sowohl unmoralisches Verhalten als auch Selbstsucht, was für andere Leid bedeutet. Die Advaita-Leute sagen stets, wir seien nicht in der Lage, menschliches Handeln zu bewerten. Sie fragen: «Wer ist es, der da bewertet?» Bei seinen öffentlichen Auftritten und während der Sangha-Meetings wird Andrew nicht müde, sich darüber lustig zu machen. Er nennt es die «Advaita-Schiebung», mit deren Hilfe die Advaita-Lehre vom Einssein dazu missbraucht werde, alle möglichen Formen unethischen Verhaltens zu rechtfertigen. Für unsere erste Ausgabe schreibe ich den Leitartikel, worin ich das Thema kurz vorstelle und dann ein Resümee der einzelnen Artikel ziehe. Andrew steuert die Abschrift eines Tonbandmitschnitts seiner öffentlichen Diskussion mit Gangaji bei. Außerdem verfasse ich zusammen mit einem anderen Schüler einen Artikel, der auf der Grundlage dieses Mitschnitts dokumentieren soll, wie haarsträubend Gangajis Ansichten sind und wie widersinnig ihre «Advaita- Schiebung» ist.

Der Erstentwurf meines Leitartikels wird von Andrew und den anderen recht positiv aufgenommen. Sie sagen, er könne zu achtzig Prozent so stehen bleiben. Als ich dann jedoch meine überarbeitete Fassung vorlege, finden sie, ihre Verbesserungsvorschläge seien nicht zur Genüge berücksichtigt worden.

Es kommt zum vertrauten Szenario. Bei einem Meeting, das zu Hause bei Andrew stattfindet, sagt er zu mir: «Dein erster Entwurf war sehr gut, aber was du daraus gemacht hast, ist echt ätzend.» Ich muss schlucken. Schließlich habe ich tagelang an dem Text gefeilt. «Angesichts dessen, was in der Vergangenheit passiert ist», sagt er, «habe ich beschlossen, ab sofort kein Risiko mehr einzugehen.» Er lässt den Leitartikel von einem anderen Schüler zu Ende schreiben. Ich bin am Boden zerstört. Wieder einmal habe ich mich als unfähig erwiesen, mein Versprechen einzuhalten. Beschämt und enttäuscht fühle ich mich, aber auch wütend. All die starken Emotionen vom Vorjahr drängen wieder an die Oberfläche. All die Fragen, die ich in einen finsteren Winkel verbannt hatte, melden sich wieder zu Wort. Hat Andrew mich ein weiteres Mal nur benutzt? Alles in meinem Leben habe ich links liegen lassen, nur weil ich darauf erpicht war, ihm zu gefallen, mich ihm zu beweisen. Schätzt Andrew mich nur insofern, als meine intellektuellen Fähigkeiten ihm und seinen Projekten zugute kommen? Bin ich sein geliebter Schüler oder nur eine Art intellektuelle Prostituierte? Schwere Tage kommen, in denen ich mich mit den inneren Dämonen auseinander setze, die mit einem Mal wieder zum Vorschein gekommen sind. Ich muss meiner eigenen Unzuverlässigkeit die Stirn bieten, sagen sie. Ich muss Verantwortung übernehmen.

Obwohl ich mit meinem Leitartikel für die erste Ausgabe baden gegangen bin, bleibe ich noch bis 1994 im Redaktionsteam von *Was ist Erleuchtung?* Die Zeitschrift, zunächst nur ein achtseitiges Mitteilungsblatt, entwickelt sich in dieser Zeit zum farbigen Hochglanzmagazin, dessen Leserschaft stetig wächst. So ist es bis heute geblieben.

Im Anschluss an seinen Krieg gegen Poonja weitet Andrew seinen Kreuzzug auch auf die restliche spirituelle Szene aus, wo er die gleichen Verfallserscheinungen wahrnimmt. In seinem 1992 erscheinenden Buch *Autobiography of an Awakening* schildert er seinen Bruch mit Poonja und stellt sein Manifest für diesen Kreuzzug vor. Es ist eine messerscharfe Anklageschrift gegen nahezu sämtliche Gurus und spirituellen Lehrer unserer Tage.

Die Schlacht von Kathmandu

Anfang Januar 1992, kurz nach meiner Zeitungskrise, reisen wir erneut nach Bodh Gaya, wo Andrews Klausur nunmehr alljährlich stattfindet. Diesmal komme ich auch mit und sehe zum ersten Mal im Leben Indien. Das typische Dritte-Welt-Ambiente bedrückt mich sehr. Ständig werde ich von Bettlern belästigt; Leichname liegen einfach auf der Straße herum; die ganze Atmosphäre zeugt von einem entsetzlichen Chaos. Was aber gut zum Chaos passt, das in mir selbst herrscht. Unglücklich, ein Schatten meiner selbst, wandle ich durch die staubigen kleinen Straßen von Bodh Gaya und fühle mich gar nicht wohl in meiner Haut. Mein Versagen und meine daraus folgende Entlassung als Chefredakteur machen mir noch immer schwer zu schaffen. In der Gruppe niedrigeren Ranges, der ich jetzt zugehöre, sind wir ein sechsköpfiges Männerteam. Andrew verlangt von uns, nahezu täglich ein Meeting abzuhalten, und er gibt uns eine Vielzahl von Übungen auf, damit wir in Schwung kommen. Er will, dass wir endlich den Aufstieg in eine höhere Gruppe schaffen, doch immer wieder kommt er zu dem Schluss, wir seien noch nicht so weit. Ich bin einer der Schlechtesten. Ich strenge mich nicht an. Mein Selbstbewusstsein ist geschwunden. Ich fühle mich als Versager. Dann werde ich krank und muss mehrere Tage lang das Bett hüten. Dabei nehme ich etliche Pfunde ab. Als die Tage in Bodh Gaya vorüber sind, ähnle ich mehr einem Gespenst als einem Menschen.

Danach lehrt Andrew den ganzen Februar hindurch in Kathmandu. Er ist so unglücklich mit unserer Männergruppe, dass er uns eine dreiwöchige Klausur mit intensivster Schweigemeditation verordnet. Wir dürfen seine Lehrveranstaltungen nicht besuchen, müssen in völliger Abgeschiedenheit leben und dabei ein Intensivprogramm durchziehen. Tag für Tag meditieren wir drei Stunden lang, werfen uns tausendmal zu Boden, dann folgen wiederum drei Stunden Mantra-Meditation. Um halb fünf stehe ich auf und begebe mich mit den anderen in ein kleines Zimmer, wo wir im Kreis sitzen, um einen von Andrews Texten über «klare Zielvorstellungen» laut zu chanten. Danach kehre ich zurück auf mein Zimmer, um von fünf bis sechs Uhr zu meditieren. Zwischen sechs und halb acht vollführe ich fünfhundert Niederwerfungen nach tibetischer Art auf einem zwei Quadratmeter großen Pappkarton. An einer der Kanten dieses Pappkartons befestige ich ein Bild von Andrew, so dass ich immer, wenn ich voll ausgestreckt auf dem Bauch liege, in sein breites Lächeln und seine strahlenden Augen blicke. Danach wird rasch geduscht – Niederwerfungen sind ein äußerst anstrengendes Programm – dann frühstücken wir schweigend zusammen. Um halb zehn Uhr ist es Zeit für die Mantra-Meditation. In meinem Zimmer setze ich mich auf ein Meditationskissen und wiederhole 54-mal einen von Andrews Texten. Es stehen drei verschiedene Texte zur Auswahl. Einer davon ist das Kapitel «Stolz ist hinterhältig». Mit dem beschäftige ich mich gerade. Er zielt darauf ab, jegliches Gefühl abzutöten, ein Individuum zu sein, über eine unabhängige, eigenständige Existenz zu verfügen, denn dies sind die offensichtlichsten Hindernisse auf dem Weg zur Erleuchtung. Ich meditiere über folgende Zeilen:

«Stolz ist hinterhältig. Er ist der hinterhältigste Feind aller, die sich vorgenommen haben, in diesem Leben erleuchtet zu werden ...»

Das ist echte Kriegersprache. Hingebungsvoll wie ein Kreuzritter auf dem Schlachtfeld wiederhole ich diese Worte immer wieder und zücke das Schwert meiner Willenskraft vor diesem hundsgemeinen Feind. Der Text geht wie folgt weiter:

«Stolz kannst du mit allem gleichsetzen, was deinem Wissen nach das Ego kennzeichnet. Stolz und Ego sind ein und dasselbe ...»

Wenn Stolz und Ego dasselbe sind, dann muss der Stolz um jeden Preis vernichtet werden. Mein innigstes Verlangen nach Befreiung ist die Treibkraft, die mich am Ball hält. Meine eigenen Zweifel, meine gemischten Gefühle, die mich während der Rebirthing-Sitzungen bis an den Rand der Aufgabe brachten, sie sind jener Feind namens Stolz.

«Stolz hat eine äußerst hässliche Fratze. Stolz gedeiht auf der Vorstellung, du würdest etwas wissen. Wenn du glaubst, etwas zu wissen, dann hast du das Gefühl, etwas Besonderes zu sein, und wer sich für etwas Besonderes hält, der hält sich auch für etwas Eigenständiges ...»

Ja, genau, während ich an Andrews Buch arbeitete, hatte ich zweifelsohne das Gefühl, etwas zu wissen. In manchen Punkten glaubte ich sogar besser Bescheid zu wissen als Andrew. Dies also ist die hässliche Fratze in mir, die Andrew erkannt hat. Ich halte mich für besser als den Rest, und deshalb handle ich eigenständig und begehe Verrat an jenem Einssein, das wir alle erfahren durften und das die Basis unseres Zusammenlebens ist.

«Der Gedanke, anderen überlegen zu sein oder besser zu sein als sie, wird dir den Weg versperren zu dem, was du dir angeblich am meisten wünschst ...»

So wird der Gedanke, etwas zu wissen, mich also an der wahren Freiheit hindern. Und ich trage sogar noch bei zu dem schrecklichen Chaos aus Gewalt und Aggression, dem ich in der Welt begegne. Und das alles nur, weil ich darauf beharre, alles besser zu wissen, anstatt einfach nachzugeben und demütig zu sein.

«Selbst für jene, die bereits erleuchtet sind, ist Stolz eine schwer zu überwindende Barriere auf dem Weg zur Vollkommenheit ...»

Dies ist der Grund, um dessentwillen Andrew sich mit Poonja entzweite. Selbst ein großer Erleuchteter wie Poonja ist dagegen nicht gefeit.

Von zwölf bis zwei Uhr sitzen wir zusammen und essen schweigend zu Mittag. Von zwei bis drei Uhr meditiere ich eine weitere Stunde lang in meinem Zimmer. Dann ist es erneut an der Zeit für fünfhundert Niederwerfungen. Von fünf bis halb sechs Uhr ist Teepause. Schweigend nippen wir an unseren Tassen, dann folgt eine weitere Stunde Meditation. Danach Abendessen, ebenfalls schweigend, dann wieder eine Stunde Meditation. Um zehn Uhr endlich beschließen wir den Tag in unserem kleinen Gemeinschaftsraum, indem wir aufs Neue einen von Andrews inspirierenden und erquickenden Texten chanten.

In jenem kleinen Zimmer in Kathmandu finde ich jede Menge Zeit, auch ganz privat in mich zu gehen. Was tue ich eigentlich? Mein Aufstieg und Fall in der Zeitungsredaktion hat mich schwer verletzt. Es war so etwas wie die verkleinerte Wiederkehr dessen, was mir bei der Arbeit am Buch widerfahren ist, und das hat alte Wunden wieder aufgerissen. All die Verletzungen und Demütigungen, all der Ärger kocht wieder hoch. Tausendmal am Tag werfe ich mich auf meiner Pappe nieder. Und jedes Mal, wenn ich am Boden liege, sehe ich in Andrews Gesicht, in sein jungenhaftes Grinsen, seinen unschuldigen Blick. Wer ist dieser Mann? Ist er ein Heiliger oder ein

Monster? Warum liebe ich ihn? Warum sehne ich mich nach nichts auf der Welt so sehr wie nach seiner Liebe und seinem Wohlwollen? Spiele ich für Andrew überhaupt eine Rolle? Ist es diese ganze Sache denn wert? Wäre es nicht besser, mit meinem Leben etwas anderes anzufangen? Unaussprechliche Gedanken, über die ich mit anderen nicht diskutieren kann. Doch hinter den sicheren Wänden meines kleinen Zimmers, wo keiner mich nervt oder unter Druck setzt, reise ich oftmals in Gedanken zurück nach Amsterdam, um dort mein eigenes Leben zu führen, ein Leben als Schriftsteller und Philosoph. Ich könnte Andrews Sache ja trotzdem weiter unterstützen, könnte zum Beispiel Artikel und Bücher über ihn schreiben. Ich könnte einerseits mein Leben wieder in die eigenen Hände nehmen und andererseits weiterhin Andrews Respekt und Wohlwollen genießen. Ich könnte mein Stück Kuchen aufessen und es trotzdem vor mir auf dem Teller liegen haben.

Am vorletzten Tag, der mir noch bleibt, erreicht meine Auflehnung ihren Siedepunkt. Nein, ich mag in Andrews Schachspiel nicht mehr Bauer sein, nicht mehr Frontsoldat in seinem heiligen Krieg. Ich beschließe, die längste Zeit Andrews Schüler gewesen zu sein, und male mir ein Leben aus, bei dem ich selbst entscheiden kann, wie ich es führe, was ich denke, woran ich glaube und woran nicht. Ich plane, noch am selben Tag mit Andrew zu sprechen und ihm meinen Ausstieg bekannt zu geben. Doch den Gesprächstermin, den ich mit ihm vereinbare, sagt er wenig später ab.

Als ich mich am nächsten Tag wiederum pausenlos niederwerfe, wird mir klar, dass ich im Grunde noch immer davon überzeugt bin, dass es die Absolutheit ist, die mir da aus seinen Augen entgegenstrahlt. Irgendetwas geht von ihm aus, das mit dem Verstand nicht zu erfassen ist. Und letzten Endes ist dies für mich noch immer der entscheidende Punkt. Ich stehe bei diesem revolutionären Unterfangen auf Andrews Seite. Ich bin froh, dass ich meinen unüberlegten Entschluss vom Vortag nicht bekannt geben konnte. Ich schreibe Andrew einen Liebesbrief und erkläre ihm, er sei mein guter Hirte, der mich weidet auf grüner Aue. Gerade noch rechtzeitig ist es mir gelungen, die kritische Stimme des Zweifels in mir zum Verstummen zu bringen, und inzwischen versuche ich, sie zu überbrüllen, so laut es nur geht.

5
Gina

Eine Liebesbeziehung – das ist nichts weiter als zwei Egos, die sich gegenseitig anbeten.
Andrew Cohen

Von Anfang an war Andrews Lehre eine gewisse Abneigung der Sexualität und sexuellen Beziehungen gegenüber eigen. Andrew selbst ist verheiratet, etliche seiner Schüler ebenfalls, doch bislang ist es nur selten geschehen, dass Schüler untereinander eine neue Beziehung eingegangen wären, während es andererseits durchaus vorkam, dass bereits bestehende Paare sich trennten, weil sie der Erleuchtung den Vorrang einräumen wollten und glaubten, ihr gegenseitiges Verhaftetsein stelle dabei ein Hindernis dar. Dass unsere Revolution uns zu diesem Schritt nötigte, schien eine ganz natürliche, wenn oft auch schmerzliche Entwicklung zu sein, doch im Januar 1993, während einer neuerlichen Klausur in Bodh Gaya, wandeln sich Andrews Ansichten.

Sexualität und unpersönliche Liebe

Eines Tages, während ich mit einigen anderen in der Eingangshalle des Touristenbungalows sitze, in dem wir gemeinsam mit Andrew wohnen, sehen wir die weiblichen Schüler hintereinander die Treppe herunterkommen, stumm und mit gesenktem Haupt. Oben im zweiten Stock ist Andrews Unterkunft. Dies kann nur eins bedeuten: Die Frauen kommen von einem Meeting mit ihm. Und ihren Gesichtern nach zu schließen keinem sehr angenehmen. Nach und nach erfahre ich, was sich oben zugetragen hat. Andrew hatte sämtliche weiblichen Schüler zu sich gerufen, um sie darüber auszufragen, wie sie es mit der Sexualität hielten. Er ist der Meinung, sie würden sexueller Betätigung aus dem Weg gehen und sie für unspirituell halten. Das müsse sich ändern. Andrew wünscht sich, dass es häufiger zu sexuellen Beziehungen innerhalb des Sangha kommt. Bei einem späteren Sangha-Meeting erläutert er seinen Standpunkt:

«Sexualität ist eine unpersönliche Kraft, und sie ist ein fester Bestandteil des menschlichen Daseins. Keine Sache, um die man einen Bogen machen sollte. Natürlich bewerte ich es positiv, wenn manche es vorziehen, enthaltsam zu leben, um ihr Verhältnis zur Sexualität zu entkrampfen. Das ist aber kein Muss. Eine sexuelle Beziehung aktiv auszuleben kann auch eine gute Methode sein, mehr über Sexualität zu lernen.»

Miriam hebt die Hand.

«Aber wenn Sexualität eine unpersönliche Kraft ist, wie können wir dann eine sexuelle Beziehung zu einer ganz bestimmten Person eingehen? Wodurch werden unsere sexuellen Vorlieben dann bestimmt?»

Andrew zuckt mit den Schultern.

«In gewisser Weise spielt es keine Rolle, mit wem ihr eine Beziehung eingeht. Ihr müsst zwar auf persönlicher Ebene zusammenpassen, aber im Prinzip glaube ich, dass innerhalb des Sangha genügend Nähe vorhanden ist, so dass tatsächlich jeder mit jedem Beliebigen eine sexuelle Beziehung eingehen könnte.»

«Dann hat Sexualität aber nichts mit dem zu tun, was man sich normalerweise unter einer Liebesbeziehung vorstellt?»

«Richtig. Liebesbeziehungen, das sind nur Illusionen – nur zwei Egos, die sich gegenseitig anbeten. Das ist etwas völlig anderes als eine reife sexuelle Beziehung aus unpersönlichem Blickwinkel.

Wenn ihr euch im Klaren darüber seid, dass Sex nicht die wichtigste Sache der Welt ist, wird euer Augenmerk auch nicht fortwährend auf eure Beziehung gerichtet sein. Sex steht nicht an erster, sondern vielleicht an fünfter oder sechster Stelle.»

«Aber zum Sex gehört doch wohl eine monogame Beziehung?»

«Ja, ich glaube nicht an Promiskuität. Es geht darum, die absolute Wirklichkeit zu manifestieren, und das ist etwas zutiefst Moralisches. Aber wie sieht's eigentlich mit dir aus? Hast du eine bestimmte Person im Sinn?»

Die Frage kommt so direkt, dass Miriam verblüfft reagiert. Sie errötet.

«Nein, eigentlich nicht ...»

«Das klingt nicht sehr überzeugend. Bist du dir da ganz sicher?»

«Ja, eigentlich schon, aber ...»

«Aber?»

«Es ist niemand, den ich besonders gut kenne.»

Andrew blickt sie an und ich warte förmlich darauf, dass er sie hier, vor allen Leuten fragt, um wen es sich handelt. Dann jedoch scheint ihm einzufallen, dass dies zu Komplikationen führen könnte, und er sagt nur: «Okay, wir können ja ein andermal darüber sprechen.»

Drei Tage später verkünden Miriam und Mick, dass sie eine Beziehung zueinander haben. Sie fahren für drei Tage in die «Flitterwochen» nach Varanasi. Wir staunen. Mick war es also. Verschiedene Leute bestätigen, dass Miriam und Mick sich tatsächlich kaum kennen. Dies scheint jedoch kein Hindernis zu sein. Drei Tage später geben Harry und Sophia ihre Beziehung bekannt. Auch sie fahren für drei Tage in die «Flitterwochen». Ein paar Tage später verkündet Robert, dass er nun mit Rudra zusammen ist, die ebenfalls zu Andrews engerem Schülerkreis gehört.

Ich weiß nicht, was ich von all dem halten soll. Diese «Von null auf hundert»-Methode wirkt auf mich ziemlich radikal. Ich versuche mir vorzustellen, wie es wäre, mit jemandem von heute auf morgen eine Beziehung einzugehen, ohne das übliche Werben, ohne zu flirten, sondern – in geradezu altmodischer Manier – wie eine vorbestimmte Heirat.

Natürlich hat der Sangha jetzt sein Thema Nummer eins. Wer ist als Nächster dran, und mit wem? Jeder weiß zwar, dass Andrew der Drahtzieher hinter den neuen Beziehungen ist oder dass zumindest keine Bindung ohne sein Einverständnis zustande kommt. Trotzdem spekulieren wir ständig herum, wer sich wohl für wen entscheiden wird. Bei mir weiß ich es. Es ist Gina.

Verliebt

Als Gina im Januar 1990 die Gemeinschaft verlassen hatte, war ich so sehr in mein glorreiches Buchprojekt vertieft, dass ich kaum Zeit fand, mich damit zu beschäftigen. Als ich jedoch einige Monate später in den Abwärtssog geriet und in Mill Valley im Gartenhäuschen landete, wo ich massenhaft Zeit zum Nachdenken fand, musste ich wieder an sie denken. Ich hatte sie so unpersönlich behandelt, so herablassend, ich war so kalt und gefühllos gewesen, ein kleiner ehrgeiziger Emporkömmling eben. Natürlich war sie in mich verliebt gewesen, nur eben unfähig, es zuzugeben. Ich hätte ihr helfen können, wenn ich nicht so sehr darauf bedacht gewesen wäre, was andere von mir dachten. Ich hätte ganz ehrlich zu meinen Gefühlen stehen können, ob das meinem Aufstieg nun zuträglich gewesen wäre oder nicht.

Ich spürte, dass ich Gina einfach im Stich gelassen hatte. Ich schrieb ihr einen Brief, um alles zu erklären. Aus ihrer Antwort sprachen Dankbarkeit und Erleichterung, und sie schrieb mir auch, dass sie vorhabe, wieder in den Sangha zurückzukehren. Im Januar 1991 war sie mit in der Klausur von Bodh Gaya gewesen und pflegte mit Andrew wieder einen so intensiven Kontakt, dass er sie einlud, nach Marin zurückzukehren. Im Frühling 1991, in einer Zeit, in der ich mich noch immer im Zustand der Ungnade befand, wurde Gina wieder in den Sangha aufgenommen. In den Jahren 1991 und 1992 waren unsere Positionen im Vergleich zu früher genau entgegengesetzt. Gina war ein von allen respektiertes Mitglied der Gemeinschaft, während ich mich irgendwo in den Niederungen abstrampelte. Nach meinen Kämpfen in Kathmandu gelang es mir dann, Stück für Stück wieder nach oben zu kraxeln. Und jetzt, im Januar 1993, zählen wir beide zur Oberschicht des Sangha. Ob es jetzt möglich ist ...?

Ich lasse mir Zeit. Bespreche die Sache mit meinen Hausgenossen. Ein paarmal gehe ich mit Gina Kaffee trinken. Keiner von uns spricht die Vergangenheit an, die natürlich trotzdem wie eine dunkle Wolke über unseren Köpfen hängt. Im April wage ich es. In einem Brief informiere ich Andrew über meine Absicht, Gina zu fragen, ob sie eine Beziehung mit mir eingehen möchte. Was er wohl sagen wird? Dummerweise ist Andrew für drei Wochen nach Boulder gefahren, und ich werde erst mit ihm reden können, wenn er wieder zurück ist. Auch Gina ist mit nach Boulder gefahren, um bei den Vorbereitungen zu helfen, was mir wenigstens die Qual erspart, ganz neutral mit ihr umgehen zu müssen, während ich innerlich total aufgerieben bin.

Als Andrew aus Boulder zurückkehrt, führen wir in einem kleinen Zimmer hinter dem Satsang-Saal ein Gespräch. Er sagt, er habe keine Einwände. Aufgewühlt verlasse ich den Raum. Nun wird also alles wahr. Ich fahre nach Hause und kann es nicht mehr erwarten. Ich rufe Gina an. «Hast du Lust, morgen einen Kaffee mit mir zu trinken?», frage ich beiläufig. So beiläufig eben, wie eine solche Frage um halb zwei Uhr morgens klingen kann. «Ja, okay», sagt Gina, von meinem Vorschlag anscheinend kaum überrascht. Am nächsten Tag trinken wir zusammen Kaffee, und ich platze mit der großen Frage heraus. Sie ist verblüfft. Dass ich es so unverhohlen ausspreche, hätte sie nicht erwartet.

«Es geht dir aber nicht darum, das Vergangene wieder gutzumachen, oder?», fragt sie mich.

Ich beteuere, dass es damit wirklich nichts zu tun habe. Sie erbittet sich Bedenkzeit. Die gewähre ich ihr, und für mich beginnt eine nervöse Warterei. Drei Tage lang denkt sie darüber nach, dann sitzen wir uns im gleichen Café erneut gegenüber. Sie sagt, «Ja». Mir hüpft das Herz im Leib. Wir blicken einander an. Jetzt sind wir also ein Paar. Und nun? Erstmal Blumen kaufen für Andrew. Gute Idee. Also ab zum Blumenladen nach Sausalito. Dann unsere Leute in dem Sangha anrufen, um ihnen die frohe Botschaft zu verkünden. Dann die Blumen bei Andrew abliefern. Danach erfahren wir von unseren Hausgenossen, dass sie ein gemeinsames Dinner für beide Wohngemeinschaften in San Rafael organisiert haben. Okay. Wir sind beide ganz benommen, alles geht so rasant. Mir wird bewusst, dass wir uns noch nicht einmal geküsst haben. Während des Dinners halten unsere Freunde Tischreden. Fast wie bei einem Hochzeitsmahl. Unsere Hausgemeinschaften übernehmen die Rolle unserer Familien, die voller Stolz zur Kenntnis nehmen, wie ihr Sohn und ihre Tochter in den Hafen der Ehe einlaufen. Dieser Eindruck verstärkt sich noch, als man uns zum Schluss des Dinners ein Geschenk überreicht. Eine Nacht zu zweit in einem Hotel in Larkspur! Schockiert blicken wir einander an. Eigentlich hatten wir vorgehabt, einfach nur nach Hause zu fahren und ein Tässchen Tee zu trinken. Nun aber wird uns nach und nach klar, dass dies unsere Hochzeitsnacht sein wird und dass dabei auch Sex auf dem Programm steht. Diskret händigt man uns ein Toilettentäschchen aus, das Kondome und ähnliche Dinge von unschätzbarem Wert enthält. Eine gut durchorganisierte Sache! Wer hat das alles arrangiert?

Alle winken uns hinterher, als wir im Auto sitzen und zum Hotel abfahren. Wir wagen es kaum, einander anzusehen. Auf dem Hotelparkplatz stellt Gina den Motor ab. Schweigen. Keiner von uns macht Anstalten, aus dem Auto zu steigen. Was kommt als Nächstes? Behutsam greife ich nach Ginas Hand. Sie sträubt sich nicht, sieht mich an. Alte Erinnerungen werden wach. Langsam, ganz langsam werden wir zärtlich miteinander. Wir kriegen das schon gebacken – da bin ich mir ganz sicher.

Gina und ich machen drei Tage lang «Flitterwochen», verliebt bis über beide Ohren. Eine der glücklichsten Zeiten meines Lebens. Beide schweben wir einen halben Meter über dem Boden.

Doch sobald wir zurück in der Gemeinschaft sind, lässt Andrew uns eine Nachricht zukommen. Er ist verärgert, weil wir ihm nicht geschrieben haben, wie es sich denn so gemeinsam lebt. Auf unsanfte Weise werden wir daran erinnert, dass es sich ja nicht um eine «persönliche» Beziehung samt aller dazugehörigen romantischen Illusionen handelt, sondern um eine Beziehung, die einzig und allein durch Andrews Gnaden möglich ist und nicht zu trennen ist von seiner Gemeinschaft.

Gina zieht zu mir ins Sangha-Haus. Wir haben ein Zimmer für uns allein, doch abgesehen davon müssen wir einsehen, dass unsere Beziehung nichts Privates, nichts Spezielles beinhaltet. Wir blühen auf. Eine zuvor nie gekannte Nähe und Vertrautheit baut sich zwischen uns auf. Und auch innerhalb der Gemeinschaft läuft bei mir alles blendend. Andrew bittet mich, Mitschriften für sein neues Buch zu sammeln. Ich werde zum Chef der redaktionellen Abteilung des Sangha, koordiniere die Arbeit der Abschreiber und zeichne verantwortlich für die Texte von Flugblättern und Broschüren. Dass ich eine solche Spitzenposition innerhalb der Gemeinschaft bekleiden darf, verleiht mir ein mächtiges Erfolgsbewusstsein. Außerdem dient es mir als Bestätigung dafür, dass Andrews Lehre ihre Wirkung zeitigt. Ich spüre, dass ich meine Dämonen vernichtet habe und nun endlich in der Lage bin, Andrews Lehre im täglichen Leben umzusetzen. Nun bin ich froh darüber, dass ich mich während meiner Krise mit Andrews Buch nicht habe unterkriegen lassen und nicht ausgestiegen bin.

Im Januar 1994 fahren wir wiederum alle nach Bodh Gaya. Für mich wird es eine großartige Erfahrung. Nach meinen Höllentagen im Jahr 1992 gelingt es mir inzwischen tatsächlich, Gefallen an Bodh Gaya zu finden. Ich spüre den Draht zu Andrew und seiner Botschaft. Und besonders großartig ist es, dass ich zusammen mit Gina hier sein kann. Wir fühlen uns beide sehr wohl; und Gerüchte werden laut, wir sollen zusammen nach Europa geschickt werden, um dort eines der neuen Zentren zu leiten. Das krasse Gegenteil zu meinen Kathmandu-Qualen vor zwei Jahren.

Andrew rät in seinen Vorträgen, sich hinzusetzen und zu meditieren, den Geist zur Ruhe kommen und sich hinuntersinken zu lassen bis zum Grund allen Seins. In seiner besonderen Art, darüber zu sprechen, steckt eine Menge Kraft. Mehrmals täglich treffen wir uns zu einer Meditationsrunde; einige hundert Leute sitzen dann mit geschlossenen Augen im Schneidersitz in einem großen Zelt. Die Erfahrung des Grundes allen Seins wird hier zum handfesten Erlebnis, an dem jeder teilhaben kann. Andrew spricht von der Essenz des Lebens als einer positiven Kraft, einem großen «Ja». Im Kern des Lebens gibt es im Grunde genommen keine Probleme mehr. Bei der Meditation versenken wir uns tief in diese Erfahrung. Sie stattet uns aus mit der Kraft, sich dem täglichen Leben zu stellen, das ja allem Anschein nach gerüttelt voll ist mit Problemen.

Nach der Zeit in Bodh Gaya fahren wir zusammen mit einer kleinen Gruppe zu einem zehntägigen Urlaub an die thailändische Küste. Dort ist es paradiesisch. All meine Zweifel sind vergessen. Ich habe eine Superbeziehung, verrichte meine redaktionelle Arbeit mit Liebe, und leiste einen gewichtigen Beitrag zu Andrews spiritueller Mission. Mein Leben hat wieder Sinn, hat eine Bestimmung. Was will ich mehr?

Gina geht nach Amsterdam

Als ich im März 1994 von unserer alljährlichen Asienreise zurückkomme, wartet in Marin eine Vielzahl von Aufgaben und Pflichten auf mich. Ich arbeite mit an der Zeitschrift *Was ist Erleuchtung?*, außerdem trage ich Material für ein neues Buch zusammen. Alles stürmt in einem solchen Tempo auf mich ein, dass ich leicht aus der Spur gerate. Beim Männer-Meeting muss ich mir sagen lassen, ich ließe mich von meinen Stress- und Angstgefühlen zu sehr ablenken.

Dann ruft Andrew den gesamten Sangha zu einem Meeting zusammen. Seit fünf Jahren sind wir nun in Marin, ohne dass unsere Gemeinschaft spürbar größer geworden wäre. Andrews Vorträge stoßen zwar oft auf das Interesse von Leuten aus dem Ort, keiner jedoch verspürt im Grunde das Bedürfnis, dem Sangha beizutreten. Deshalb ist vielleicht Europa die richtige Wahl für unsere Revolution. 1993 wurden Robert und Mick nach London geschickt, um dort ein Zentrum zu errichten. Es kommt zur Gründung einer Organisation mit dem Namen «Friends of Andrew Cohen in Europe», kurz FACE genannt. Auch in Amsterdam entsteht unter der Leitung einiger Laienstudenten ein Zentrum. Gina und ich waren bereits im Sommer 1993 dort, um Andrews Vortragsreise auszurichten.

Hinzu kommt noch, dass manche Leute, die sich um einen Beitritt in den Sangha bewerben, abgewiesen werden, weil sie dem hohen Verhaltensstandard des Sangha nicht genügen. Um dieser Situation beizukommen, hat Andrew das «Programm für Wahlschüler» ins Leben gerufen. Es richtet sich an Leute, die sich von seinen Lehren zwar angesprochen fühlen, aber glauben, sie wären noch nicht reif für einen Beitritt. Das Programm enthält die Anweisung, sich täglich ein oder zwei Stunden lang der Meditation zu widmen und mit anderen Wahlschülern zusammenzuleben. Diese Schüler sind noch nicht an die hohen Verhaltensmaßstäbe des Sangha gebunden. Seit das Programm vor ein paar Monaten eingeführt wurde, sind etwa vierzig Leute zu Wahlschülern geworden.

Auf Grund dieser neuen Entwicklungen verändert sich die Zielsetzung des Sangha. Es werden mehr Führungskräfte benötigt, nicht nur um das Programm für Wahlschüler in Marin zu leiten, sondern auch um bei der Expansion nach Europa mitzuwirken. Der Sangha in Marin soll dabei als eine Art Drilllager zur Ausbildung solcher Führungskräfte dienen. Andrew kündigt an, er wolle den Sangha in den nächsten Monaten in zwei Gruppen aufteilen: Wer sich zur selbständigen Führungskraft eignet, kommt zu den Pflichtschülern, alle anderen sollen sich den Wahlschülern anschließen.

Wie nach solchen Meetings üblich folgt eine Zeit vermehrter Aktivität und wachsender Rücksichtslosigkeit. Jeder will auf einen höheren Gang umschalten und damit beweisen, dass er Andrews Herausforderungen gewachsen ist. Gina und ich sind als Führungskräfte für das Zentrum in Amsterdam im Gespräch und haben nun unsere Eignung als Führungskräfte unter Beweis zu stellen. Gina macht sich dabei recht gut. Sie entwickelt sich innerhalb der Frauengruppen zur Leitfigur. Ich hingegen gerate in einen Sog frei flottierender Ängste, und mich beutelt das beklemmende Gefühl eines bevorstehenden Unheils. An meinem Geburtstag nimmt Gina mich mit zu einer Spritztour nach San Francisco. Sie ist ein einziges Energiebündel, beflügelt vom Ideal unpersönlicher Erleuchtung und unpersönlicher Weltsicht. Mich jedoch umgibt auf Schritt und Tritt eine Wolke aus Angst und quälenden Gedanken.

Am nächsten Tag erhält Gina eine Nachricht von Andrew. Er möchte, dass sie binnen drei Wochen nach Amsterdam geht, um dort gemeinsam mit Harry das Zentrum zu leiten. Ich kann sie nicht begleiten; Andrew meint, ich wäre noch nicht reif für eine Führungsrolle. Vielleicht aber könne ich in ein paar Monaten nachkommen, vorausgesetzt ich werde mich bewähren. Ich bin wie vor den Kopf gestoßen. Weiß nicht, was ich denken oder fühlen soll. Soll ich nun begeistert sein von der Chance, die Gina hier geboten wird, mich freuen über ihre ehrenhafte Promotion? Soll ich beeindruckt sein von Andrews psychologischem Scharfblick und seinen gewagten und innovativen Plänen? Oder eher wütend auf Grund der Tatsache, dass er meine Freundin nach Amsterdam schickt, ohne mir vorher auch nur Bescheid zu sagen? Aus Andrews Lehre von der unpersönlichen Erleuchtung geht eindeutig hervor, dass unsere persönlichen Vorstellungen, also alles, was wir persönlich denken und empfinden, stets dem großen Ganzen unterzuordnen sind.

Ich stehe Höllenqualen aus. Ich finde Andrews Revolution aufregend und möchte sie mit all meinen Kräften unterstützen. Ich möchte die Lehre vom Unpersönlichen in meinem Leben umsetzen, möchte mich läutern von jeglicher Selbstsucht. Ich weiß, dass die Revolution uns allen große Opfer abverlangt und dass wir unserem Verlangen nach einem Privatleben abzuschwören haben. Dass es um etwas weit Größeres geht als um unsere popeligen kleinen Wünsche.

Und dennoch bin ich auch ärgerlich. Nicht mal so sehr deswegen, weil er Gina ohne mich nach Amsterdam schicken will, sondern wegen seiner Vorgehensweise. Hätte Andrew sich mit uns beiden zusammengesetzt und beraten, wäre alles halb so schlimm gewesen. Alte Zweifel drängen wieder ans Licht. Was hat Andrew zu diesem Entschluss bewogen? Will er mir einen Denkzettel verpassen? Oder hat es mit mir gar nichts zu tun? Sucht er einfach nur nach einer Person, die er in Amsterdam gut gebrauchen kann? Auf mich wirkt Andrews Entscheidung unaufrichtig, aber womöglich ist es nur mein Verhaftetsein, das da aus mir spricht? Kann ich meiner eigenen Intuition vertrauen? Meine Zweifel erfüllen mich mit Angst. Ich möchte die Büchse der Pandora jetzt nicht öffnen. Vielleicht bin ich nur nicht willens, gemäß Andrews Lehren zu leben. Vielleicht möchte ich mein Ego einfach nicht kleinkriegen lassen. Vielleicht will ich eben mein eigenes persönliches Leben leben. Doch meinen festen Glauben an Andrew und seine Lehre, den will ich nicht ins Wanken geraten lassen. Verzweifelt bemühe ich mich darum, weiterhin zu glauben.

Meine inneren Qualen lähmen mich. Aber ich kann es mir nicht leisten, wie gelähmt zu sein. Ich muss irgendwie reagieren. Andrew wird gespannt sein, wie ich diese Neuigkeiten aufnehme, und meine Reaktion wird entlarven, wo ich stehe. Deshalb setze ich rasch eine Nachricht an Andrew auf und gebe sie telefonisch im Büro der Gemeinschaft durch. Sie handelt davon, wie aufregend ich es finde, dass Gina nach Amsterdam darf, und dass ich mich freue, bald nachfolgen zu dürfen.

Im Büro hat gerade Harry Telefondienst, und er lauscht meiner Nachricht mit großem Einverständnis. Beim letzten Satz jedoch, in dem es um mein baldiges Nachfolgen geht, sagt er: «Na, versteif dich da mal nicht drauf.»

Als guter Schüler habe ich nach außen hin meine Wertschätzung und meine Begeisterung für Andrews Pläne zum Ausdruck gebracht, doch innerlich bin ich stinksauer. Ich glaube, Andrew treibe da mit mir ein übles Spielchen. Und ich habe das Gefühl, seine indirekte Botschaft an mich laute: «Wenn du deine Freundin behalten willst, dann überwinde erst mal deine Unsicherheit und Angst und entwickle dich zur Führungspersönlichkeit; dann darfst du ebenfalls nach Amsterdam.»

In den drei Wochen, die mir mit Gina verbleiben, versuche ich mich zusammenzureißen. Am Abend vor ihrer Abreise nach Amsterdam steigt eine Party. Man überreicht ihr Geschenke und hält Reden. Mit gebrochenem Herzen sitze ich im Kreis der anderen Gemeinschaftsmitglieder. Doch ich darf meine Gefühle nicht zeigen, denn das hieße, definitiv kein unpersönliches Verhältnis zu meinen Emotionen zu haben und dadurch jede Chance zu verspielen, ebenfalls nach Amsterdam gesandt zu werden. Also wahre ich den schönen Schein und kann mich sogar dazu überwinden, einen Toast auf Gina auszusprechen. Das Lächeln in meinem Gesicht fühlt sich an wie ein gefrorenes Grinsen. Am nächsten Tag bringe ich sie zum Flughafen. Wir weinen beide, als wüssten wir tief im Herzen, dass dies ein Abschied für lange ist. Mir ist, als würde ich meine Freundin an die Revolution verlieren. Auf der Rückfahrt im Auto spüre ich erst, wie wütend ich bin. Andrew hält alle Karten in der Hand. Mir bleibt nichts übrig, als nach seinen Regeln zu spielen.

Während der folgenden Monate tue ich mein Bestes, um zu zeigen, welch großer Führer in mir steckt. Mein innerer Konflikt jedoch bleibt ungelöst. Und wird äußerlich sichtbar. Wiederholt sagen mir andere, sie hätten das Gefühl, ich wäre nicht mit ganzem Herzen bei der Gemeinschaft. Da könnten sie schon Recht haben. In mir regt sich eine revolutionäre Ader.

Bei der Arbeit an der Zeitschrift kommt es bei mir - ähnlich wie schon beim Buch – zu einer Art Selbstsabotage. Es gelingt mir, Dinge zu vergessen, bei denen Andrew sprichwörtlich die Wände hochgeht. All meine Bemühungen wirken gezwungen, unwirklich. Und je stärker der Druck wird, sich zu ändern, mehr zu geben, engagierter zu sein, umso störrischer werde ich. In meinen aufmüpfigsten Momenten sage ich mir: Okay, meine Zeit, meine Arbeitskraft, das können sie haben, aber mein Herz, das kriegen sie nicht. Gina hofft, dass man mich auch nach Amsterdam schickt, doch je verbissener ich mich darum bemühe, mein Führungspotential unter Beweis zu stellen, umso deutlicher wird allen, wie vermessen das Ganze ist.

Schließlich, während eines Sangha-Meetings, werde ich wegen meiner emotionalen Unausgeglichenheit von Andrew gescholten. «Emotional gesehen bist du ein hoffnungsloser Fall», sagt er. «Unglaublich schwach. Wie soll ich dich da nach Amsterdam schicken? Wie willst du dort je eine Führungsposition übernehmen? Die hätten dich alle im Nu durchschaut.» Ich nicke. Fühle mich gedemütigt und unterlegen. Andrew redet weiter.

«Du bist so intelligent», sagt er, «und davon würde ich ja auch gern Gebrauch machen. Doch wegen deiner emotionalen Unausgeglichenheit geht das nicht. Das ist so was von frustrierend.»

Wieder nicke ich und sage nichts. Er weiß doch wohl genau, dass ich wütend auf ihn bin? Das Einzige, was ihn an mir interessiert, scheint die Frage zu sein, wieweit er meine Fähigkeiten für seine Projekte nutzbar machen kann. Ich fühle mich ausgenutzt.

Johns Abgang

Während ich voll mit Kämpfen beschäftigt bin, erreicht uns eine weitere verstörende Nachricht. John, Andrews bestem Schüler, seiner rechten Hand und seinem Freund, soll es gar nicht gut gehen. Andrew empfindet ihn als unreif und arrogant. Er sei nicht sein eigener Herr, keine Führungspersönlichkeit, heißt es über ihn. Zwar versuche er, den Verhaltensmustern eines Führers nach Kräften nachzueifern, dahinter stecke aber nicht ausreichend echte Substanz.

Dennoch stellt sich mein innerer Begleiter, jener Zweifel, den ich seit der Sache mit dem Buch nie wieder richtig losgeworden bin, die Frage, wie man wohl sein eigener Herr werden soll, wenn man als rechte Hand eines so dominanten Führers wie Andrew fungiert. «Sein eigener Herr werden», bedeutet das denn nicht, eine eigenständige Persönlichkeit zu entwickeln? Und ist so etwas nicht nur dann möglich, wenn man seine eigenen Entscheidungen treffen und seine eigenen Fehler machen darf? Wenn dir aber jede Entscheidung, jeder Entschluss nach den Maßstäben der «unpersönlichen Sichtweise», sprich: nach den Regeln, die Andrew aufgestellt hat, vorgeschrieben wird, dann – so sagt mir mein Zweifel – kann man wohl bestenfalls zu einem nützlichen Vollstrecker werden, nie aber zu seinem eigenen Herrn.

Noch heftiger ringe ich mit meinen Zweifeln, als ich erfahre, dass der einzige Mann, der scheinbar befreit war von dem Gesetz, mit dem wir hier früher oder später alle zu tun bekommen, nun selbst ein Gefallener ist. Andrew übt einen wahnsinnigen Druck auf John aus, und John reagiert nicht, übersteht das nicht.

«Freud sagte, wir alle machen unsere Sache so gut wir können», sagt Andrew eines Abends beim Satsang. «Doch meiner Lehre nach ist das nicht gut genug.» Er blickt John an, der in der Ecke sitzt. «Nicht wahr, John?»

Als wir aus Asien zurückgekommen waren, hatte ich mit John an der Zeitschrift gearbeitet. Er wirkte anders als sonst, zurückhaltend und sanft, ein Schatten von dem, was er früher war, ein Mann ohne Selbstvertrauen. Manche behaupteten, der Retreat in Asien habe ihn verändert, demütiger gemacht. Ich sehe das anders. Ich hatte es mit einem Mann zu tun, der sich selbst nicht mehr über den Weg traute.

Nach dem Sangha-Meeting nimmt das Drama mit John seinen Lauf. Schon bald ist er nirgendwo mehr anzutreffen. Er arbeitet auch nicht mehr an der Zeitschrift mit. Fehlt beim Satsang. Erscheint nicht zur Meditation. Nur wenige Leute wissen, dass er in Klausur gegangen ist, in ein Haus irgendwo in Corte Madera. Tag für Tag meditiert er dort für Stunden, versucht sich den Dingen zu stellen, seinen Widerstand zu überwinden und seinem Stolz die Stirn zu bieten. Robert oder Andrew besuchen ihn täglich. Flehen ihn an, brüllen ihn nieder, versuchen alles Mögliche, um ihn zu einer Reaktion zu bewegen. Aber John steht es nicht durch. Er ist starr geworden, ein Gefangener seines Stolzes, so berichtet man uns. Und dass wir etwas über ihn erfahren, wird immer seltener. Mir kommt zu Ohren, Andrew habe ihn für eine Woche auf eine griechische Insel geschickt, an die Küste, anscheinend jedoch ohne das erhoffte Resultat. John kommt nie wieder nach Marin zurück. Ein paar Wochen später vernehmen wir, Andrew habe ihn fortgeschickt.

Bei einem Sangha-Meeting nimmt Andrew dazu Stellung. Er erzählt uns, was für einen großen Schmerz ihm das alles bereite. Alle haben wir das Gefühl, ihm beistehen zu müssen, und bewundern seine kompromisslose Haltung. Sogar seinen besten Freund hat er lieber weggeschickt, statt seine Lehre irgendwelchen Kompromissen zu unterwerfen! Andrew meint es wirklich ehrlich. Bei ihm gibt es nur schwarz oder weiß. Nur Erfolg oder Versagen. Und von wegen seine Sache so gut machen, wie man eben kann. Da kennt er null Gnade, null Ausflüchte.

Johns Sturz jedoch ist ein ausschlaggebender Moment. Er sagt uns, dass keiner von uns über Kritik erhaben ist. John hat Andrew näher gestanden als jeder andere hier. Keiner von uns wurde auch so oft von Andrew angebrüllt wie er, so permanent kritisiert und getadelt, und an keinen anderen stellte er so hohe Ansprüche. Aber John konnte das stets verkraften, stets reagierte er auf irgendeine Weise, nahm das Problem in Angriff, zeigte mehr Verantwortung. Er war für uns Vorbild und Inspiration, obwohl ich auch andere, eher zwiespältige Erinnerungen an ihn habe. Ich gehöre zu jenen Gemeinschaftsmitgliedern, die ihn auch von einer anderen Seite kennen lernten, als erbarmungslosen Ankläger, als strengen Inquisitor. Unser Telefongespräch vor dem Feinkostladen in Corte Madera schmerzt mir immer noch in der Seele. Die einzige moralische Rechtfertigung dafür, andere auf solch selbstgerechte Weise zu verfolgen, war für mich immer nur die Tatsache, dass er auch selbst gewillt war, jene Qualen auf sich zu nehmen, die der Kampf gegen die Dämonen in unserem Innern mit sich bringt.

Doch nun steht John es nicht durch. Was mich ärgerlich stimmt, betrübt und skeptisch. Wenn John es nicht mal schaffen konnte, wer dann? Ich etwa? Was ist Erleuchtung schon, wenn es letztlich keinem von uns gelingt, sie auf konstante Weise aufrechtzuerhalten? Ganz am Anfang sagte Andrew zu uns, wir alle seien bereits erleuchtet. Stimmt das wirklich, oder ist uns nur ab und zu ein flüchtiger Blick dorthin vergönnt? Ist es vielleicht doch so, wie die Buddhisten sagen: dass wir alle nur auf dem Weg dorthin sind?

Die zweite Glaubenskrise

Inzwischen habe ich genügend eigene Probleme, über die ich nachdenken kann. Andrews öffentliche Standpauke für mich hat mich erneut zum Gezeichneten gemacht. Es ist dasselbe Drama wie damals vor vier Jahren. Harte Worte bei den Männer-Meetings, geheuchelte Entschuldigungen, Blumenstraußmissionen. Aus den Telefongesprächen, die ich mit Gina in Amsterdam führe, spricht immer mehr Verzweiflung. Erst versucht sie, mich über die Kritik hinwegzutrösten, die ich von anderen einstecken muss, später jedoch stimmt sie selber mit ein und wird in ihrer Kritik an mir immer deutlicher. Eines Tages werde ich erneut aus dem Sangha ausgeschlossen. Meine Beziehung mit Gina, unsere spirituelle Partnerschaft, wird dadurch automatisch null und nichtig. Denn Beziehungen zwischen Schülern unterschiedlicher Rangordnung sind nicht erlaubt. Meine Beziehung zu Gina gründete einzig und allein auf Andrews Gnade, nun aber bin ich in Ungnade gefallen.

Der Verlust Ginas macht mich total fertig. Hätte Andrew sie nicht nach Amsterdam geschickt, wäre all das nicht passiert. All die Nähe und das Vertrautsein, ist das auf einmal wie weggeblasen? Und die Liebe, ist die auch mit einem Mal entschwunden? Was soll das für eine spirituelle Revolution sein, bei der zwei Menschen, die einander lieben, nicht einmal zusammen sein dürfen? Mit welchem Recht glaubt Andrew seine Nase in meine Angelegenheiten stecken zu dürfen? Können Gina und ich nicht selbst entscheiden, ob wir einander lieben oder nicht? Aber Gina ist weit weg in Amsterdam, und sie hat mir den Rücken zugekehrt, sie ist angewidert von meiner Schwäche. Tief in mir bin ich nach wie vor überzeugt davon, dass sie mich liebt und ihre Linientreue nur heuchelt. Trotzdem ist sie plötzlich so hart und kalt zu mir. Will sie sich vor der Liebe zu mir nur schützen, weil die Gemeinschaft wünscht, dass sie diese Liebe ab sofort nicht mehr empfindet? Oder bin ich nicht mehr als ein verblendeter romantischer Narr?

Ich ziehe um in eine benachbarte Wohnung. So sauer auf Andrew wie diesmal war ich noch nie. Immer wieder frage ich mich: Warum steige ich nicht einfach aus? Sieben Jahre Leiden – reicht das denn nicht? Aber von Andrew wegzugehen hieße auch Gina zu verlassen. Und in Gina bin ich noch immer verliebt. Um mir ihren Respekt zurückzuerobern, muss ich es schaffen, wieder in Andrews Gemeinschaft aufgenommen zu werden. Also klammere ich mich an jedes Quäntchen Überzeugung, das mir noch geblieben ist.

Weit entfernt von Gina, tobt mein innerer Konflikt hinsichtlich Andrew unvermindert weiter. Meine Seele wird leer und leerer, und ich trete mir dafür selbst in den Hintern. Dann geschieht das Unerwartete: Während einer Vortragsreise nach New York City werden Andrew und seine Frau von einem Taxi erfasst, das bei Rot über die Ampel gefahren ist. Andrew kommt mit einem gebrochenen Arm davon, doch ebenso gut könnte er tot sein. Alka erleidet eine schwere Gehirnerschütterung und einen Kieferbruch.

Diese Nachricht versetzt die ganze Gemeinschaft in Aufruhr. In jener Nacht habe ich Angst einzuschlafen, weil ich fürchte, einen Herzinfarkt zu erleiden und nie wieder aufzuwachen. Die Möglichkeit, Andrew könnte mir genommen werden, hat mich mit schrecklicher Todesangst erfüllt. Mir wird klar, dass er bei mir noch immer in jeder einzelnen Zelle steckt, egal was geschieht. Er ist mein Rettungsanker, mein Draht zum Göttlichen. Kein noch so großer Ärger oder Zweifel könnte daran je etwas ändern. Diese Erkenntnis erfüllt mich mit Energie und rückt meinen Blickwinkel zurecht. Noch ist nicht alles verloren. Ich muss nur wieder festen Boden unter den Füßen finden, mich durch meine negativen Emotionen hindurchkämpfen. Ich bin wie ein Pferd, das beim Überspringen einer Latte aus dem Takt geraten ist und das Hindernis nun nochmal ganz von vorn angehen muss. Ich teile die Wohnung mit drei anderen Schülern, die ebenfalls in Ungnade gefallen sind, und gemeinsam widmen wir uns dem Ziel, wieder in die Gemeinschaft aufgenommen zu werden.

November 1994. Wir sitzen zu viert in unserem Wohnzimmer in Mill Valley: José, der spanische Tänzer, der sich inzwischen als Fensterputzer durchschlägt; Donald, der junge Amerikaner aus Long Island, ebenfalls Fensterputzer; Ron, ein vierzig Jahre alter Zimmermann; und ich. Vier müde Krieger, die vorübergehend nicht an der Front kämpfen dürfen. Allesamt waren wir herausragende Mitglieder der Gemeinschaft; bei den Männertreffen hatten wir eine Menge zu sagen. Und allesamt sind wir vom Podest gestoßen.

José und Donald zupfen beide auf der Gitarre herum. Ron spielt dazu auf einem Keyboard. Ich sitze am Computer. Dann fällt José ein neuer Song ein. Zu ein paar simplen Akkorden singt er:

«Was du denkst, ist egal,
was du fühlst, ist egal,
es kommt nur darauf an, was du tust.»

Ein echtes Soldatenlied! Wir anderen stimmen ein. In diesem Refrain steckt der Kern von Andrews Lehre. Der Kern jener Mission, die wir zu erfüllen haben. Es ist egal, was wir denken, wie viele Zweifel wir hegen, wie mies wir uns fühlen, wie viel Widerstand oder Unwillen sich in uns regt – es kommt nur darauf an, dass wir «es tun». Und ein wichtiger Motor, der uns dabei antreibt, ist die unpersönliche Sichtweise. Jeder kommt irgendwann einmal zu Fall, und im Moment hat es eben gerade uns getroffen. Im Gegensatz zu John haben wir sogar noch das Glück, eine zweite oder dritte Chance geboten zu bekommen. Allesamt schlagen wir dieselbe heroische Schlacht, namenlose Mitspieler in dem uralten Kampf von Gut gegen Böse. Im Moment stehen wir wohl nicht auf der Gewinnerseite, aber zumindest kämpfen wir.

Und trotzdem fühlen wir vier uns eigentlich sehr wohl. Bis zu einem gewissen Grad genießen wir es, vorübergehend nicht so unter Druck zu stehen. Keine Sangha-Meetings, die wir durchzuziehen haben; nicht immerzu «reagieren», nicht immerzu mit dem Erleuchtungsbanner wedeln müssen. Trotzdem versuchen wir auf behutsame Weise, uns etwas mehr unter Druck zu setzen. Wenn wir bemerken, dass einer von uns schludrig oder unaufrichtig wird oder sich zu sehr im Hintergrund hält, machen wir ihn sofort darauf aufmerksam. Und wenn man jemand anderen auf einen Fehler aufmerksam macht, verkörpert man unverzüglich eine Art Standard und muss diesem Standard daraufhin selbst so gut wie möglich entsprechen.

Ehe wir uns versehen, ähnelt unser Zusammenleben dem in einem Sangha. Regelmäßig finden Haus-Meetings statt. Wir verrichten ehrenamtlichen Gemeinschaftsdienst. Ich tippe Andrews Dialoge ab und spüle das Geschirr im Gemeinschaftsrestaurant. Wir gehen zum Satsang und lassen uns von Andrews Lehre inspirieren. Nach ein paar Monaten haben wir uns von ausgepowerten Verlierertypen zu inspirierten Schülern entwickelt, die verbissen darum bemüht sind, wieder Einlass in Andrews Gnadenreich zu finden.

Im Januar 1995 treffe ich Gina in Bodh Gaya zum ersten Mal seit letztem Sommer. Es hat zwar das eine oder andere gequälte Telefonat zwischen uns stattgefunden, und ein paar E-Mails wurden ausgetauscht, in denen ich ihr zu beweisen versuchte, dass bei mir so manches anders werde. Jetzt sitzt sie mit mir zusammen und erklärt mir in unmissverständlichen Worten, ich solle endlich damit aufhören, mich an die Vergangenheit zu klammern.

«Zwischen uns ist es aus und vorbei», sagt sie. «Was uns verband, ist nicht mehr. Du hast es selbst über Bord geworfen, weil du derart stolz und verbohrt warst. Allerdings kann ich erkennen, dass du darum bemüht bist, wieder einer von Andrews Schülern zu werden. Das finde ich sehr gut. Als Schüler von Andrew können wir nach wie vor gute Freunde sein, und wenn du erst mal wieder zur Gemeinschaft gehörst, ist es uns auch möglich, wieder einen engeren Kontakt zu pflegen. Aber jetzt solltest du dich erst mal aus deinem Verhaftetsein an mich lösen.»

Ich sehe sie mit flehenden Augen an.

«Aber hast du denn gar keine Gefühle mehr für mich?», frage ich sie. «Die Liebe, die Nähe – ist davon denn nichts mehr übrig?»

«Natürlich empfinde ich noch ziemlich viel für dich», sagt sie. «Aber es ist eine unpersönliche Art von Liebe. Sie hat nichts Spezifisches an sich. Gerade weil du darauf beharrt hast, zwischen uns müsse etwas ganz Spezielles sein, bist du in all diese Schwierigkeiten geraten. Hör auf, so sentimental zu sein.»

Ich nicke. Vom Gefühl her wäre ich jetzt viel lieber tot als lebendig, aber ich versuche, einsichtig und unpersönlich zu wirken.

«Gut, dass wir miteinander gesprochen haben», sagt Gina. «Und dass zwischen uns jetzt mehr Klarheit herrscht. Ich hoffe, du schaffst es, wieder zum Wahlschüler zu werden.»

Ich bin todunglücklich. Das ist nicht mehr die Gina, wie ich sie kannte. Oder hat sie vielleicht Recht, klammere ich mich tatsächlich zu sehr an sentimentale Erinnerungen? Nachdem sie das Zimmer verlassen hat, sitze ich da und weine ohne Ende.

Eine Woche später bewerbe ich mich darum, wieder als Wahlschüler anerkannt zu werden. Ich spreche mit einem der fortgeschrittenen Schüler, und es gelingt mir, ihn davon zu überzeugen, dass sich bei mir wirklich so manches verändert hat und dass ich bereit bin, die Sache erneut in Angriff zu nehmen. Andrew kommt meiner Bitte nach. Die anderen gratulieren mir, auch Gina. Allerdings stellt Andrew klar, dass er diesmal noch weniger Vertrauen in mich setzt als nach meiner vorigen Krise. Als ich ihm für die neuerliche Erlaubnis danke, Teil der Gemeinschaft zu sein, antwortet er nur: «Taten überzeugen mehr als alle Worte.»

6

Fürs große Ganze

Der einzige Zweck spiritueller Experimente ist die Evolution. Evolution stellt sich ein und wir gelangen zur Erkenntnis der wahren Bestimmung des menschlichen Lebens, wo wir aufhören, für uns selbst zu leben, und wo wir unser Dasein ausschließlich in den Dienst des großen Ganzen stellen.»
Andrew Cohen

Kaderleute gesucht

Als wir vom Retreat in Bodh Gaya zurückkehren, ziehe ich in ein Haus für reguläre Schüler um. Wenig später gelingt es auch meinen drei Kumpels, wieder als «Reguläre» anerkannt zu werden. Rasch merken wir, dass jetzt mehr von uns verlangt wird. Die überpersönliche Erleuchtung muss unser Leben von Grund auf transformieren, und sämtliche Überreste eines persönlichen Lebens gilt es zu beseitigen. Unser gesamtes Dasein soll nun ausschließlich von dem bestimmt werden, was Andrew als «Dienst am großen Ganzen» bezeichnet.

In Marin wird der Sangha unter Andrews Leitung aufgeteilt in etwa zehn Eliteschüler und achtzig reguläre Schüler. Die Eliteschüler leben mit Andrew zusammen und werden auf ihre Führungsrolle in Europa vorbereitet, wo die Revolution anscheinend endlich

Fuß fasst. Das Zentrum in London umfasst bereits 40 Reguläre, jenes in Amsterdam rund 15. Alle arbeiten sie unter der Führung von Eliteschülern, die aus dem Sangha in Marin nach Europa gesandt sind. Auch in Deutschland, Tel Aviv und Sydney, heißt es, sollen neue Zentren entstehen. Die Tage in Marin, als wir gemütlich beim Satsang beisammensaßen und uns selbst genügten, sind endgültig vorbei. Nun heißt es, über sich selbst hinauszuwachsen, zu handeln: draußen in der Welt zu sein, Zentren aufzubauen, Vorträge zu organisieren, Videos vorzuführen, Meditationsabende abzuhalten, Andrews Bücher zu übersetzen, seine Botschaft zu verkünden, und obendrein stets ein wandelndes Beispiel seiner praktizierten Lehre abzugeben.

Bei seiner alljährlichen Seminarreise nach Israel hat Andrew sich mit mehreren bekannten Rabbis getroffen und sich von ihrem Weltbild inspirieren lassen, wie er sich einst in Bodh Gaya von den Lehren der tibetisch-buddhistischen Lamas inspirieren ließ. Obwohl Andrew selbst Jude ist, ist er nicht den Vorschriften der jüdischen Tradition gemäß aufgewachsen. Dennoch mutet seine Lehre inzwischen eher jüdisch als buddhistisch an. Richtiges Handeln sei wichtiger als ein intensives inneres Erleuchtungserlebnis. Andrew spricht vom Erschaffen des Himmels auf Erden. Der Sangha soll ein Leuchtfeuer sein inmitten einer finsteren, unwissenden Welt, das Laboratorium und Schaufenster eines erleuchteten Lebens, eines Lebens jenseits von persönlichen Belangen. Solange wenigstens ein paar Leute ein rechtschaffenes und untadeliges Leben führen, bestehe noch Hoffnung für diese Welt.

Somit wird Ethik nun wichtiger als Metaphysik oder Mystik, so wie man gemäß der jüdischen Lehre Gott nur dienen kann, indem man seine Weisungen befolgt. Gott lebt verborgen in seiner Schöpfung, und durch das Befolgen der Vorschriften in der Thora kann man ihn erfahrbar machen und den Himmel auf Erden erschaffen. Ist Andrew den langen Weg von der Psychoanalyse über Advaita-Vedanta hin zum tibetischen Buddhismus nur gegangen, um schließlich bei seinen jüdischen Wurzeln anzugelangen?

Immer wieder betont Andrew, er brauche zusätzliche Eliteschüler und Führungspersönlichkeiten. Jene, die ihn bereits seit Jahren begleiten, würden sich für eine solche Rolle besonders gut eignen. Während eines Sangha-Meetings appelliert Andrew an seine langjährigen Schüler, von denen fast jeder schon die eine oder andere Krise durchlebt hat, sich aufzuraffen und in der «Königsklasse» zu spielen. In meinem Fall hieße das: auf nach Amsterdam! Im April kommt Gina für eine Woche nach Marin. Noch immer leitet sie zusammen mit Harry das Zentrum in Amsterdam, mittlerweile unter Beteiligung von Harrys Freundin Sophia. Vor einem Jahr steckte Sophia in einer ähnlichen Krise wie ich, doch sie hat die Sache bewältigt. Wenn das mal keine Ironie ist: Da leiten mein bester Freund und meine Exfreundin zusammen ein Zentrum in meiner Heimatstadt, und mir ist es untersagt, mich ihnen anzuschließen. Gina ist jetzt ein hohes Tier; sie wohnt in Andrews Haus in San Anselmo und genießt das Privileg, die ganze Woche lang seine persönliche Assistentin sein zu dürfen. Ich treffe mich mit ihr auf einen Kaffee, doch wie schon in Bodh Gaya fällt es mir schwer, die alte Nähe noch zu spüren. Gina wirkt auf mich kalt und hart. Sie weiß genau, dass sie es geschafft hat, und obwohl ich inzwischen zum Regulären geworden bin, befinde ich mich in der Rangordnung weit unter ihr.

Im Juli stelle ich bei Andrew den Antrag, ins Zentrum nach Amsterdam umsiedeln zu dürfen. Zunächst scheint er meinem Anliegen recht gewogen zu sein. Dann jedoch ergibt sich ein Problem. Ich habe, bevor ich meinen Antrag stellte, keine Rücksprache mit Harry und Gina gehalten. Ich bin eben immer noch ein Einzelkämpfer, kein Teamworker. Deshalb entscheidet Andrew sich gegen mich. Er vermutet hinter meinem Antrag nur den Versuch, mich Harry und Gina in Amsterdam aufzudrängen, da mir insgeheim noch immer daran gelegen sei, wieder mit ihr zusammenzukommen. Also sitze ich weiter in Marin fest. Ich bin eben noch immer nicht so weit.

Einer der älteren Schüler, die auf Andrews Appell reagieren, ist mein Kumpel José. Bei den Männer-Meetings hat er eine Art Führungsrolle inne. Er ist derjenige, der die Dinge anpackt, und damit beweist er, dass er sich zum Eliteschüler sehr gut eignen würde. Andrew ist von Josés Fortschritten sichtlich beeindruckt. Während eines von José organisierten Männerausflugs nach San Francisco, an dem Andrew ebenfalls teilnimmt, sprechen die beiden miteinander wie ein Liebespaar. Im August 1995 bittet Andrew José, zu einem seiner Eliteschüler zu werden. Zu diesem Schritt müsse er aber auch wirklich bereit sein, fügt Andrew hinzu. Er müsse «sich lieber bei lebendigem Leib verbrennen lassen, als ihm, Andrew, in den Rücken zu fallen». José stimmt zu, und beim Männer-Meeting hören wir ihn mit bewegter Stimme über seine bedingungslose Hingabe an Andrews Lehre sprechen, über seine Bereitschaft, allem ins Auge zu sehen, was ihm in seiner neuen Situation begegnen werde und was ihn weit stärker beanspruchen werde als alles Bisherige. Alle gratulieren wir José dazu, sich so rasch auf der Karriereleiter nach oben gearbeitet zu haben. Vom Ausgestoßenen zum Eliteschüler, und das innerhalb von acht Monaten. Also ist es doch möglich, sich aus jeder noch so tiefen Misere hochzuarbeiten.

Im Oktober feiern wir gemeinsam Andrews vierzigsten Geburtstag. Ein Riesenereignis. Wir mieten uns einen Saal in Sausalito, lassen ein Sechsgängemenü vorbereiten und studieren für Andrew alle möglichen Darbietungen ein. José sorgt dafür, dass die Männergruppe einen von Andrews Vortragstexten, der sich mit seiner neuen These vom Himmel auf Erden beschäftigt, einstudiert und zur Darstellung bringt. Jeder rezitiert eine Zeile, und unter Josés Leitung wird daraus eine eindrucksvolle Vorführung. Die letzte Zeile rezitieren alle laut und triumphierend im Chor. Andrew ist hochzufrieden, vor allem mit José. Bald darauf erfahren wir, dass José dazu bestimmt wurde, das Zentrum in Deutschland zu leiten.

Einen Monat später erreicht uns die Nachricht, José habe die Gemeinschaft verlassen.

Bei einem Männer-Meeting ein paar Tage darauf verrät uns einer der Eliteschüler, was eigentlich passiert ist: «José war einfach nicht bereit, sich seiner eigenen Person zu stellen», sagt er. «Wenn es darum ging, andere zu kritisieren, war er großartig – aber er war einfach nicht bereit, den Blick auf sich selbst zu richten.» Wie jeder, der aus der Gemeinschaft ausscheidet, wird auch José zum Gegenstand allgemeiner Verachtung und Abscheu. Ihm habe der Mut gefehlt, sich der eigenen Person zu stellen. Die Nachricht erschüttert und deprimiert mich. Ein echter Schlag. Ein Kamerad, der mir sehr nahe war, ist auf dem Schlachtfeld gefallen. Mein Zynismus wird schärfer. Hat Andrew ihn vielleicht zu früh zum Eliteschüler erkoren? War es womöglich eine Fehleinschätzung gewesen? Einen Monat später, bei einem Sangha-Meeting, gibt Andrew dies gewissermaßen zu.

«Robert bezweifelte, dass José schon so weit war, aber ich brauchte ihn nun mal dringend für mein Projekt in Deutschland. Also war es mir die Sache wert, und ich gab ihm eine Chance.» Andrew scheint es recht gelassen zu sehen. Wie gewonnen, so zerronnen, Punkt. Seine Art, mit solchen Dingen umzugehen, verrät keinerlei Anteil an den Nöten des Individuums – das Einzige, was zählt, ist der Erfolg seiner Lehre.

Erst viel später erfahre ich, José sei zur Überzeugung gelangt, genug an Demütigungen und verbalen Prügeln eingesteckt zu haben. Er wusste, dass es nur noch schlimmer kommen würde und er nur Erfolg habe, wenn er in allen Dingen klein beigab und anderen das erzählte, was sie hören wollten. Schon ein Jahr zuvor hatte er in Amsterdam eine ähnliche Situation durchlebt. Damals war er drauf und dran gewesen, die Koffer zu packen und abzureisen. Nachdem er jedoch Harry seinen Entschluss bekannt gegeben hatte, gelang es Andrew und Harry, ihn zum Bleiben zu überreden. Um es nicht noch einmal so weit kommen zu lassen, schnürte er sein Bündel diesmal mitten in der Nacht und verschwand, ohne etwas mitzuteilen. Das war das Ende einer achtjährigen Lehrzeit unter Andrews Fittichen.

In diesen Tagen wird die Geldfrage zum entscheidenden Thema innerhalb der Gemeinschaft. Viele Schüler sind praktisch pleite. Um zusammen mit Andrew nach Indien und Europa zu reisen, haben sie sich in gewaltige Schulden gestürzt. Da die meisten von uns keinen Collegeabschluss haben, sind die Stellenaussichten eher dürftig. Überdies lässt der Stundenplan den Leuten kaum Zeit, sich eine berufliche Zukunft aufzubauen. Die Tatsache, dass wir der Geldfrage bislang immer aus dem Weg gegangen sind und keine Verantwortung für unsere Finanzen übernommen haben, stößt bei Andrew auf

Kritik. Er verlangt von uns, sich der Sache zu stellen und unsere Finanzen ins Reine zu bringen. Wie dies im Einzelnen zu geschehen hat, überlässt er uns selbst. Deshalb berufen wir jetzt regelmäßig Geld-Meetings ein, bei denen wir uns jene Schüler zur Brust nehmen, die am höchsten verschuldet sind, und bedrängen sie, ihre Geldangelegenheiten zu bereinigen. Wir schmieden wilde Pläne zur Realisierung diverser Geschäftsideen innerhalb der Gruppe. Ich zum Beispiel mache mich zusammen mit drei weiteren Schülern als Webdesigner selbständig. Unsere Firma heißt Maxwell Designs. Über ein halbes Jahr lang versuchen wir, das Geschäft ins Rollen zu bringen, doch bei all unseren Verpflichtungen in der Gemeinschaft kostet uns das insgesamt zu viel Zeit und Energie. Zuletzt kehren wir alle vier zu unseren gewohnten Jobs zurück, die uns wenigstens ein sicheres Einkommen garantieren.

Im August gibt es erneut Nachrichten von der Front. Gina ist in Amsterdam von ihrem Podest gestürzt. Allem Anschein nach war sie stolz und überheblich geworden, und nun steckt sie in derselben Klemme wie zuvor ich. Man schickt sie zurück nach Marin, und nun ist sie es, die echte Probleme hat. Als ich sie treffe, wirkt sie niedergeschlagen und mutlos. Sie spielt mit dem Gedanken, alles hinzuschmeißen und zu gehen. Bei mir entschuldigt sie sich dafür, mir gegenüber so hart gewesen zu sein, und sie gesteht, auf einem unglaublichen Egotrip gewesen zu sein. Ich weiß nicht, was ich sagen soll. Warum gehen wir in unserer Eigenschaft als Andrews Schüler derart widerwärtig miteinander um? Sind das denn die Früchte spirituellen Fortschritts? Der Gedanke macht mich wütend.

Andrew sagt, Ginas Selbstvertrauen habe ausschließlich auf Ehrgeiz gegründet und nicht auf dem überpersönlichen Drang, im Dienste der Revolution zu wirken. Ginas Krise ist ein Abbild meiner eigenen Erfahrungen beim Redigieren des Buches. Mein alter Freund, der Zweifel, feiert Urständ.

Ist dieses Beziehungsmuster nicht bezeichnend für Andrews Verhältnis zu seinen Schülern? Erst hebt er dich in den Himmel, dann überträgt er dir zusätzliche Verantwortung und gibt dir das Gefühl, sein auserwählter Jünger zu sein. Du darfst sechzehn Stunden am

Tag im Dienste der Revolution arbeiten. Da schwillt dein Ego unweigerlich an, denn immerhin hast du jetzt den Rang eines Stars. Wird dies jedoch offenkundig, zeigt Andrew sich schockiert von deiner widerwärtigen Egozentrik, angewidert wendet er sich ab, und wieder einmal muss er feststellen, dass einer seiner Schüler ihm in den Rücken gefallen ist.

Währenddessen ist Andrew weiterhin daran interessiert, die sexuelle Beziehungsrate in der Gemeinschaft zu heben. Er glaubt, dass die anderen dem Thema Sexualität noch immer aus dem Weg gehen. Während einer Vortragsreise an die Ostküste stellt er uns allen ein Ultimatum: Er werde erst dann nach Marin zurückkehren, wenn drei weitere sexuelle Beziehungen zustande gekommen sind. Es dauert drei Tage, da sind drei neue Beziehungen entstanden. Der Wunsch nach weiteren sexuellen Liaisons bleibt unausgesprochen jedoch bestehen. Im Dezember 1995 fragt mich meine Mitbewohnerin Marianne, eine Deutsche, ob ich bereit sei. Sie ist jetzt seit sieben Jahren mit von der Partie, ich seit acht. Zwei altgediente Veteranen also, deren Vergangenheit – was das Thema Liebe anbetrifft – obendrein starke Parallelen aufweist. Sie hatte eine Beziehung innerhalb des Sangha, der sie auf sehr romantische Weise verhaftet war. Als Andrew die Beziehung von außen beendete, fiel es ihr sehr schwer, ihr Verhaftetsein zu überwinden. Andrew meint, ihr werde es gut tun, sich nun auf eine neue, mehr überpersönliche Beziehung einzulassen, um sich so von ihren romantischen Idealen zu lösen. Auch für mich, so sagt man, sei es sinnvoll, von meinem romantischen Verhaftetsein gegenüber Gina loszukommen. So gesehen passen Marianne und ich also ausgezeichnet zusammen.

Zufällig weiß ich, dass sie sich eigentlich mehr zu José hingezogen fühlte und Andrew auch gefragt hatte, ob er einer Beziehung mit ihm zustimme. Seine Antwort lautete Nein. Aber es stört mich nicht besonders, nur zweite Wahl zu sein. Als meiner Mitbewohnerin ist ihr längst bekannt, wie sehr ich mich nach der verlorenen Beziehung mit

Gina zurücksehne und wie viel ich noch immer für sie empfinde. Marianne muss sich also – obwohl ich sie sehr gern habe – damit abfinden, bei mir ebenfalls nur zweite Wahl zu sein. Eine gute Basis für eine «überpersönliche» Beziehung. Ich bin nicht in sie verliebt und sie nicht in mich.

Wieder einmal fühle ich mich hin- und hergerissen zwischen meinen persönlichen Neigungen und dem «rechten Handeln». Seit Gina vor ein paar Monaten völlig aufgelöst aus Amsterdam zurückkehrte, haben wir ein paar Mal miteinander gesprochen. Offensichtlich steht eine Beziehung zwischen uns im Moment nicht zur Diskussion. Sie ist eine Ausgestoßene, und ich bin immerhin ein Regulärer. Und? Bin ich bereit, zu warten, bis es um Gina wieder besser steht, um es dann erneut mit ihr zu versuchen? Wozu die Frage? Andrew würde die Verbindung sowieso nicht erlauben. Ich setze mich mit einer Freundin aus der Gemeinschaft zusammen, um ihr alles ganz offen anzuvertrauen. Sie fragt, ob ich weiter an meinen romantischen Gefühlen zu Gina festhalten will oder ob es sich um eine Sache handelt, der ich mich stellen möchte. Worum geht es mir im Endeffekt? Wie so oft beschließe ich, mich für das zu entscheiden, was der Wahrhaftigkeit der Situation gemäß Andrews Lehren am nächsten kommt. Also sage ich Ja zu Marianne.

Wir werden ein Paar und verbringen unsere zwei Hochzeitstage in einem teuren Hotel in Oakland. Diesmal sind es nur Teilzeithochzeitstage, da Marianne an beiden Tagen im Café des Sangha zu arbeiten hat. Was für ein Gegensatz zu den Flitterwochen, die ich zweieinhalb Jahre zuvor mit Gina verbrachte! Was mich aber nicht stört. Ich möchte nicht noch einmal so tief verletzt werden wie damals mit Gina. Beim Sex klappt es zwischen uns prima, und es sieht ganz danach aus, als würden wir zusammenpassen – die perfekte Beziehung im Geiste von Andrews Lehre. Und da nun die Möglichkeit, mich heimlich wieder an Gina heranzumachen, nicht mehr besteht, erfüllt Andrew mir meinen lange gehegten Herzenswunsch und schickt mich nach Amsterdam. Zwei Wochen nachdem Marianne und ich ein Paar geworden sind, bittet er uns beide, nach Amsterdam umzusiedeln, um beim Aufbau der dortigen Gemeinde zu helfen.

Nach acht Jahren in den USA habe ich wirklich genug von Marin, wo eine gewisse Abstumpfung von Tag zu Tag spürbarer wird. Also ziehe ich nach Europa, dem neuen Epizentrum von Andrews Revolution. Innerhalb einer Woche habe ich meine Sachen gepackt und den Umzug nach Amsterdam abgewickelt. Marianne muss noch arbeiten und wird erst einen Monat später nachkommen.

Auf Mission in Amsterdam

Als ich nach Amsterdam komme, fällt mir sofort auf, dass die Gemeinschaft dort recht heruntergekommen zu sein scheint. Vor einem Monat hat Andrew ihr einen seiner halbjährlichen Besuche abgestattet, und dabei begingen die Gemeinschaftsmitglieder eine unverzeihliche Sünde. Zu dem misslichen Vorfall kam es, als sie zusammen mit Andrew in einem indonesischen Restaurant speisen wollten. Solche Gemeinschaftsessen mit Andrew sind inzwischen zu einer Seltenheit geworden – im Gegensatz zu damals, als man ihn einfach mal zu sich einladen konnte. Und so aufregend und wunderbar diese gemeinsamen Stunden mit Andrew einerseits auch sein mögen, so stressig sind sie andererseits auch. Es geht dabei sehr förmlich zu und her, alles muss genau arrangiert sein, und jeder hat sich von seiner besten Seite zu zeigen.

An jenem Abend saßen alle im Restaurant und warteten in aufgeregter Spannung auf Andrews Erscheinen. So vergingen zehn Minuten, eine halbe Stunde, fünfundvierzig Minuten - Andrew aber kam nicht. Was nichts Außergewöhnliches ist. Andrew folgt seinem eigenen Zeitplan; manchmal kommen ihm unerwartete Telefonate oder spontane Eingebungen dazwischen und bringen sein Zeitgefühl aus dem Takt. Harry, der gerade mit ihm zusammensteckte, rief im Restaurant an, und aus allem, was er sagte, schien hervorzugehen, man könne getrost schon mit dem Essen anfangen, da es bei Andrew noch eine Weile dauern werde. Voll Erleichterung begann man also mit dem Mahl. Dies jedoch erwies sich als verhängnisvoller Fehler. Als Andrew schließlich zusammen mit Harry im Restaurant eintraf, wurde er fuchsteufelswild über einen solchen Mangel an Respekt.

Ein paar Tage später, im Januar 1996, findet in Bodh Gaya der alljährliche Retreat statt. Zusammen mit meinen Kumpels aus Amsterdam reise auch ich dorthin. Doch für die niederländischen Schüler wird dieser Retreat alles andere denn ein Vergnügen. Andrew ist noch immer wütend auf sie. Als ihm auffällt, dass sie gar nicht richtig auf ihn eingehen und ihr Vergehen nicht allzu ernst nehmen, bittet er Albert, sie zu einem Meeting zusammenzurufen. Albert ist Niederländer, einer der Eliteschüler, der nun mit der Leitung des Zentrums in Deutschland betraut worden ist. Andrew bittet mich, Albert zur Seite zu stehen. Eine gute Gelegenheit für mich, meine Führungsqualitäten unter Beweis zu stellen. Zweck des Meetings ist es, den niederländischen Schülern beizubringen, worauf es wirklich ankommt, sie aus ihrer Passivität und Lethargie zu rütteln, damit sie angemessen reagieren und sich ändern können. Die Krise, in der sie stecken, führt Andrew zum Teil auf ihre kulturelle Prägung zurück. Die Deutschen, so sagt er, besäßen die Prägung, schwerfällig und morbide zu sein, die Engländer hingegen seien emotional zurückhaltend und in sich gekehrt. Die Niederländer, so meint er, seien allzu locker und ungezwungen, wofür der Vorfall im Restaurant ein unverzeihliches Zeugnis liefere.

Wir sitzen in einem der Schlafzimmer des Touristenbungalows, jenes Gebäudeabschnitts, in dem die regulären Schüler untergebracht sind. Sämtliche Amsterdamer Schüler – außer mir und Albert sind es an die zehn - sitzen im Kreis zusammen. Albert erklärt den Sinn dieses Meetings. Andrew sei wegen der Restaurantgeschichte noch immer sehr gekränkt. Die Niederländer, so meine er, hätten nicht angemessen reagiert und sich bei ihm kaum entschuldigt. Er halte alle Niederländer für äußerst rüde und unhöflich, sie seien Menschen ohne jegliches Gespür für Etikette und Schliff im Umgang mit anderen.

«Jetzt, wo wir Niederländer unter uns sind», meint Albert, «kann ich euch ja sagen, dass es mir fast peinlich ist, einer von euch zu sein.

Wie ihr mit Andrew umgesprungen seid, ist ein Riesenskandal. Was zum Kuckuck habt ihr euch dabei gedacht?»

Einige niederländische Schüler tragen schuldbewusst Antworten vor, und dabei wirken sie wie Hunde, die ihren Schwanz zwischen die Beine klemmen. Sie murmeln Entschuldigungen und geloben, sich zu bessern.

«So geht es einfach nicht, Leute. Was gedenkt ihr denn jetzt zu tun? Ich hab nicht das Gefühl, dass ihr euch für das, was geschehen ist, wirklich in der Verantwortung seht. Ich kann auch keine Veränderung bei euch erkennen. Bei eurer Ankunft in Bodh Gaya habt ihr nicht mal Hallo zu Andrew gesagt. Er war sehr gekränkt deswegen. Habt ihr überhaupt die Absicht, euch zu ändern?»

Weitere gestammelte Antworten, psychologisierende Erklärungsversuche. Es ist unübersehbar, dass die niederländischen Schüler nicht wissen, was sie erwidern sollen.

Ich nutze die Chance, ebenfalls meinen Senf dazuzugeben.

«Es ist hier nicht von Interesse, welche psychologischen Beweggründe ihr euch selbst attestiert», sage ich streng. «Die Frage ist: Wollt ihr euch ändern – ja oder nein? Was habt ihr vor? Von einer klaren Zielsetzung kann ich nichts spüren.»

Na, das hat gesessen. Albert wirft mir einen beifälligen Blick zu. Die Niederländer fühlen sich jetzt noch unbehaglicher, und genau so war es beabsichtigt.

Der Zweifel in mir jedoch flüstert: «Worin besteht er denn, jener Mangel an klarer Zielsetzung, den du ihnen vorwirfst? Darin, dass sie der Erleuchtung nicht oberste Priorität eingeräumt haben? Oder darin, dass sie Andrew nicht oberste Priorität eingeräumt haben?»

Dann nimmt sich Albert jeden der niederländischen Schüler einzeln vor, geht lang und breit auf dessen persönliche Verfehlungen ein und verpasst jedem von ihnen eine verbale Abreibung, die sich gewaschen hat. Ab und zu werfe auch ich eine gesalzene Bemerkung dazwischen. Nach einer Stunde sind die niederländischen Schüler total am Ende. Sie geloben, sich zu bessern, bei Andrew auf jeden Fall Wiedergutmachung zu leisten und ihm zu beweisen, dass es ihnen ernst ist. Einige sind den Tränen nahe.

Nach der Unterredung nimmt Albert mich mit einem besorgten Gesichtsausdruck zur Seite. «War ich zu hart?», fragt er. Seine Bescheidenheit rührt mich. «Nein, Albert», sage ich. «Du warst sehr gut. Du hast sie genau an jene Schmerzgrenze geführt, die sie nötig haben. Du hast sie mit der Klarheit ihrer Absichten konfrontiert.» Erleichtert zieht Albert von dannen, um Andrew von seiner Mission zu berichten.

Schließlich – um wenigstens irgendwie zu reagieren – erklären die niederländischen Schüler sich bereit, die traditionelle Abschlussparty der Retreat-Tage in Bodh Gaya zu organisieren und zu leiten. Das ist zwar eine nette Geste, doch Andrew reicht das nicht aus. Er ordnet an, dass sie ein wenig Benimmunterricht nehmen und sich bessere Manieren aneignen sollen. Als sie nach dem Retreat wieder in Amsterdam sind, sprechen sie bei einer Benimmtante vor, die ihnen ab sofort wöchentlich eine Unterrichtsstunde erteilt, insgesamt zehnmal. Am letzten Abend bringt sie ihnen bei, wie man mit Messer und Gabel isst, sich an gesellschaftliche Spielregeln hält und sich gegen verbale Ausrutscher wappnet. Eine erniedrigende Prozedur, von der Marianne und ich zum Glück nicht betroffen sind.

Den Kopf voller Ideen stürze ich mich in Amsterdam auf meine neue Aufgabe. Ich bin nun mehr oder minder Harrys rechte Hand, sein Stellvertreter. Er und Sophia sind jetzt die Leiter des Zentrums. Vor Ort sind etwa fünfzehn reguläre Schüler, dazu etwa die gleiche Anzahl weniger stark integrierter Laienschüler. Die Schüler in Amsterdam stecken voller Enthusiasmus, doch mangelt es ihnen noch an Erfahrung mit Andrews Lehre. Zu den Aufgaben von Marianne und mir gehört es auch, der Gruppe als gutes Beispiel dafür zu dienen, was es bedeutet, einander schonungslos zur Rede zu stellen.

Harry und Sophia bitten mich, meiner Mitbewohnerin Erica einmal auf den Zahn zu fühlen, einer allein erziehenden Mutter mit einer achtjährigen Tochter. Erica, so heißt es, zeige keinerlei Verantwortung für ihre finanzielle Situation. Sie habe Berge von Schulden.

Also setze ich mich von nun an einmal wöchentlich mit ihr zusammen und lasse mir sämtliche Kontoauszüge und Rechnungen vorlegen. Sehr schnell zeigt sich, dass ihre Situation sich auf einen einfachen Nenner bringen lässt: Sie gibt schlichtweg mehr Geld aus, als sie einnimmt. Während wir ihre Finanzen durchgehen, wird mir auf schockierende Weise klar, wie krass ihre Situation eigentlich ist. Sie hat nicht die geringste Chance, finanziell über die Runden zu kommen und gleichzeitig ihren zahlreichen Verpflichtungen innerhalb der Gemeinschaft nachzukommen. Ich schlage Harry vor, Erica möglichst nicht mit zum Sommer-Retreat in die Schweiz zu nehmen. Doch er schüttelt den Kopf. Das komme nicht in Frage. Andrew habe ausdrücklich gesagt, die Europäer hätten geschlossen zu erscheinen, und zwar ohne Ausnahme.

Erneut sitze ich zwischen zwei Stühlen. Erica schwimmen die Felle nach allen Seiten davon. Sie ist pleite und hat viel zu wenig Zeit für ihre Tochter. Andrew meint, sie zeige ein typisches Opferverhalten und müsse jetzt einfach rangehen und die Sache durchziehen. Als treuer Schüler übe ich jede Menge Druck auf sie aus, damit sie ihre Finanzen in den Griff bekommt; persönlich jedoch fände ich es ratsamer, wenn ihr eine kleine Auszeit von den Gruppenaktivitäten gegönnt würde, so dass sie wenigstens die Möglichkeit hätte, Geld zu verdienen.

Nach kurzer Zeit vermag Erica dem Druck nicht mehr standzuhalten. Sie bricht zusammen und sagt, sie wolle aus dem Kreis von Andrews Schülern ausscheiden. Ich spreche mit Harry und Sophia darüber, und wir einigen uns darauf, dass es für Erica wohl das Beste sei, sich aus dem Kreis der festen Schüler zu lösen und der Gemeinschaft eher zwanglos verbunden zu bleiben. Doch für Andrew, den Harry über alles informiert, kommt so etwas nicht in Frage. Er ruft Erica an und erklärt ihr, sie sei total verblendet und mit einem Austritt sei er keineswegs einverstanden. Andrew besteht darauf, dass sie die Sache durchzieht. Also beschließt Erica zu bleiben, und ein paar Monate später rasiert sie sich sogar den Schädel kahl und wird zur Zölibatärin. Andrew weiß schon, wie man andere überzeugt. Ich aber finde es nicht richtig. Ich finde es einfach nicht richtig.

Im Sommer 1996 findet in der Schweiz unser alljährliches Europa-Retreat statt. Am Anfang läuft alles wunderbar. Auf einem hohen Berggipfel wohnen wir drei Wochen lang in einer Gruppe von dreihundert Leuten zusammen. Zweimal täglich spricht Andrew in einem großen Zelt zu uns. Zwei Wochen lang ist es unser einziger Job, sich in seine Erleuchtungslehre zu versenken. Jeden Morgen, wenn ich zusammen mit Robert und den anderen Eliteschülern über die Gebirgspfade jogge, fühle ich mich rundum glücklich. Könnte das Leben nur immer so sein!

Immer öfter ist davon die Rede, dass es neue Entwicklungen in Andrews Lehre gibt. Er hat seine Botschaft in fünf Thesen zusammengefasst, die er die «fünf Fundamentalsätze» nennt und die jeder von uns gründlich zu studieren und zu verinnerlichen hat.

Diese fünf Thesen klingen wohlvertraut:

Klarheit in der Absicht ist die Grundlage eines spirituellen Lebens.

Entschlossenheit: Wir haben es in der Hand, uns zu ändern.

Wir müssen allem die Stirn bieten und dürfen nichts scheuen.

Überpersönlichkeit: Keiner unserer Erfahrungen haftet irgendetwas Persönliches an.

Ein Leben im Dienste des großen Ganzen ist der Kern eines spirituellen Lebens.

Andrew sagt, diese fünf Fundamentalsätze müssten zu unserer neuen Psychologie werden, und in ihrem Lichte gelte es, sämtliche Erfahrungen zu interpretieren. Das soll unsere neue Art zu denken sein. Auf diese Weise versucht er, all unsere Gedanken und Gefühle einer grundlegenden Wandlung zu unterziehen. Pausenlos wird bei unseren Männer- und Frauen-Meetings über diese fünf Thesen diskutiert, und pausenlos erörtert Andrew sie bei seinen öffentlichen Lehrauftritten und bei Treffs mit seinen Schülern. Wenn wir über persönliche Angelegenheiten sprechen wollen, so sollen wir dies ebenso gut in Bezug auf die fünf Fundamentalsätze tun. Während der Meditations-Retreats in Indien und in der Schweiz ist es uns nicht mehr gestattet, persönliche Gespräche zu führen, erlaubt sind nur noch Gespräche über die fünf Fundamentalsätze.

Ich weiß echt nicht, was ich von dieser neuen Entwicklung halten soll. Es scheint fast, als wolle Andrew seine Lehre in ein System packen, ein Schritt, den ich bei ihm nie erwartet hätte. Andrew hat sich über die organisierten Religionen stets lustig gemacht; er sagte stets, sie seien der Tod jeglicher lebendigen Spiritualität. Auf mich wirkt sein System jedenfalls lähmend. Mir kommt es einfach gekünstelt vor, meine gesamte Erfahrung in jene Lehrsätze pressen zu müssen. Doch wie dem auch sei: Die Wahrhaftigkeit des neuen Dogmas darf öffentlich nicht in Frage gestellt werden. In den frühen Tagen hat Andrew uns stets dazu ermuntert, selbst zu forschen. Inzwischen aber sieht es so aus, als habe er sämtliche Antworten fertig auf Lager und wisse auch genau, wohin unsere Nachforschungen letztlich führen: zu seinen fünf Fundamentalsätzen nämlich. Reagiert er auf Zweifel mittlerweile allergisch?

Langsam, aber sicher steuert die Gemeinschaft in eine «überpersönlichere» Richtung. Über persönliche Probleme, persönliche Interessen oder sich selbst zu sprechen, ist angeblich zu nichts nütze. Von einer Beschäftigung mit dem «persönlichen Drama» wird abgeraten. Unabhängiges Denken jenseits der Grenzen von Andrews Lehre gilt als höchst suspekt. Weshalb sollte jemand nach etwas fragen wollen, das sich außerhalb der fünf Grundsätze befindet, wenn die Sätze doch alles sind, worauf du dein Augenmerk zu richten hast, um Freiheit zu erlangen? Die eigene Wahrheitssuche nimmt nach wie vor einen hohen Stellenwert ein, doch die Grenzen dieser Suche sind jetzt genau abgesteckt.

Mein Zweifel zieht daraus seine eigenen Schlüsse. Ist unsere Gemeinschaft nicht in zunehmendem Maße selbstbezogen, ja inzestuös geworden? Hin und wieder komme ich mir vor wie ein Mönch, der irgendwo versteckt in einem Kloster lebt, während die Welt da draußen an ihm vorbeizieht. Um meinem Zweifel beizukommen, sage ich zu mir, dass wir die Träger einer kostbaren spirituellen Lehre sind, die viel zu subtil, viel zu anspruchsvoll ist für das Gros der Menschheit. Wir sind Lichtstrahlen in einer düsteren Welt, wir sind die Bäume, welche den Rest der Menschheit mit Sauerstoff versorgen, indem wir uns der Transformation und Andrews Lehre verschreiben.

Unsere Welt hat diese Lehre inzwischen zwar bitter nötig, doch sie hat dies noch nicht erkannt. Das, so sage ich mir, bedeutet es, im Dienste des großen Ganzen zu leben. Mein Zweifel hört mir mit geheucheltem Respekt zu.

Donnerstagnachmittag, es ist der 21. Januar 1997. Andrew, Harry und ich gehen die Staalstraat in Amsterdam entlang. Wir sind unterwegs zu einer öffentlichen Veranstaltung, bei der auch Andrew auftritt. Seit wir das letzte Mal persönlichen Kontakt zueinander hatten, ist eine Menge Zeit vergangen. In letzter Zeit scheint Andrew sich abzusondern, ganz anders als in den frühen Tagen in Devon oder damals im Jahre 1989, als ich zusammen mit John an dem Buch arbeitete. Während seines Amsterdam-Besuchs jedoch habe ich ab und zu Gelegenheit, ihn zu treffen. Er wohnt zusammen mit Harry und Sophia in deren Wohnung in der Rozenstraat, und ein paar Mal bin ich dort eingeladen. Andrew zeigt mir einige Artikel, die in der nächsten Ausgabe seiner Zeitschrift erscheinen sollen, und voller Stolz präsentiert er mir einen Brief von Ken Wilber. Fast wie in alten Zeiten. Trotzdem: Ich weiß, was zurzeit im Kern der Gemeinschaft vor sich geht und dass Andrew gute Gründe für die persönliche Zuwendung hat, die er mir schenkt. Mit Hilfe meines früheren Philosophieprofessors ist es mir nämlich gelungen, ihm einen öffentlichen Auftritt an der Universität von Amsterdam zu verschaffen; er wird dort einen Vortrag halten mit dem Titel «Jedem seine eigene Wahrheit? Über die postmoderne Angst vor dem Absoluten». Nach reiflicher Überlegung erklärte Andrew sich mit diesem Titel einverstanden, und ich klärte ihn ein wenig über die Postmoderne auf. Andrew meint, der Vortrag könnte ein gutes Sprungbrett sein, um in akademische Kreise aufgenommen zu werden, und er hofft, dadurch ein wenig ins öffentliche Gespräch zu kommen.

Beim Vortrag läuft alles reibungslos. Der Hörsaal quillt über vor Philosophiestudenten, die darauf brennen, Andrew über seine Lehre reden zu hören. Auch ein Reporter der niederländischen Zeitung

Trouw ist vor Ort. Ich habe das Gefühl, in der Werteskala um einige Punkte gestiegen zu sein. Zur Abwechslung kann ich Andrews Werk mal unterstützen, anstatt ihm nur zur Last zu fallen und seine Erwartungen zu enttäuschen.

Zwei Tage später erscheint in der *Trouw* ein Artikel über den Abend. Er liest sich größtenteils positiv und ist bestimmt keine schlechte Reklame für Andrew. Nur aus dem letzten Absatz scheint eine Prise Ironie zu sprechen. Es geht um die Tatsache, dass Andrews Schüler sich den Schädel kahl rasieren müssen, während Andrews eigene Frisur von perfektem Styling sei.

Harry, Andrew und ich sitzen am Küchentisch im Haus in der Rozenstraat, als Harry ihm den Bericht in englischer Übersetzung vorliest. Andrew zeigt keinerlei Reaktion; als jedoch jene letzten Zeilen folgen, verzieht er das Gesicht zu einer Grimasse.

«So ein Mistkerl, dieser Interviewer. Dabei hat er so richtig einen auf nett gemacht. Ruf ihn an, Harry! Sag ihm, dass er ein Wichser ist.»

«Ach weißt du, Andrew, das ist vielleicht keine so gute Idee ...»

«Wie bitte? Hast du etwa die Hosen voll? Oder gibst du dem Kerl vielleicht sogar Recht?»

«Nein. Natürlich ist es lächerlich, was er da zusammenschreibt. Aber vielleicht sollten wir den guten Draht zu ihm nicht aufs Spiel setzen.»

«Er ist als Journalist völlig unfähig. Sag ihm wenigstens, dass er in seinem Beruf eine Null ist.»

Harry versucht alles, damit ihm dieser undankbare Job erspart bleibt. Schließlich ist er es, der als Leiter des hiesigen Zentrums mit den Konsequenzen leben muss. Letztlich lässt Andrew die Sache auf sich beruhen.

Zweifel kontra Mysterium

Ein paar Wochen später brechen wir erneut auf nach Indien. Der alljährliche Retreat findet jetzt nicht mehr im schmuddeligen Dorf Bodh Gaya statt, wo man ständig von Dreck und Bakterien umgeben ist und wo im Laufe der Jahre eine Menge Leute schwer krank geworden ist. Diesmal bringen wir erst den Fünfstundenflug nach Delhi hinter uns, um danach weitere fünf Stunden mit dem Zug Richtung Norden nach Rishikesh zu fahren, einer einladenden Stadt im Vorgebirge des Himalaya, wo die Luft noch rein ist. Rishikesh bedeutet «Stadt der Heiligen»; es liegt in der Nähe der Quelle des heiligen Ganges. Auf jedem Quadratmeter befinden sich dort mehr Ashrams, Sadhus, Asketen und Propheten als sonstwo in Indien. Wir haben uns für zwei Wochen einen Ashram gemietet, in dem der Retreat stattfinden soll. Es handelt sich um ein ummauertes Grundstück mit Eigentumswohnungen im indischen Stil. Verglichen mit der Armut und dem Elend in Bodh Gaya wähnt man sich hier beinahe in einem mondänen Winterkurort. Die wohltuende Wintersonne verstärkt diesen Eindruck noch.

Die Vorträge und Meditationen finden in einem großen Saal in der Mitte des Ashrams statt. Andrew hockt im Schneidersitz auf einem kleinen Podium, und 275 Leute sitzen im Halbkreis um ihn herum auf dem Boden, die meisten davon ebenfalls im Schneidersitz, andere auf Stühlen entlang der Wand. Andrew erteilt Meditationsanweisungen und erklärt, wie wichtig das tägliche Training sei, als Voraussetzung dafür, das gesamte aufgestaute Karma zum Abfließen zu bringen, und zwar mit enormer Wucht, da das Bedürfnis, ein eigenständiges Individuum zu sein, eine Riesenblockade aufgetürmt habe. Er sagt, wir wüssten nicht, wohin das Leben uns führe: zur vollen Erleuchtung oder zu etwas weit davon Entferntem. Das Ergebnis jedoch spiele keine Rolle. Solange wir uns dem spirituellen Pfad hingeben würden, seien wir auch frei. Alles, was wir tun könnten, sei, uns selbst mittels völliger Hingabe zu reinigen: Alles andere hänge ab von Karma und Gnade.

Es wirkt sehr befreiend, ab sofort nicht mehr dem unrealistischen Anspruch vollkommener Erleuchtung – was immer das auch heißen mag – genügen zu müssen. Was jedoch verwirrt: dass jener Reinigungsprozess auf einmal alles sein soll, was wirklich zählt, dass er zum Ziel an sich geworden ist. Der Zweifel und ich führen einige sehr offensive Gespräche. Was ist nun aus der Erleuchtung geworden? Hatte Andrew sich getäuscht, als er ganz zu Beginn immer sagte, wir alle seien bereits erleuchtet? Oder haben wir uns als Fehlgriff erwiesen, da wir an unseren Egos festhielten? Und was ist jetzt eigentlich noch so revolutionär an Andrews Botschaft? Ist seine Lehre nicht ziemlich identisch mit dem, was er damals, im Jahre 1987, bei den buddhistischen Lehrern anzuprangern pflegte? Einfach den Pfad beschreiten und sich um die Erleuchtung nicht zu kümmern?

«Betrachtet die Würde und Ehrenhaftigkeit eines Lebens, das ihr nicht um eurer selbst willen führt», sagt Andrew. «Sich um das große Ganze zu sorgen, das ist keine persönliche Entscheidung. Es ist ein tief empfundener evolutionärer Impuls, der euch entgegenschreit: ‹So hat es zu geschehen!› Unsere Aufgabe ist es, aus der Tiefe des Bewusstseins darauf zu reagieren.»

Mein Zweifel meldet sich wieder zu Wort. «Bist du dir sicher, dass es sich um einen evolutionären Impuls handelt, der dich da anschreit – oder ist es einfach nur Andrew, der schreit?»

Die starke Wirkung der gemeinsamen Meditation macht sich sofort bemerkbar. Ich schreibe in mein Tagebuch: «Spürte ein Fließen im Raum, ein Strömen, ein pulsierendes Mysterium – ein beinahe sichtbares Vibrieren. Der Raum schien fortwährend zu implodieren. 275 Menschen brachten gemeinsam einen wunderschönen Akkord zum Klingen. Es war, als tauchte ich die Zehenspitze in eine gigantische, überwältigende Realität – wo alles so ist, wie es immer war und auch immer sein wird; ein flüchtiger Eindruck davon, wie prächtig das Leben sein kann; eine resonierend pulsierende Verkörperung des Mysteriums.»

Am nächsten Tag, während eines Treffens der Gemeinschaft, berichte ich Andrew von meinem ekstatischen Erlebnis.

«Es war dieselbe Erfahrung wie damals vor zehn Jahren», sage ich, eine Spur zu überschwänglich.

«Glaubtest du denn, es habe sich seither was verändert?», fragt Andrew. «Das Mysterium ist stets gegenwärtig, ob wir nun eine Verbindung zu ihm haben oder nicht.»

Seine Augen blicken ein wenig überrascht, als wolle er sagen: «Wie kannst du nach zehn Jahren über dieses große Mysterium noch immer so ins Schwärmen geraten? Du hast dieselbe Erfahrung in den letzten zehn Jahren doch vermutlich Hunderte von Malen gemacht. Wie kann dich etwas so bewegen, das doch Schnee von gestern ist? Warum tust du so, als hättest du etwas völlig Neues erlebt?»

Natürlich hat er Recht. Aber er weiß ja auch nichts von meinem Zweifel. Als mir bewusst wird, dass wir aneinander vorbeireden, versuche ich das Gespräch voranzutreiben.

«Die Notwendigkeit täglichen Trainings ist mir jetzt völlig klar geworden. Wenn wir bei solchen Retreats gemeinsam meditieren, gelingt es mir stets, eine starke Verbindung zum Mysterium aufzubauen. Doch wenn der Retreat vorbei ist und das ganz normale Alltagsleben beginnt, legt sich das meist wieder.»

Das ist als behutsame Anspielung auf das scheinbar aussichtslose Ringen in Amsterdam gedacht – das Ringen darum, die Erfordernisse des Alltagslebens mit Andrews Aufforderung zum spirituellen Training in Einklang zu bringen. Die Qualen, die Erica wegen ihrer Finanzen und ihrer Tochter auszustehen hatte, fallen mir ein.

«Ganz normales Alltagsleben?», fragt Andrew stirnrunzelnd. «Unser Alltagsleben ist alles andere denn normal. So darfst du die Sache nicht betrachten. Und als mein Schüler solltest du es dir nicht gestatten, jenes Mysterium so rasch verblassen zu lassen. Schließlich bekommst du von mir sämtliche Hilfsmittel an die Hand, die du brauchst, um den Kontakt aufrechtzuerhalten.»

Hoppla. Anscheinend nicht das richtige Thema für eine Diskussion. Ich bemühe mich, meine Haltung zurückzugewinnen, und es gelingt mir, zu sagen: «Ja, diese Hilfsmittel sind sehr nützlich. Mein Lauftraining zum Beispiel, diese fünf Kilometer, die ich täglich zurücklege, verleiht mir Selbstvertrauen und Stärke. Und es hilft mir dabei, immer mehr eins zu werden mit meinem Ziel – nämlich, frei zu sein.»

«Du bist ein schneller Läufer», sagt Andrew. «Und heute Morgen sollst du was ziemlich Fieses getan haben. Du liefst zusammen mit Robert, und plötzlich, ohne jede Vorwarnung, bist du mit ihm um die Wette gerannt.»

Alle lachen, auch Andrew. Es war als scherzhafte Anspielung auf meinen Wettkampfgeist gedacht. Ich bin erleichtert, dass unser Gespräch auf die Weise erfolgreich zu Ende geht. Doch im Grunde verrät dieser kleine Dialog eine Menge darüber, wie mein Verhältnis zu Andrew sich über die Jahre verändert hat. Am Anfang war es unkompliziert; ich empfand Vertrautheit, Liebe und Leidenschaft. Heute kommt es mir vor, als würde ich ständig nur versuchen, ihm zu gefallen, ihm etwas zu beweisen, mich als guter Schüler hervorzutun. Mit Schrecken wird mir klar, dass ich im Grunde Angst vor ihm habe. Zu oft habe ich erfahren müssen, wie er mein Schicksal in Händen hielt, und ich weiß, dass es überlebensnotwendig ist, ihn auf meiner Seite zu wissen.

Andrew hat für seine männlichen Schüler nun eine neue Überraschung parat. Schon von Kind auf haben ihn körperliche Kraft und Ausdauer fasziniert. Er selbst hat jahrelang tagtäglich Yoga praktiziert. Jetzt hat er sich für die Männer etwas Neues einfallen lassen: Liegestütze. Eines Morgens vor dem Frühstück stehen wir alle zusammen in Sportkleidung auf dem Dach eines der Ashram-Gebäude. Unsere Aufgabe ist es, so viele Liegestütze wie möglich hinzulegen, ohne dabei mit den Knien den Boden zu berühren. Ich bin von Natur aus ziemlich sportlich, doch das hier ist echt kein Vergnügen. Eine Weigerung steht jedoch nicht zur Debatte. Letztendlich gelingt es mir, hundert Liegestütze zu machen, bei denen ich das Gewicht weitgehend auf meine Hände verlagere. Andere, die mehr Übung haben als ich, schaffen sogar an die dreihundert. Andrew stößt zu uns, um zuzusehen und uns anzuspornen. Er findet es toll, wenn wir Männer so etwas machen. Er selbst nimmt allerdings nicht teil, da er seit seinem Unfall mit dem Taxi in New York an einer chronischen Armverletzung leidet. Die Liegestütze werden zum allwöchentlichen Ritual. Und jeder ist verpflichtet, daran teilzunehmen. Es ist ein Muss! Viele von uns erleiden kleinere Verletzungen.

Als wir wieder in Amsterdam sind, treffen wir uns jeden Sonntag zum Liegestützmarathon – und das bedeutet, Liegestütze machen bis zum Zusammenbruch. Schon bald bürgert es sich ein, dass wir drei bis vier Stunden auf unseren Händen ruhen und Liegestütze in Zehnerserien hinlegen. Einige von uns schaffen es mit dieser Methode, auf Tausende von Liegestützen zu kommen; der Rekord liegt bei 10000. Diese Praxis beansprucht aber zu viel Zeit, deshalb werden die Regeln geändert: Jeder soll so viele Liegestütze machen, wie er innerhalb einer Stunde schafft. Es wird erwartet, dass man den eigenen Rekord Woche für Woche bricht. Schließlich kommt es so weit, dass einer meiner niederländischen Kumpels seine Frustration über dieses unsinnige Experiment zum Ausdruck bringt. Als Andrew es erfährt, schickt er ihm eine Nachricht: Er solle sich gefälligst nicht benehmen wie ein Kleinkind. Der Vorfall scheint Andrew in seiner Überzeugung zu bestätigen, dass niederländische Männer Waschlappen sind. Auch ich halte den Liegestützmarathon für ein lächerliches und sinnloses Unterfangen. Doch ich würde mich hüten, so etwas laut auszusprechen. So sind eben die Spielregeln, und an die hat man sich zu halten. Und obwohl ich sehr gut auf jene Machovorführungen verzichten könnte, muss ich der Fairness halber anfügen, dass die Sache einigen der anderen Jungs wirklich gefällt. Sie beziehen daraus jede Menge Selbstvertrauen, vor allem natürlich auch wegen des Respektes und der Anerkennung, die Andrew ihnen dafür zollt.

Die Mission wird schal

Nach dem Retreat in Rishikesh im Jahre 1997 geht das große Mysterium recht schnell wieder im Gemeinschaftsleben unter, das sich immer klischeehafter gestaltet, immer mehr zum Kampf zwischen Gut und Böse ausartet. Unsere Gespräche handeln davon, wie man archetypischen Schichten der Prägung, die schon jahrelang bestehen, entgegentreten und sie mitsamt ihren Wurzeln beseitigen kann. Das Mindestpensum für spirituelles Training wächst an auf drei Stunden pro Tag. Jeden Sonntag findet ein vierstündiges Meditationstreffen für alle statt, gefolgt vom nachmittäglichen Liegestützmarathon. Andrews Unterfangen ist kosmischen Ausmaßes, da ist keinerlei Pardon zu erwarten, wenn es darum geht, unsere Konditionierungen zu durchbrechen.

Andrew verlangt von uns, dass wir ein Tagebuch führen, in dem wir täglich unsere Erfahrungen im Lichte der fünf Fundamentalsätze zu Papier bringen. Ich schreibe darin, dass wir vom großen Ganzen nicht getrennt seien, dass wir auf das Leben ohne Selbstbezogenheit reagieren müssten und so weiter. Aus dem Tagebuch wird deutlich, auf welcher Denkschiene wir uns bewegen: Wir müssen unser Leben der Aufgabe widmen, Karma zu verbrennen. Was gibt es weiter zu tun? Wie sollte es denkbar sein, unter diesen Vorgaben je wieder ein Privatleben zu führen? Immer wieder stellt sich uns die Frage: Leben wir für uns selbst oder leben wir für andere? Nur eins von beiden ist möglich. Ich schreibe in mein Tagebuch: «Wenn man es nicht vom überpersönlichen Standpunkt aus betrachtet, ergibt das alles keinen Sinn. Betrachtet man es jedoch vom überpersönlichen Standpunkt aus, ergibt alles andere keinen Sinn mehr.» Der Zweifel sagt mir: «Diese Tagebucheinträge sind eigentlich nur Affirmationen, keine wahre Selbsterforschung.»

Marianne und mir gelingt es, zu herausragenden Schülern zu werden; allerdings schaffen wir es nicht, die Führungsrolle zu übernehmen, die jedermann von uns erwartet. Man kritisiert, ich würde nicht genug geben, einfach mein eigenes Leben weiterführen und viel mehr an mich selbst denken als daran, wie ich zum großen Ganzen beitragen könne. In mein Tagebuch schreibe ich oft Formulierungen wie «einfach weiterzumachen», «am Ball zu bleiben», als wären dies plötzlich Tugenden. Das steht in starkem Kontrast zum Jubelruf «Wir alle sind schon hier und jetzt erleuchtet», der vor zehn Jahren ertönte. Andere weisen mich auf die Kluft hin, die zwischen dem besteht, was ich aus Erfahrung weiß – der wunderbaren Erfahrung des Mysteriums – und was ich tatsächlich in die Praxis umsetze. Den anderen mehr entgegenkommen soll ich, mehr geben, mich stärker engagieren, mehr Interesse zeigen, mehr Risiken eingehen. Immer wieder rüge ich mich dafür, dass ich mich in den letzten Jahren eigentlich kaum verändert habe. Ich komme mir schuldig und unaufrichtig vor. Also arbeite ich hart, versuche noch mehr zu geben, und verkneife mir alles, was mit Freizeit und persönlichen Vergnügungen zu tun hat. Unaufhörlich kämpfe ich an gegen das, was ich bei mir als emotionale Schwäche und Selbstsucht diagnostiziere.

Im Sommer 1997 ist wieder etwas mehr Platz für gute Laune. Andrew kommt zu Besuch, hält öffentliche Vorträge und macht mit uns zusammen einen schönen Ausflug an den Strand. Im August findet das jährliche Sommer-Retrreat in der Schweiz statt, wo in den langen Meditationsstunden das große Mysterium wieder die Oberherrschaft übernehmen darf.

Zurück aus der Schweiz, erfahre ich, dass mein Kumpel Donald ausgestiegen ist. Bereits der zweite von vier Soldaten, der das Handtuch wirft. Ich habe jedoch keine Zeit, mich näher damit zu beschäftigen. Sophia fällt in Ungnade und wird zu einem Retreat nach Amerika geschickt. Mir entgeht nicht, dass dies für Harry eine schmerzvolle Angelegenheit ist und dass er sie vermisst. Jetzt, wo Sophia weg ist, erwartet man von Marianne und mir als langjährigen Schülern, mehr Verantwortung bei der Leitung des Zentrums zu übernehmen. Sophia war ein begnadetes Organisationstalent gewesen, wenn es darum ging, eine Gemeinschaft in Gang zu halten.

Andrew, der mittlerweile wieder in den USA ist, entdeckt dort den passenden Ort für eine neue Basisstation seiner Gemeinschaft: ein Landgut namens Foxhollow in den Hügeln von Berkshire in Massachusetts. Für den Preis von zwei Millionen Dollar kauft er das aus einer Villa und mehreren Eigentumswohnungen bestehende, von Hügelketten, aufragenden Kiefern und einem atemberaubenden Panorama umgebene Grundstück. In Foxhollow soll der neue Ashram entstehen. Klar, dass Andrew von sämtlichen Schülern in Marin erwartet, in das neue Hauptquartier umzusiedeln. Gleichzeitig jedoch nimmt er wahr, seine Schüler betrachteten es als Selbstverständlichkeit, mit ihm in einen solch schönen Ashram einziehen zu dürfen. Deshalb verlangt er als Gegenleistung einen Beweis ihrer Loyalität und Ergebenheit. Jeder Schüler muss zahlen, um dort wohnen zu dürfen. Er verlangt tausend Dollar für jedes Jahr, das sie unter seinen Fittichen verbracht haben, bis zu einem Höchstbetrag von 5 000 Dollar. Zahlreichen Schülern, die finanziell ohnehin schon zu kämpfen haben, fällt es schwer, den Betrag aufzubringen. Dennoch ist bis Ende 1996 ein Großteil der Gemeinschaft von Marin nach Foxhollow umgezogen.

Im Oktober 1997 besuche ich Foxhollow für zehn Tage. Es ist ein sehr schönes und weitläufiges Grundstück. In der zentral gelegenen Villa finden Meditationssitzungen, Videovorführungen und gemeinsame Mahlzeiten statt. In den ringsum gelegenen Eigentumswohnungen lebt jeder mit jedem zusammen. An meinem ersten Tag in Foxhollow, nach dem Mittagessen, sehe ich Andrew, der im Flur steht und sich mit ein paar Leuten unterhält. Er sieht in meine Richtung, unsere Blicke begegnen sich, und ich verspüre ein Zaudern, eine Art Scheu. Was soll ich jetzt tun? Zu ihm hingehen? Winken? Wie lauten in einer solchen Situation die Spielregeln? Er befreit mich aus der Zwickmühle, indem er sagt: «Jetzt stell dich nicht so an, komm rüber und begrüße mich.» Es ist mir peinlich. Hastig laufe ich auf ihn zu und umarme ihn. Nahe fühle ich mich ihm dabei nicht.

Auch meinen alten Freund und Feind John treffe ich wieder. Nach seinem Abgang im Jahre 1994 hat er Andrew pausenlos in den Ohren gelegen, er möge ihm doch erlauben zurückzukehren. Schließlich ließ Andrew sich erweichen, und heute lebt John als Regulärer in Foxhollow. Ich finde jedoch, im Vergleich zu unserer letzten Begegnung ist er nur noch ein Schatten seiner selbst, eine leere menschliche Hülse. Es schmerzt mich, ihn in diesem Zustand sehen zu müssen.

Eine Menge Zeit verbringe ich mit Patrick, einem Eliteschüler aus der Londoner Gemeinschaft. Wir trainieren gemeinsam für einen Marathonlauf. Während unserer langen Trainingsstunden haben wir viel Zeit zum Reden. Vor kurzem wurde die englische Männergruppe, die zurzeit in einer Krise steckt, nach Foxhollow zitiert. In London gehe es bei den Männer-Meetings nicht hart genug zur Sache. Die Leute in Foxhollow machen ihnen nun vor, wie man das Ego anderer sofort kampfunfähig stellt. Einige der Engländer erwiesen sich bei den Meetings als äußerst starrsinnig. Einer von ihnen war Patrick, und dies ist auch der Grund, weshalb er in Foxhollow verblieb, nachdem die anderen längst wieder abgereist sind. Patrick erzählt mir, wie er sich einmal bei einem der Meetings weigerte, klar Stellung zu beziehen, und danach von einigen anderen körperlich eine Abreibung erhielt, was er als sehr hilfreich empfand. «Sie zwangen mich, mich auf meine eigene Kämpfernatur zu besinnen», sagt er, «und das half mir, meine Apathie zu überwinden.» Seitdem wisse er, was es bedeutet, ein Mann zu sein.

Ich versuche mein Unbehagen zu verbergen. Ich finde es abstoßend, von körperlichen Übergriffen hören zu müssen. «Warum bist du so geschockt?», fragt mich mein Zweifel. «Das ist doch nur die logische Fortsetzung all der verbalen Züchtigungen, die seit langem an der Tagesordnung sind. Einfach nur die nächste Stufe. In der Liebe und im Krieg ist alles erlaubt.» Ich zwinge mich dazu, meine innere Stimme zum Schweigen zu bringen und mich wieder voll und ganz unserem Gespräch zu widmen. Patrick berichtet mir, dass sie einen anderen Engländer ganz ähnlich behandelt hätten. Der jedoch habe protestiert und sich als unkooperativ erwiesen. Tags darauf zählte er nicht mehr zu den regulären Schülern.

Dann sprechen Patrick und ich über die Zentren in Europa. Es hat sich inzwischen herausgestellt, dass die große Revolution in Europa wohl nicht stattfindet, denn es finden kaum neue Leute in die

Zentren. Beide sind wir der Meinung, dass die Schüler einfach überfordert sind, dass wir zu wenige sind, und alle zusammengepfercht in viel zu kleinen Häusern leben, dass wir nicht genug Schlaf bekommen und an chronischem Geldmangel leiden. Was verspricht sich Andrew eigentlich von dieser Revolution in Europa? Warum macht er aus Foxhollow nicht eine Art Kloster, in dem seine Schüler sich voll und ganz seiner Lehre hingeben können? Daneben vielleicht einige kleinere Ableger in Europa? Solche Vorschläge würden jedoch nicht gut ankommen. Sie riechen nach Zweifeln gegenüber Andrews Mission. Sie könnten darauf schließen lassen, dass in einer Gemeinschaft, deren Ziel es ist, allem die Stirn zu bieten und nichts aus dem Weg zu gehen, vielleicht doch nicht so oft den Schwierigkeiten entgegengetreten wird, dafür aber einer Menge aus dem Weg gegangen wird. Bieten wir nur solchen Dingen die Stirn, bei denen Andrew sich das wünscht? Und wird es jemals möglich sein, darüber zu diskutieren, ob Andrew nicht ebenfalls gewissen Dingen aus dem Weg geht? Den Themen Arbeit und Geld zum Beispiel? Oder dem Thema Machtausübung auf seine Schüler, die inzwischen zur Unterwerfung geprügelt werden?

Rishikesh 1998: die Züchtigung der Frauen

Andrew hatte schon immer seine Zweifel, ob Frauen in der Lage seien, seine Lehre in die Praxis umzusetzen. Im Jahre 1989 diagnostizierte er ihnen eine Art von tief verwurzeltem Widerstand, wie er in der Männerwelt unbekannt sei. 1992 kam er dann mit irgendeiner Theorie über die «Konditionierung der Frau» daher. Demnach verfügen Frauen auf Grund von jahrtausendealten, festgefahrenen Konditionierungen über einen tief verwurzelten Überlebenstrieb, der sie davon abhält, ihre persönliche Sichtweise gegen eine überpersönliche Sichtweise einzutauschen. Andrews Schülerinnen werden geringer geschätzt als seine männlichen Schüler, sie gelten als unfähig, es den Männern gleichzutun und gemeinsam zu einer überpersönlichen Sichtweise zu finden. So jedenfalls kommt es mir vor. Im Jahre 1997 versucht Andrew, den Druck auf seine weiblichen Schüler zu verstärken. Er meint, Frauen seien nicht objektiv genug, sie seien zu emotional und auch zu persönlich. Die Sache beginnt mit einer Art Ehekrach zwischen Andrew und dessen Frau Alka. Andrew findet, sie unterwerfe sich ihm nicht. Schließlich schickt er sie zusammen mit ein paar fortgeschrittenen Schülerinnen in einen Retreat. Andrew konfrontiert die Frauen mit ihrer Neigung, ständig auf Bestätigung von männlicher Seite aus zu sein. Er sagt, sie seien weniger an der Wahrheit interessiert als daran, sich fortwährend bestätigen zu lassen, und dass sie ihre wahren Vorzüge – Sexualität und Dienstbarkeit – dazu missbrauchten, sich die Männer zu kaufen, und dies nur, um sich der eigenen Person nicht stellen zu müssen.

Andrews hohes Interesse an der Konditionierung der Frau wird in der Gemeinschaft zunehmend zum Hauptthema. Während des Retreats in Rishikesh im Jahre 1998 erreicht der Druck, den er auf die Frauen ausübt, seinen Höhepunkt. Bei einem Gruppen-Meeting am ersten Retreat-Tag bietet er seinen weiblichen Schülern einen Vorgeschmack auf das, was noch auf sie zukommt. Er sagt, als er angefangen habe zu lehren, sei er der Überzeugung gewesen, Frauen würden auf dem spirituellen Pfad leichter vorankommen als Männer. Sie seien ihrer Gefühlsebene viel näher und sie seien auch nicht zu stolz, so etwas wie Verzückung ganz offen zu zeigen; sie könnten sich leichter hingeben und seien zu tieferer Liebe fähig. Dann aber lässt er sein meckerndes Gelächter ertönen, das in aller Regel einer drastischen Bemerkung vorausgeht.

«Im Lauf der Jahre ist mir eins klar geworden: Wenn es darum geht, echte Nähe zu entwickeln, die über das Gefühl und über emotionale Zuneigung hinausreicht, kann man von Frauen nichts anderes erwarten als ein großes N e i n!»

Diese Worte schreit er hinaus, dann berichtet er mit grimmigem Gesichtsausdruck, dass er auch bei seinen Meetings mit den Frauen in dem Sangha immer öfter auf dieses große Nein stoße. Plötzlich, so sagt er, sei da eine Mauer aus Angst und Aggression entstanden, ohne dass er wisse, woher die komme. Er könne das nicht verstehen.

Er habe stets geglaubt, Frauen hätten ein schwächer ausgeprägtes Ego als Männer, sie seien weit mehr dazu bereit, anderen zu dienen, und seien viel großherziger.

«Aber ich habe erkannt: Genau dieser Punkt ist es, wo ihre Egos sich verschanzen. Der Ort, zu dem sie Zuflucht nehmen.»

Er macht eine Pause. Meine Gedanken schweifen ab, und ich muss daran denken, was letzte Nacht passiert ist. Clara, eine von Andrews Langzeitschülerinnen, hatte sich darüber beschwert, dass es in der Küche so viel zu tun gebe und sie kaum mehr freie Zeit habe. Als Andrew davon erfuhr, wurde er wütend. «Die kenn ich doch!», schrie er. «Die jammert die ganze Zeit bloß rum!» Er beauftragte die anderen Frauen damit, Claras Bettzeug und ihre persönlichen Siebensachen aus dem Fenster zu werfen. Als Clara in jener Nacht von ihrem Küchendienst zurückkam, musste sie feststellen, dass sie obdachlos geworden war.

Es wird noch stiller im Raum. Jeder fühlt sich jetzt unbehaglich, einschließlich der Männer. Dann beugt Andrew sich nach vorne und sagt in beinahe vertraulichem Tonfall: «Frauen bereitet es viel mehr Schwierigkeiten, zueinander zu finden. Und einander zu vertrauen. Ihr Ego ist sehr viel tückischer. Klar, sie können auf privater Ebene befreundet sein, können auch sehr offen zueinander sein, aber auf überpersönliche Weise zueinander finden, das scheuen sie wie der Teufel das Weihwasser! Dann setzt ihr Konkurrenzdenken ein, dann werden sie gemein gegeneinander und reißen sich gegenseitig in Stücke!»

Wieder erhebt mein Zweifel sein störrisches Haupt. Vor ein paar Tagen hat Andrew alle weiblichen Schüler dazu aufgerufen, ein Bad im kalten Ganges zu nehmen, wohl als eine Art rituelles Bußwerk. Eine der Frauen litt gerade an einer Gehirnerschütterung und fragte die Sangha-Ärztin, ob es nicht gefährlich sein könnte, in diesem Zustand im kalten Wasser zu baden. Obwohl diese Schülerin als Medizinerin sehr wohl wusste, dass die Sache nicht ganz risikolos war, musste ausnahmslos jede baden gehen. «Ist das die eigentliche Bedeutung von Überpersönlichkeit?», fragt mein Zweifel. «Dass nichts persönlich ist und deshalb alles erlaubt, nur um bei anderen eine Veränderung zu bewirken? Dass individuelle Gefühle einfach vernachlässigt werden können? Dass alles legitim ist, solange wir nur auf unsere Egos schießen und nicht aufeinander?» Ich versuche, den Zweifel fortzuscheuchen. Das hat doch nichts mit Bösartigkeit zu tun, sondern mit Mitgefühl. Mitgefühl hat viele Gesichter, nicht nur dieses rührselige, mit dem wir vertraut sind. Alles ist entweder schwarz oder weiß, und dieses ganze Geschwätz über Gehirnerschütterungen und die Gefahr des kalten Wassers war vermutlich total übertrieben.

Mit seinem letzten Satz hat Andrew inzwischen die Bombe platzen lassen, und nun fühlt einer der Männer sich genötigt, ihn ein wenig zu bremsen.

«Aber ist das Konkurrenzdenken bei Männern eigentlich nicht weit ausgeprägter als bei Frauen?»

Andrew nickt. Ja, sagt er, in ihrer eigenen Welt, am Arbeitsplatz, auf oberflächlicher Ebene, dort sei das Konkurrenzdenken bei Männern tatsächlich viel ausgeprägter. Aber wenn sie diese Hürde mal genommen hätten, könnten sie wirklich die Gabe entwickeln, zueinander zu finden. Wirklich aufrichtig zu sein. Die meisten Frauen seien niemals aufrichtig, weder zu sich noch zu anderen. «Das wäre viel zu riskant», sagt er. «Sie glauben, Aufrichtigkeit würde buchstäblich ihr Ende bedeuten.»

Dann seufzt Andrew, als habe man ihn da vor eine unlösbare Aufgabe gestellt.

«Ich hab es zu lange schleifen lassen, aber jetzt bin ich fest entschlossen, es mit der Konditionierung der Frau aufzunehmen. Ich möchte, dass ihr alle (und dabei beugt er sich nach vorne, in Richtung der Frauen) eure tief sitzende biologische Programmierung und eure kulturabhängige Vorstellung dessen, wie und was eine Frau zu sein hat, aus eurem Leben tilgt. Zu welchem Preis das geschieht, ist mir egal. Und das ist mir ernst. Es könnte durchaus bedeuten, dass ihr mir alle davonlauft und ich irgendwann nur noch männliche Schüler habe.»

Schweigen. Einige der Männer blicken einander mit besorgten Gesichtern an. Die Frauen sitzen gesenkten Blickes da, zutiefst betroffen, keine weiß, was sie sagen oder tun soll. Dann bricht Andrew das Schweigen. Er sagt zu den Frauen: «Ich kann bei euch überhaupt keine Reaktion erkennen. Ich weiß nicht, was ich noch tun soll, um zu euch vorzudringen. Warum steht ihr nicht geschlossen auf und trefft euch zu einem Meeting? Ich will, dass ihr irgendeine Reaktion zeigt.»

Eine hinter der anderen verlassen die Frauen den Saal. Als sie gegangen sind, wendet Andrew sich an uns, seine männlichen Schüler. In vertraulichem Tonfall schildert er uns, was für einen Frust er wegen der Frauen habe. Sie würden's einfach nicht packen. Er bittet uns um Solidarität. Wir Männer müssten zusammenhalten bei jenem epochalen Kampf gegen eine tief verwurzelte, archetypische Prägung. «Keiner hat sich da bisher rangewagt», sagt Andrew. Er erklärt uns, Frauen würden hauptsächlich nur nach Bestätigung suchen; sie wollten stets das Gefühl haben, im Grunde ganz okay zu sein. Er warnt uns davor, auf ihre Tücke hereinzufallen, und bittet uns, ihnen die Bestätigung zu verweigern, auf die sie so erpicht sind. Er gibt uns den Rat, mit ihnen äußerst förmlich umzugehen, ihnen zum Beispiel kein Lächeln zu schenken oder das Gefühl zu vermitteln, alles sei okay. Und wir versichern Andrew, ihm in diesem Krieg gegen die Konditionierung der Frau zur Seite zu stehen, komme, was da wolle.

Im Laufe des Retreats eskalieren Andrews Maßnahmen gegen die Frauen. Bei Gruppen-Meetings demütigt er sie vor den anderen, er nörgelt an ihnen herum, schreit sie an. Er will eine Reaktion von ihnen sehen, eine Geste. Er verbietet den Frauen sogar, sich zu entschuldigen, da dies ihre arteigene Reaktion sei, um die Dinge wieder in Ordnung zu bringen. Als einige Frauen den Fauxpas begehen, sich zu entschuldigen, werden sie vom Retreat ausgeschlossen. Sie ziehen in einen benachbarten Yoga-Ashram.

Während eines Sangha-Meetings führt Andrew mit einigen fortgeschrittenen Schülern ein kleines Theaterstück auf. Dabei sitzen alle im Kreis und spielen nach, wie es ihrer Meinung nach in den Frauen-Meetings so zugeht, um die Frauen damit noch lächerlicher zu machen. Sie werden völlig zur Verzweiflung gebracht. Andrew schlägt vor, wir Männer sollten innerhalb des Sangha sämtliche Beziehungen zu ihnen abbrechen, damit sie sich allein überlassen sind. Einigen Männern bereitet dies Schwierigkeiten, vor allem einem niederländischen Schüler, der ein Kind hat. Wir nennen ihn deshalb spießig und hacken pausenlos auf ihm herum. Schließlich kommt es aber doch nicht zu einem Abbruch sämtlicher Beziehungen.

«Warum springt Andrew so grob mit den Frauen um?», fragt mich der Zweifel. «Kann es nicht sein, dass dahinter das gestörte Verhältnis zu seiner Mutter steckt? Seine Mutter hat ihn im Stich gelassen und erst vor ein paar Monaten ein äußerst kritisches Buch über ihn veröffentlicht *The Mother of God*. Ihr Bericht über das Leben in Andrews Gemeinschaft liest sich wie eine Horrorstory. Als es erschien, war Andrew sehr wütend und traf sich mit seinen Schülern in Foxhollow zu langen Meetings, bei denen er das Buch durch den Kakao zog und ganze Passagen daraus vorlas, um zu beweisen, wie ausgesprochen lächerlich und weit hergeholt der Inhalt sei. Kann es sein, dass Andrew den Groll, den er gegen seine Mutter hegt, inzwischen auf seine weiblichen Schüler überträgt?»

7

Endstation

Du bist ein schlechter Mensch!
Andrew Cohen

Eine Mischung aus Freud, Wilber und Einstein

So grob Andrew während unseres Retreats auch mit den Frauen umgeht, so freundlich und nett verhält er sich zu uns Männern. Wir spüren, dass er in diesen beschwerlichen Zeiten unseren emotionalen Beistand braucht, und den geben wir ihm reichlich. Wir treffen uns häufig mit Andrew, manchmal sind es offizielle, noch öfter aber private Treffs. Kameradschaft und Solidarität sind es, die uns verbinden. Wir sind Andrews Truppe, Hand in Hand stürmen wir die Barrikaden der weiblichen Konditionierung.

Dennoch darf man sich bei Andrew nie in Sicherheit wiegen. Gegen Ende der Klausur ruft er die Männer zu einem offiziellen Meeting zusammen. Er äußert sich unzufrieden über seine langjährigen Schüler. Sie sollten sich ihrer Führungsrolle viel stärker widmen und durch Verkörperung des Standards den jüngeren Schülern in stärkerem Maße Vorbild sein, um so zu ermöglichen, dass weitere Gruppenmitglieder lernen, über sich selbst hinauszuwachsen. Daran fehle es, sagt Andrew. Die älteren Jahrgänge seien schon zufrieden damit, einfach nur dazuzugehören, anstatt sich mit Leib und Seele zu engagieren, um die Gruppe in ihrer Gesamtheit auf ein höheres Niveau zu heben. Dies sei die Ursache für das hohe Maß an Stagnation. Ich weiß, auch ich gehöre zu jenen Altgedienten, von denen er spricht. Aber ich denke nicht, dass ich mich auch nur ansatzweise zur Führungskraft eigne; ich bin mehr Überlebenskünstler als einer, der andere motiviert. Mir bereitet es schon Schwierigkeiten genug, die eigenen Zweifel unter Kontrolle zu halten; wie soll ich da bei anderen die große Leidenschaft wecken, um sich Andrews Kreuzzug gegen das Ego anzuschließen?

Am nächsten Morgen um halb acht ruft Andrew uns zu einer Krisensitzung zusammen. Was in der Regel kein gutes Zeichen ist. Er habe sich vermehrt Gedanken über das Thema von gestern gemacht und sei zu dem Schluss gelangt, viel zu schonend mit den Oldtimern umgegangen zu sein. Es sei einfach inakzeptabel, wie sie da so locker durchs Leben gehen und sich ihrer Verantwortung als Rollenvorbild entziehen. Vor allem Dan hat Andrews Zorn auf sich gezogen. Dan ist ein kanadischer Schüler, der schon seit Amherst zu uns gehört. Sein Werdegang folgt dem vertrauten Muster: erst der Aufstieg zum Führungsposten, dann zweimal der große Absturz. Heute tadelt Andrew ihn wegen seiner Selbstsucht, seiner «Realitätsferne» und seiner kleinbürgerlichen Neigung, stets auf Nummer Sicher zu gehen. Doch anstatt sich in ein reumütiges Häufchen Elend zu verwandeln, entschuldigt Dan sich lang und breit dafür, ein solcher Arsch gewesen zu sein, und gelobt Besserung. Andrew stellt ihm ein Ultimatum. Er soll die Leitung der Gemeinschaft in Boston übernehmen, und zwar ab sofort. Wenn er versagt, ist er draußen. Dan meint, er nehme die Herausforderung gerne an, und er dankt Andrew hingebungsvoll für diese einzigartige Chance.

Dann wendet Andrew sich mir zu. Mir fröstelt. Er sagt zu den anderen Gruppenmitgliedern, sie würden mich vielleicht für einen freundlichen und netten Typen halten, der keiner Fliege etwas zuleide tue, doch unter meiner harmlosen Schale verberge sich ein größenwahnsinniger Typ, der sich selbst als eine Mischung aus Freud, Wilber und Einstein betrachte. Allgemeines Gelächter. Dann sagt er, kein anderer Schüler habe ihm in den letzten Jahren so viel Ärger bereitet wie ich. Ich sei der verbohrteste von allen. «Allerdings muss ich auch sagen, dass er weitaus mehr Druck ertragen kann als der Rest. Und ihm zugute halten, dass er niemals an mir gezweifelt hat.» Ein verdächtiges Kompliment, das obendrein nicht mal stimmt. Wenn der wüsste ...

Andrew ermahnt mich ferner wegen meiner Selbstsucht, wegen meines Überlegenheitsgefühls und meiner Neigung, mich in der Gruppe einzuigeln, anstatt eine Führungsrolle anzustreben. Er sagt, wenn ich etwas für andere tue, dann grundsätzlich nur, um selbst Pluspunkte zu sammeln. Als Intellektueller hielte ich es für unter meiner Würde, solch niedere Arbeiten wie Putzen oder Einkaufen zu verrichten. Er wisse nun nicht mehr, was er mit mir anstellen solle, aber das müsse sich ändern, ansonsten ...! Ich höre ihm einfach nur widerstandslos zu, nicke ein paarmal zustimmend, sage jedoch nichts. Im Gegensatz zu Dan bin ich der Überzeugung, dass es am besten ist, beim Rasiertwerden still zu sitzen und sich nicht zu rühren. Andrew scheint auch keine wirkliche Reaktion von mir zu erwarten. Eine öffentliche Demütigung reicht. «Jetzt mach dich auf was gefasst», sagt der Zweifel. «Die anderen können jetzt nämlich Pluspunkte sammeln, wenn sie dich kritisieren.»

Erneut frustriert es mich, dass Andrew an einem echten Dialog nicht interessiert ist. Natürlich igle ich mich ein, aber interessiert ihn denn auch, warum ich das tue? Hat er wirklich keine Ahnung von den Zweifeln, die an mir nagen, oder will er einfach nichts davon wissen? Für ihn wären meine Zweifel wahrscheinlich der unumstößliche Beweis für meinen Größenwahn, ein Zeichen dafür, dass ich im Innersten nicht einmal davor zurückschrecke, mich über ihn zu stellen und zu meinen, er irre sich.

Beim Hinausgehen unterhalte ich mich kurz mit Harry, der ebenfalls an dem Meeting teilgenommen hat. Er sagt nicht viel, nur dass ich mich jetzt gewaltig ändern müsse, wobei er das Wort «gewaltig» besonders betont. Leider muss ich feststellen, dass Harry ebenfalls kein besonders überzeugendes Bild von sich abgibt.

«Was soll das ganze Geschwätz?», fragt mich der Zweifel. «Von wegen sich gewaltig ändern müssen und so? Diese Annahme, man könne sich von einem Moment zum nächsten grundlegend ändern, wenn man nur wolle? Und dass man es dir als aggressiven Widerstand ankreidet, wenn du dich nicht auf der Stelle änderst? Als Unwille zur Veränderung, als Unschlüssigkeit darüber, wie frei du wirklich sein willst? Warum gehen wir uns beim kleinsten Fehltritt gleich gegenseitig an die Gurgel? Warum gilt jegliches Versagen als suspekt, und warum bist immer nur du der Schuldige, egal welche objektiven Umstände eigentlich als mildernd ins Feld geführt werden müssten? Wenn was nicht hinhaut, wenn jemand irgendwie versagt, gehen wir grundsätzlich davon aus, dass er an einem gewissen Punkt etwas falsch gemacht hat. Doch ein Fehler ist stets mehr als das, was er scheint, nämlich der Ausdruck eines tiefer liegenden moralischen Versagens, eines unreinen Motivs, das sich irgendwo verbirgt und dich zu deinem unangemessenen Handeln erst verleitet hat. Und wer sagt eigentlich, Andrews Handeln sei stets angemessen?»

Aus der Zauber!

Im Februar 1998 kehren wir alle aus Rishikesh zurück. Um Marcel steht es nicht zum Besten, er hält sich nicht an den Standard. Ihm sind Zweifel über unser gemeinsames Leben gekommen und er ist sich nicht sicher, ob er weiterhin Teil der Gemeinschaft bleiben soll. Die anderen männlichen Schüler, vor allem ich, haben nun die Pflicht, ihm energisch entgegenzutreten und ihm zu verdeutlichen, wie inakzeptabel sein Verhalten ist. Nach einem sehr intensiven Gespräch während eines Meetings erklären wir ihm, ihm sei heute nicht erlaubt, ins Gemeinschaftshaus zurückzukehren, sondern er müsse in einem Hotel schlafen und sich Gedanken darüber machen, ob er künftig noch zu unserer Gemeinschaft gehören wolle oder nicht. Zwei Tage lang bleibt er im Hotel, um darüber nachzudenken, was er will. Was ihm seine Entscheidung zusätzlich erschwert, ist die Tatsache, dass er zurzeit eine feste Beziehung hat.

Sich aus der Gemeinschaft zu verabschieden, hieße auch, sich von seiner Beziehung zu verabschieden. Irgendwann schreibt Andrew ihm eine Nachricht, er solle nach Foxhollow kommen und sich einem Retreat unterziehen. In Foxhollow finden jetzt permanent Retreat-Tage statt, bei denen etwa zehn Schüler um halb vier Uhr morgens aufstehen, um drei Stunden lang zu meditieren, mit Mantren zu arbeiten und tausend Niederwerfungen zu machen. Insgesamt sechs Stunden lang. Danach gehen sie ihrer täglichen Arbeit nach. Uns fällt ein Stein vom Herzen, dass Marcel bei diesem Retreat dabei ist. Und er ist auch erleichtert. Nun braucht er seine Beziehung doch nicht aufzugeben, und ein Retreat in Foxhollow ist allemal besser als der tägliche Trott in der Gemeinschaft in Amsterdam.

Wenig später gerät ein weiterer Schüler unter Beschuss, weil seine Lebensweise nicht den Vorgaben entspricht. Auch er wird nach Foxhollow in den Retreat geschickt, und so bleiben in unserer Männergruppe in Amsterdam nur drei Leute übrig. Auf Grund der Krisenstimmung, die bei den Frauen herrscht, ist es Aufgabe von uns Männern, das Zentrum zu betreuen.

Im März begibt sich Marianne auf einen zehntägigen Besuch nach Foxhollow, so wie ich es im vergangenen Herbst tat. Ihr Aufenthalt dort gestaltet sich jedoch weit unangenehmer. Sie wird beim Frauen-Meeting sehr hart zur Rechenschaft gezogen, da sie sich ihrer weiblichen Prägung nicht weitgehend genug gestellt habe. Als sie aus Foxhollow zurückkommt, ist sie nur noch ein Wrack. Den Männern ist es weiterhin streng verboten, die Frauen in ihre Gespräche miteinzubeziehen oder ihnen auch nur zuzulächeln, da dies einer Bestätigung gleichkäme und ihnen das Gefühl geben könnte, alles sei in Butter. Jedem von uns, der gerade in einer Beziehung lebt, ist es untersagt, mit seiner Partnerin Sex zu haben, da auch dies dem weiblichen Part zu viel Bestätigung verleihen würde. Zwischen Marianne und mir kommt es dadurch zu einer Entfremdung. Sie wirkt von Tag zu Tag verzweifelter. Mich schmerzt es, sie so leiden zu sehen und gleichzeitig die strenge Haltung ihr gegenüber beibehalten zu müssen. Ich fühle mich einsam und verlassen. Aus meinem Bauch steigen starke Zweifel auf. Werde ich einfach zusehen, wie mit Marianne dasselbe geschieht wie damals in Amherst mit Sarah? Welchen Sinn, welchen Zweck verfolgt das alles, mal abgesehen von der ganzen Phrasendrescherei? Wohin ist die Liebe entschwunden? Ein überwältigender Drang, mein Leben wieder selbst in die Hand zu nehmen, überkommt mich. Doch am Beispiel von Marcel konnte ich sehen, wohin es führt, wenn man hier über seine Zweifel spricht. Also halte ich den Mund.

Der gewaltige Druck macht sich bei jedem Einzelnen von uns bemerkbar, auch bei Harry. Zu unserem Entsetzen wird er zu einem Retreat nach England geschickt. Anscheinend hat er was ausgefressen, keine Ahnung, was. Nun, da Harry und Sophia beide weg sind, ist unsere Gemeinschaft in Amsterdam führungslos geworden. Nur Dorothy, eine australische Schülerin, die schon seit 1987 dabei ist und inzwischen die deutsche Gemeinschaft leitet, kommt wöchentlich für ein paar Tage lang zu uns, um nach dem Rechten zu sehen.

Anfang April erreicht mich ein Anruf von Dan, des neuen Leiters der Gemeinschaft in Boston. Andrew, so sagt er mir, frage sich, was für Fortschritte ich eigentlich auf Grund der Anweisungen gemacht habe, die man mir in Rishikesh erteilte. Dan sagt, ich habe mich davor gedrückt, Andrew zu schreiben. Das sei kein gutes Zeichen, und Andrew habe keineswegs das Gefühl, bei mir habe sich Wesentliches verändert. Ich gerate gewaltig unter Beschuss. Also muss ich noch mehr geben. Was ich meiner Meinung nach auch tue, doch anscheinend bin ich der Einzige, der das so sieht. Ich fühle mich in eine Ecke gedrängt, in der ich nur verlieren kann. Alle Welt erwartet von mir etwas, das ich nicht erfüllen kann, weil ich mich im Innersten gegen das sträube, was sie von mir verlangen: meine Individualität aufzugeben nämlich. Wiederum bezwinge ich mich selbst und gebe mir mächtig Mühe, die Erwartungen meiner Zuchtmeister zu erfüllen. Ich weiß aber, was bei solchen Situationen herauskommt. Habe ich tatsächlich vor, all das ein weiteres Mal zu durchleben?

Sämtliche Schüler begeben sich zu einem Wochenend-Retreat in die englische Küstenstadt Worthing. Da Andrew selbst nicht dabei ist, leitet Dan Andrews Botschaften an uns weiter. Dan spricht von unserer Verpflichtung, das, was wir klar erkannt haben, auch zu leben, und über die zwingende Notwendigkeit, der wandelnde Ausdruck von Integrität zu sein. Bei der Ausübung dieser Pflicht bleibe keine Zeit, über sich selbst nachzudenken oder die Möglichkeit zu erwägen, alles hinzuwerfen, oder der Muße zu frönen oder sonstwie der Angst und dem Zweifel Tür und Tor zu öffnen. Es sei eine Riesenaufgabe, die unbedingt erledigt werden müsse. Die ganze Gruppe bekommt von Andrew eine zusätzliche Übung aufgebrummt: allmorgendlich 600 Niederwerfungen. Bei jeder einzelnen Niederwerfung gilt es im Geiste ein Mantra zu rezitieren, das Andrew sich selbst einfallen ließ: nichts wissen, nichts haben, niemand sein. Das ist die Botschaft, die er uns ins Gehirn pflanzen will.

Ein typischer Tag im Leben der Gemeinschaft sieht nun aus wie folgt: um sechs Uhr aufstehen. Dann die 600 Niederwerfungen, was ungefähr bis acht Uhr dauert. Dann Frühstück, dann auf zum täglichen Broterwerb. Während der Mittagspause am Arbeitsplatz: eine Stunde lang Mantra-Praxis (unter dem Vorwand, ein bisschen im Park herumschlendern zu gehen). Um sechs Uhr zurück von der Arbeit. Um halb sieben ab ins Zentrum. Dort gemeinsames Essen mit den anderen Schülern. Von halb acht bis halb neun Meditation mit Schülern und Laien. Von halb neun bis Mitternacht: entweder ehrenamtliche Arbeit im Zentrum für die Organisation FACE oder Männer-Meeting, oder auch eine Mischung aus beidem. Zwischen elf und zwölf wird oftmals ein Konferenzgespräch mit Schülern aus England, Deutschland oder Foxhollow geschaltet. Gegen ein Uhr Bettruhe.

Der Druck, der sich in Amsterdam aufgebaut hat, erhöht sich zusätzlich. Beim Frauen-Meeting lernen die Teilnehmerinnen, sich gegenseitig anzubrüllen, und jede, die das nicht durchsteht, wird rausgeschmissen. Auch im Wohnhaus schaukelt sich die Stimmung hoch. Als Erica mal schlecht drauf ist, empfiehlt man ihrer Zimmergenossin, entsprechend darauf zu reagieren. Diese weigert sich daraufhin, mit Erica im gleichen Zimmer zu schlafen, und Erica hat auf den Dachboden auszuwandern. Echt erniedrigend. Bereits zwei Wochen später jedoch ist die Rollenverteilung genau umgekehrt.

Die Stimmung gleicht mehr und mehr der in einem Tollhaus. Meine Zweifel verdichten sich. Ist das geistige Gesundheit? Der Druck, der auf Marianne und mir lastet, erhöht sich von Woche zu Woche. Mit Marianne darüber zu sprechen, ist mir verboten. Ich muss mich von ihr als egoistischer Wichser bezeichnen lassen, und jeglicher Versuch, meinen guten Willen zu demonstrieren, wird mir als unaufrichtig ausgelegt.

Von Harry habe ich noch immer keine Nachricht. Ich vermisse ihn. Seine Situation erinnert mich an damals, als John in Retreat gehen musste. Für uns alle ist es unvorstellbar, dass Harry es nicht packen könnte, doch die Möglichkeit besteht. Verbissen versuche ich, meine Zweifel zum Verstummen zu bringen. Ich versuche alles, um mich als guter Führer hervorzutun, versuche bei anderen die Daumenschraube noch fester anzuziehen, sie mit noch größerem Fanatismus anzusetzen. Ich merke, wie ich kalt und unnachsichtig werde, unmenschlich, und das alles im Namen der Revolution. Es ist ein ganz simples Muster: Um mir Andrews Wohlwollen zu sichern, muss ich mich und andere in immer stärkerem Maße verletzen. Was hat das bloß mit Freiheit zu tun? Ein paar Mal gehe ich zu weit, behandle andere allzu unzimperlich, und gerate dadurch selbst unter Beschuss. Dorothy sagt, ich würde mich aufführen wie ein Diktator, ja wie Hitler. Doch solcherlei Phrasen wundern mich längst nicht mehr, ja, ich bin nicht mal mehr in der Lage, sie ernst zu nehmen.

Robert, mein alter Plaggeist aus Zeiten der Buchkrise, der jetzt das Zentrum in London leitet, kommt auf eine Stippvisite nach Amsterdam. Einer der Problemfälle, die er zur Sprache bringt, bin ich. Er hält mir einen Vortrag darüber, wie unverzeihlich, wie durch und durch skandalös mein Verhalten sei. Wie ich «Nein» zu Andrew sagen würde, «Nein» zur Liebe, «Nein» zum spirituellen Fortschritt. Ich bitte um Verzeihung und gelobe Besserung, verspreche mich zu bemühen. Doch meine Überzeugung neigt sich allmählich dem Ende zu. Auch bei Marianne verdichten sich die Zweifel zusehends. Bei einem gemeinsamen Gespräch sondieren wir die Möglichkeiten, auf ehrenhafte Weise auszuscheiden. Um einfach zu gehen, dazu sind wir Andrew und seiner Lehre noch zu stark verhaftet.

Wir wollen uns nur aus der Schusslinie nehmen, da wir spüren, wie wir buchstäblich in den Wahnsinn getrieben werden. Wir erwägen die Möglichkeit, anstatt reguläre Schüler künftig nur noch Laienschüler zu sein. Das Buch, das Luna über Andrew geschrieben hat, würde mich einerseits sehr interessieren, andererseits habe ich Angst vor dem, was die Lektüre bei mir auslösen könnte. Ich erkläre Dorothy, dass ich das Buch gerne lesen würde, und sie sagt, ich solle doch Andrew fragen, ob ich darf. Also schicke ich Andrew eine Nachricht und frage ihn. Seine Antwort fällt positiv aus: «Nur zu, aber leg dir ein paar Tabletten gegen Übelkeit bereit.» Doch Lunas Buch liest sich genau so, wie ich insgeheim vermutet hatte. Viele der Geschichten und Anekdoten entsprechen exakt meinen eigenen Erfahrungen. Luna berichtet über unsere Freundschaft in Amherst, die Haus-Meetings mit Sarah und mir, und schreibt auch, dass ich Sarah damals nicht in Schutz genommen habe. Die Lektüre schmerzt, doch es ist alles wahr.

Die letzte Woche

Ein sonniger Samstagnachmittag. Marianne und ich sitzen in einem Straßencafé mit Blick auf die geschäftigen Amsterdamer Straßen. Ein letztes Mal sprechen wir die Sache durch. Morgen werden wir Nägel mit Köpfen machen. Uns ist beiden klar, dass es so wie bisher nicht weitergehen kann. Wir werden Dorothy klar machen, dass wir künftig keine regulären Schüler, sondern nur noch Laienschüler sein wollen.

Marianne macht sich Sorgen. «Andrew wird bestimmt fuchsteufelswild», sagt sie. «Er wird uns wegschicken für immer.»

Ich versuche, sie zu beruhigen. «Glaube ich nicht. Solange wir ehrlich sind und im Augenblick an der Wahrheit festhalten, wird er unsere Entscheidung auch respektieren.» Mein Zweifel kichert. «Das glaubst du doch wohl selbst nicht!»

In der Bemühung, sowohl meinen Zweifel als auch Marianne eines Besseren zu belehren, fahre ich fort: «Wie sollte etwas, das der Wahrheit entspringt, sich nicht in Einklang mit Andrews Lehren befinden? Es hat keinen Zweck, ein Pflichtgefühl vorzutäuschen, das bei uns längst nicht mehr vorhanden ist. Andrew sagt, jeder, der mit ihm zu tun hat, wird früher oder später von selbst erkennen, wie ernst es ihm ist. Und bei uns steht die Erleuchtung eben nicht auf Platz eins. Das wird er respektieren.»

Marianne ist sich da nicht so sicher. «Weißt du noch, wie er Erica angebrüllt hat, als sie sagte, sie wolle ein wenig kürzer treten?», fragt sie mich. «Und denk an Marcel! Andrew war total wütend auf ihn.»

«Na, es wird wohl nicht leicht werden, aber wir kriegen das hin. Wir suchen uns irgendwo ein Haus in Amsterdam, wo wir gemeinsam wohnen können. Wir werden nach wie vor zur Meditation und zu den Videovorführungen kommen und dem Zentrum auf freiwilliger Basis verbunden bleiben. Das klappt schon.» Ich greife nach ihrer Hand und drücke sie liebevoll.

«Ach ja?», meldet sich mein Zweifel.

Von neun bis ein Uhr findet im Zentrum die Sonntagsmeditation statt. Danach bitte ich die anderen Niederländer um ein Gespräch. Gemeinsam ziehen wir uns in ein Zimmer im ersten Stock zurück. Dort lasse ich die Bombe platzen. Ich möchte kein regulärer Schüler mehr sein. Sie sehen mich an, als hätte ich den Verstand verloren. «Das ist unmöglich», sagen sie. «Das geht auf keinen Fall.» Doch ich übersehe auch die Bedenken in ihren Augen nicht. Damit hatten sie nicht gerechnet. Sie wissen nicht, wie sie reagieren sollen.

Inzwischen hat Marianne sich zu einem ganz ähnlichen Gespräch mit Dorothy getroffen. Ich werde hinzugerufen. Dorothy ist wütend. Sie spricht von Verrat, beschuldigt uns, Andrew ein Messer in den Rücken gestoßen zu haben. «Was soll ich denn Andrew nun sagen?», fragt sie. Sie schickt uns beide weg, in die Stadt. Wir sollen dort jeder für sich noch einmal darüber nachdenken und ein paar Stunden später zurückkommen.

Während ich durch die Straßen laufe, verspüre ich ein berauschendes Gefühl von Freiheit. Die Zukunft breitet ihre Arme aus. Ich laufe am Schaufenster einer Buchhandlung vorbei. Von nun an kann ich ganz allein entscheiden, was ich lese und was nicht. Ich setze mich in ein Straßencafé und bestelle eine Cola. Dann klingelt mein Handy. Es ist Dorothy. Sie ruft mich zurück ins Zentrum, zu einer Gruppendiskussion. Wenn ich in Zukunft irgendwie noch zu Andrews Kreis gehören will, kann ich jetzt schlecht Nein sagen. Also mache ich mich auf ins Zentrum. Die Diskussionsgruppe beschäftigt sich mit einer Passage aus *My Master is My Self*, Andrews erstem schwärmerischen Buch über seine Begegnung mit Poonja. In einer sechsköpfigen Runde zerpflücken wir den Text. Und mir flutschen die Worte nur so raus: über Freiheit, über das Absolute, über Selbstverzicht. So was kann ich mittlerweile schon fast im Schlaf auswendig dahersagen. Total verrückt, diese Situation. Als würde ich zusammen mit den anderen ein absurdes Rollenspiel durchziehen. Wem soll das nützen? Meiner Seele wahrscheinlich. Anscheinend glaubt Dorothy, wenn ich in dieser Diskussionsgruppe wieder mit Andrews Gedankengut in Berührung komme, werde meine Seele zu neuem Leben erwachen, mein Geist werde mich nicht weiter terrorisieren und ich würde neu inspiriert werden. Merkt sie denn nicht, dass genau das Gegenteil der Fall ist? Meine Seele ist es nämlich, die verzweifelt nach Luft schnappt, und nur mein Geist könnte sich noch einmal als anfällig für Andrews Ideologie erweisen.

Nach der Diskussion sagt Dorothy, sie habe für mich eine Nachricht von Andrew. Für ihn sei es völlig inakzeptabel, dass ich zum Laienschüler werden wolle. Er habe über die Jahre viel zu viel Energie in mich investiert. Für mich gebe es zwei Möglichkeiten: Entweder ich kämpfte als regulärer Schüler weiter, oder ich sei ganz draußen. Alles oder nichts – genau das wollte ich vermeiden. Dorothy meint, ich könne ja nochmal drüber nachdenken. «Und was ist mit Marianne?», frage ich. Dorothy sagt, Andrew habe sie weggeschickt, mit den Worten: «Geh doch zu deiner Mama.» Ich bin empört.

Eine Stunde später erreicht mich ein Anruf aus Foxhollow. Dan ist am Apparat. Er will wissen, wie ich mich entschieden habe. Ich bin noch nicht so weit, einen endgültigen Abschied von Andrew zu erwägen, deshalb schaltet sich mein Überlebenstrieb ein. Ich sage ihm, ich wolle weiterkämpfen. «Prima», sagt er. «In diesen schwierigen Zeiten dürfen wir Andrew nicht im Stich lassen.» Auch Marianne ist ins Zentrum gekommen. Als sie erfährt, was Andrew ihr ausrichten lässt, bricht sie in Tränen aus. Ich bin beschämt über meinen Verrat. Wir hätten beide gemeinsam Laienschüler werden wollen. Aber Marianne sieht das anders. Sie freut sich, dass ich den Kampf erneut aufnehme.

Diese Nacht schlafen wir in getrennten Häusern. Die anderen halten es für ratsamer, wenn wir die Nacht nicht zusammen verbringen, damit ich mich nicht aus Gefühlsmotiven heraus weich klopfen lasse. Ich erfahre, dass die anderen Schüler mit Andrew am Telefon gesprochen haben. Anscheinend hat er gesagt, manchmal sei eine kleine Schlägerei nicht zu umgehen, das sei auch Teil seiner Lehre. Die Schlägerei hat tatsächlich stattgefunden – und Marianne und ich sind es, die dabei verwundet wurden. Warum tue ich mir das eigentlich alles an?

Am Montagmorgen bin ich wieder an meinem Arbeitsplatz. Es fällt mir schwer, mich zu konzentrieren. Ich rufe Marianne auf der Arbeit an. Sie hat nicht vor, nach Deutschland zurückzukehren, sie will einfach ihren Job in Amsterdam weiter ausüben. Das stimmt mich fröhlich. Ich sage ihr, wie wütend ich über das bin, was Andrew ihr antut. Sie weiß nicht, was sie sagen soll. Sie unterstützt mich nach wie vor in meinen Plänen, bei Andrew zu bleiben. Ist ihr das etwa wichtiger als unsere Beziehung? Geschieht es mir zuliebe? Ich bin stinkwütend auf Andrew, doch ihn zu verlassen, kommt für mich nicht in Frage. Da ist noch immer etwas, das uns verbindet, etwas, das ich nur als heiliges Band bezeichnen kann.

Inzwischen habe ich auch Lunas Buch fertig gelesen. Im letzten Kapitel zählt sie die sieben Merkmale einer zerrütteten Familie auf, Charakteristika, die ich sofort in meinen Erfahrungen in der Gemeinschaft wiederentdecken kann. Um meinem Ärger Luft zu machen, schreibe ich Andrew einen Brief, in dem ich detailliert schildere, auf welche Weise wir, die Gemeinschaft seiner Schüler, diesen sieben Merkmalen unterliegen. Natürlich schicke ich den Brief nicht ab, das würde meinen sofortigen Abschied bedeuten, und dieser Abschied ist es, den ich verzweifelt abzuwenden versuche.

Nach der Arbeit kaufe ich Blumen für die anderen Schüler: weiße Lilien. Dazu fasse ich ein Entschuldigungsschreiben ab. Es kommt nicht von Herzen, aber ich weiß, es ist das Mindeste. Im Zentrum essen wir gemeinsam, danach meditieren wir. Jeder versucht so zu tun, als wäre nichts geschehen. Wahrscheinlich haben sie Angst, bei mir das Fass zum Überlaufen zu bringen. Spätabends erreicht mich ein Anruf aus Foxhollow. Am Telefon ist eine Gruppe von sechs Leuten. Auch sie versuchen sich vorsichtig an mich heranzutasten, gehen jedoch ein wenig gewagter vor. Sie bedrängen mich, Andrew einen Brief zu schreiben und ihm Blumen zu schicken. Keiner weiß besser als ich, dass dies ein Muss ist. Sie kritisieren, dass ich mich so schwach verhalten habe. Ich antworte, dass ich jenen Anflug von Schwäche, der mich dazu bewogen hat, zum Laienschüler werden zu wollen, bedauere. «Ich weiß auch nicht, was mich da geritten hat», sage ich. Natürlich weiß ich sehr gut, was mich da geritten hat. Es reitet mich noch. Ich fühle mich hin- und hergerissen zwischen meiner Treue zu Andrew und der großen Revolution einerseits, und dem Zorn, der in mir wütet, andererseits. Einer dieser beiden Pole muss sterben.

Am nächsten Tag überwinde ich mich, Andrew eine E-Mail zu schicken, in der ich mich für mein Benehmen entschuldige. Es ekelt mich an, aber da komme ich nicht drum herum. Ich habe auch Blumen nach Foxhollow geschickt. An jenem Abend brüllt Dorothy mich im Zentrum erneut an. Sie ist wütend über die Blumen vom Vortag. Weiße Lilien, das seien Trauerblumen, sagt sie, außerdem sei mein Entschuldigungsschreiben an Andrew viel zu dürftig ausgefallen und nicht von Herzen gekommen. Außer mir hat sie vier weibliche Schüler herbeigerufen. Mir ist klar, dass dies als zusätzliche Demütigung gedacht ist. Wenn sogar den unterlegenen Frauen Kritik an mir erlaubt ist, muss mein Ansehen wohl unter den Nullpunkt gesunken sein. Mir egal. Ich lasse die schroffen Reden einfach über mich ergehen und gebe die gewünschten Antworten. Wo führt das hin?

Als ich am Donnerstagmorgen erwache, ist mir klar, dass ich heute nicht zur Arbeit gehen werde. Ich melde mich krank. Außer mir ist niemand zu Hause, ich bin allein. Ich rufe einen Freund an und schildere ihm meine Situation. Ob ich mal vorbeikommen könne, frage ich ihn. Als er zustimmt, fällt mir ein Stein vom Herzen. Ich kleide mich an und fahre mit dem Zug dorthin. Mein Freund ist etwa sechzig Jahre alt, ein ehemaliger Psychotherapeut. Wir haben gemeinsam Psychologie studiert und über die Jahre den Kontakt nicht verloren, und dies, obwohl er Andrew stets mit sehr kritischen Augen sah.

Ich fühle mich total zerrissen und durcheinander. Ich möchte Andrew verlassen, trotzdem fühle ich mich ihm in absoluter Treue verbunden. Den Glauben an seine Revolution habe ich verloren, und trotzdem hege ich wegen meiner Zweifel Schuldgefühle. Wie Faust werde ich von zwei Seelen in meiner Brust gequält, was mich handlungsunfähig macht. Die Tatsache, dass ich nun bei meinem Freund vorbeischaue, macht deutlich, welche der beiden Seelen ich zu töten gedenke – jene nämlich, die von der Beziehung zu Andrew nicht loslassen will und am Ideal der Erleuchtung nach wie vor festhält. Ich komme mir vor wie ein Alchemist auf der Suche nach Möglichkeiten, die verschiedenen Bestandteile meiner Seele zu beeinflussen, den toten Punkt zu überwinden, damit der Entschluss, den ich fassen möchte, vom stärkeren Teil übernommen werden kann. Ich habe nicht mehr das Gefühl, selbstständig handeln, unabhängige Entscheidungen treffen zu können. In mir liefern sich widerstreitende Kräfte ein schweres Gefecht. Auf dass der Stärkere siege!

Im Arbeitszimmer meines Freundes, dessen Wände reihum mit Bücherregalen bedeckt sind, sitzen wir einander gegenüber, jeder eine Tasse Kaffee vor sich. Aus allem, was ich ihm erzähle, geht klar hervor, dass ich wünsche, Andrew zu verlassen. Trotzdem rät er mir, nichts zu überstürzen, mir Zeit zu lassen, und darauf zu achten, dass die Sache nicht zu einem irreparablen Konflikt ausartet.

Am Nachmittag kehre ich zurück nach Amsterdam und setze mich in ein Straßencafé. Ich sollte Andrew diesen Brief jetzt endlich schreiben. Den Abschiedsbrief. Alles in mir sträubt sich dagegen, diese ganz simple Mitteilung zu Papier zu bringen: dass ich gehen möchte, ohne sämtliche Brücken hinter mir abzubrechen. Was immer ich versuche – ich weiß, es ist zu wenig. Gibt es keine Möglichkeit, auf ehrenhafte Weise auszuscheiden? Pflichtbewusst erscheine ich zum Mittagessen und zur Meditation im Zentrum. Jeder sieht sofort, dass ich einem Gespenst ähnle. Alle gehen sie mir aus dem Weg. Ich denke, das ist auch besser so. Irgendwann fragt mich eine Schülerin, wie es mir gehe. Meine Antwort wirkt nicht gerade aufbauend, das sehe ich an ihrem Gesicht. Sie ermuntert mich, doch hier zu bleiben, nicht aufzugeben. Vom Sünder bin ich nun zum Pflegefall geworden.

An jenem Abend, als ich mich zum Schlafengehen bereitmache, kommt ein Anruf aus Foxhollow: Ich möge Andrew bitte zurückrufen. Endlich ist es soweit: Der Meister höchstpersönlich tritt auf den Plan. Ich nehme den Hörer ab und wähle seine Nummer. Dann meldet sich Andrews Stimme am anderen Ende der Leitung. Nun wird sich alles entscheiden …

Das letzte Telefongespräch

Andrew geht sofort in die Offensive. Er habe schlimme Sachen über mich gehört, und die Leute in Amsterdam wüssten wirklich nicht mehr, was sie mit mir anfangen sollten. Für ihn, so sagt er, sei das nicht akzeptabel.

Wie gewohnt macht seine Intensität mich sofort kampfuntauglich. Ich atme tief durch.

«Nun, Andrew, vergangenen Sonntag habe ich um die Erlaubnis gebeten, als regulärer Schüler auszuscheiden, und ich bin auch weiterhin der Meinung, dies wäre das Beste. Mir ist im Moment nicht danach, ein regulärer Schüler zu sein. Mein Tank ist leer. Wonach mir wirklich zumute ist, wäre ein Rückzug, für ein halbes Jahr oder so. Ich muss meine Batterien erst mal wieder aufladen.»

Andrew stimmt ein höhnisches Gelächter an. Er sagt, so etwas

Dämliches habe er seinen Lebtag nicht gehört. Was solle das denn nützen?

Jetzt ist Rückzug nicht mehr möglich. Ich muss meiner Linie treu bleiben, auch wenn ich genau weiß, dass ihm das nicht gefallen wird.

«Andrew, die neun Monate mit den hundert Rebirthing-Sitzungen hatten einen sehr positiven Effekt auf mich. Sie haben mir sehr dabei geholfen, meine Zielvorstellungen klarer zu definieren.»

Ein sehr fraglicher Vergleich, wie mir auffällt. In Wahrheit will ich einfach nur raus, aber eben ohne gleich alle Brücken hinter mir abzubrechen. Ich handle wie ein Anwalt, der versucht, einen Deal auszuhandeln, und nach einer Auswegstrategie sucht.

Doch Andrew ist nicht in der Stimmung zu verhandeln. Er bleibt fest.

«Dann wärst du also ein halbes Jahr lang aus dem Rennen und würdest wiederkommen als der große André, der erneut zugeschlagen hat, was? Dein Ego hätte sich wunderbar erholt, und du hättest wieder Kraft für ein paar weitere Jahre. Das hat nichts mit meiner Lehre zu tun, André. Oder was meinst du? Sag es mir, André, hat es was mit meiner Lehre zu tun?»

Ich seufze. «Nein, Andrew.»

«Du kennst doch meine Lehre? Es spielt keine Rolle, was du denkst. Es spielt keine Rolle, was du fühlst. Wichtig ist nur, was du tust.»

Josés Song fällt mir wieder ein. All das scheint jetzt so lange her zu sein: die Tage, an denen wir zu viert den verzweifelten Versuch unternahmen, wieder in die Gemeinschaft aufgenommen zu werden. Nun ist José nicht mehr da, Donald ist nicht mehr da – und ich?

Andrews Stimme wird eine Spur lauter, als er mir sagt, es gebe Augenblicke im Leben, während denen wir einfach nur blind zu reagieren hätten, blind den Sprung ins Unbekannte wagen, ohne sich über die Folgen den Kopf zu zerbrechen. Mein Verhalten seit letztem Samstag sei geradezu jämmerlich, und bei den anderen hätte ich mich nicht einmal richtig entschuldigt für das, was ich angerichtet hätte.

«Ja, Andrew.»

«Weißt du was, André, deine persönliche Entwicklung kümmert mich nicht mehr die Bohne. Es geht mir nur noch darum, dich für meine Organisation zu nutzen. Ich brauche dich in Amsterdam. Sogar Harry, dieses Arschloch, lässt mich jetzt hängen. Robert sagt, er stehe es nicht durch. Was für ein Trottel.»

Es schockiert mich, dass Andrew so über Harry spricht, der sich ihm gegenüber im Lauf der Jahre doch tausendmal loyaler verhalten hat als ich. Harry hat sein Leben für Andrew hingegeben. Was will man von so einem Menschen denn noch erwarten? Anscheinend läuft Harrys Retreat nicht gut. Wahrscheinlich ist nach John nun Harry dran. Er soll zerquetscht werden wie eine Laus.

«André, du musst es jetzt einfach tun. Wenn du es jetzt nicht tust, dann waren die elf Jahre mit mir völlig sinnlos. Dann erweist sich im Nachhinein alles als eine große Lüge!» Ich spüre, wie Zorn in mir hochsteigt. Falls Andrew gerade versucht, eine Reaktion bei mir hervorzukitzeln, dann gelingt ihm das sehr gut. Doch jene Reaktion auch zu zeigen, diese Genugtuung werde ich ihm nicht bereiten.

Was er in Rishikesh über mich gesagt habe, so steigert sich Andrew nun, sei noch eine Untertreibung gewesen. Ich sei überhaupt nicht bereit zu geben, ich hätte seine Lehren nicht einmal ansatzweise kapiert. Er sagt, mit meiner Schlauheit machte ich seine Lehre zum Gespött. «Du hast ja keine Ahnung, was wahre Liebe bedeutet. Ich habe das Gefühl, du hältst mich zum Narren, André. Du nimmst mich überhaupt nicht ernst.»

Mir hämmert das Herz in der Brust. Es bereitet mir körperliche Schmerzen, ihn so über mich reden zu hören. Gleichzeitig aber empfinde ich auch ein starkes Gefühl der Abnabelung. Ich verspüre nicht mehr die geringste Verbindung zu ihm. «Ist das der Mann, in den du dich vor elf Jahren verliebtest?», fragt mich mein Zweifel. Mir fehlt die Kraft, dem Zweifel weiterhin entgegenzutreten. Liebt mich dieser Mann? Oder ist er nur wütend auf mich, weil ich mich innerhalb seiner Maschinerie als Risikofaktor erwiesen habe? Weil er mich nicht seinen Vorstellungen gemäß benutzen kann? Meint «sich sorgen für das große Ganze» etwa «sich sorgen um Andrews Gemeinschaft»? Bedeutet «Dein Wille geschehe» etwa «Andrews Wille geschehe»?

Voller Resignation lausche ich seiner Stimme, deren Lautstärke kontinuierlich ansteigt. Ich bin am Ende. Es ist genauso wie damals in Rishikesh, als Andrew mich ebenfalls anbrüllte, nur zehnmal schlimmer. Mein Zweifel lässt nicht locker: «Ist das da am Telefon dein erleuchteter spiritueller Lehrer oder ein fünfjähriger Junge, der gerade einen Tobsuchtsanfall durchmacht?» Ich weiß nicht. Im besten Fall beides.

«Also gut, André. Ich will, dass du mir jetzt sofort antwortest. Wie wird es weitergehen? Wirst du es noch einmal anpacken?»

Schweigen. Ich fühle mich gelähmt wie nie zuvor. Was kann ich Andrew antworten? Dass es mir Leid tut und dass ich alles tun werde, um mein Leben zu verbessern? So wie ich es vor ein paar Wochen zu Robert gesagt habe? Nein, das bringe ich nicht über die Lippen. Soll ich wütend auf ihn werden und ihm sagen, dass er sich benimmt wie ein Kleinkind? Das würde ich am liebsten tun, aber noch immer hält ein dünner Faden der Loyalität mich zurück, von dem ich nicht weiß, worauf er gründet.

Das Schweigen erstreckt sich über drei Sekunden, vier Sekunden. Ich kann förmlich spüren, wie Andrews Wut sich mit jedem Augenblick steigert.

«André», explodiert er. «Du reagierst nicht! Du verheimlichst mir da doch was. Unmöglich, wie aggressiv dein Verhalten ist. Dein größenwahnsinniges Ego hat dich total in seinen Klauen.»

«Ja, Andrew», ist alles, was ich hervorbringe, noch immer wie gelähmt.

«Ich kann das nicht dulden, André. Du willst mich nur verarschen. Bis auf den heutigen Tag hat keiner mich so verarscht wie du.»

Ich sage nichts. Dann höre ich wieder Andrews Stimme, wie sie mich ankläfft, wie sie jedes Wort einzeln betont.

«André», sagt er mit einem drohenden Unterton. «Du bist ein schlechter Mensch!»

Klick macht es, dann ist die Verbindung weg. Ich stehe da, den Hörer in der Hand. Schweiß rinnt mir übers Gesicht. Mein T-Shirt ist völlig durchnässt. Hab ich ihn richtig verstanden? Hat er mich wirklich gerade einen «schlechten Menschen» genannt? Langsam atme ich aus, dabei wird mir erst bewusst, dass ich wohl längere Zeit den Atem angehalten habe.

Eins weiß ich jetzt auf sicher. Der Bann ist gebrochen. Mit diesen letzten fünf Worten hat er das sehr strapazierbare Band unserer Beziehung endgültig zerrissen. Ich kann nicht glauben, dass jemand, der mich einen schlechten Menschen nennt, nur die besten Absichten für mich hegt. Es gibt gewisse zwischenmenschliche Grenzen, die respektiert werden müssen. Ich fühle mich ärgerlich, traurig, erlöst, fest entschlossen. Das war's. Das war das Ende von zwölf Jahren meines Lebens. Das Märchen ist aus und vorbei.

8

Erleuchtungs-Blues

Es spielt keine Rolle, wie viel Zeit du mit deinem Lehrer verbracht hast – wenn du keine Befreiung finden konntest, such weiter. Hüte dich davor, der Nicht-Erleuchtung verhaftet zu sein.
Andrew Cohen

Am nächsten Morgen packe ich meine Sachen und mache mich zur Abreise bereit. Zum Glück sind alle außer Haus bei der Arbeit, so kann mich niemand zurückhalten und versuchen, mir meine Pläne auszureden. Ich schreibe Andrew eine kurze Notiz, in der ich ihm meinen Abschied bekannt gebe. Ich fühle mich fix und fertig, doch gleichzeitig verspüre ich eine unglaubliche Erleichterung.

Es folgt ein ruhiges Wochenende bei meinen Eltern, während die Ereignisse der letzten Tage mir noch immer in den Gliedern stecken. Ich kann das ungeheure Ausmaß dessen, was geschehen ist, noch gar nicht richtig fassen. Habe ich wirklich gerade meinen Guru verlassen? Eine elfjährige Bindung beendet, von der ich stets glaubte, sie sei fürs ganze Leben? Marianne kommt vorbei, um mit mir zusammen zu sein, und gemeinsam machen wir lange Spaziergänge, bei denen wir kaum reden, da wir beide noch viel zu benommen sind für lange Gespräche.

Ein paar Tage später leitet Dorothy eine Nachricht von Andrew an mich weiter: Er ruft mich zur Arbeit. Andrew sei zwar empört über mein Verhalten, er wolle mir aber eine letzte Chance geben, sagt sie. Ich soll nach Foxhollow kommen und mich einem sechsmonatigen Retreat unterziehen. Ein paar Tage später rufen einige meiner alten Kumpels aus Foxhollow bei mir an und bitten mich inständig darum, den Kampf nicht aufzugeben. Mein Ego habe nur vorübergehend wieder nach mir gegriffen, sagen sie, und ich solle die einzige Chance, in diesem Leben zur Erleuchtung zu gelangen, nicht einfach weggeben. Warum nicht einen letzten Versuch wagen?

Die nächsten paar Tage denke ich darüber nach. Ja, warum nicht einen letzten Versuch wagen? Was habe ich schon zu verlieren? Ein intensiver Retreat könnte mir vielleicht wirklich helfen, über meine Begrenztheit hinauszuwachsen. Vielleicht würde ich dort in der Stille, fernab von den Ablenkungen des Alltags zu tiefen und starken Einsichten gelangen? Wie war es doch damals beim Retreat in Kathmandu? Ich fand zurück ins Leben, nachdem ich spirituell schon so gut wie tot war. Wenn ich diesen Überlegungen folge, will ich beinahe schon wieder wollen. Doch eine energische Stimme in meinem Inneren sagt mir, es wäre die falsche Wahl. Ich weiß, dass ich nicht wieder zurückwill. Es ist nicht gut für mich, es schadet meiner Seele. Ich weiß genau: Zurückzukehren hieße, mich gegen mich selbst zu versündigen.

Mariannes Rückkehr

Während der folgenden fünf Wochen leben Marianne und ich zusammen in einer schmalen Dachkammer im Haus meiner Eltern. Dann finden wir eine Wohnung in Amsterdam. Wir versuchen, uns dort ein neues Leben aufzubauen. Im Juni kommt Andrew zu seiner halbjährlichen Vortragsreise nach Amsterdam. Einige Tage nach seiner Ankunft lädt er Marianne zu einem Gespräch unter vier Augen. Er bittet sie, ihren Ausstieg noch einmal zu überdenken, und sagt, es sei schon ein starkes Stück von ihr gewesen, so mir nichts dir nichts einfach wegzulaufen. Ich bin mehr als aufgebracht. Hat Andrew sie denn nicht selbst weggeschickt? Hat er nicht selbst gesagt «Geh heim zu deiner Mami»? Marianne allerdings ist gerührt davon, dass Andrew sie noch immer liebt. Sie besucht seine Vorträge und erwägt ernsthaft eine Rückkehr in die Gemeinschaft. Auch mich bittet sie, noch einmal darüber nachzudenken. Doch das ist wirklich das Letzte, was ich tun würde.

Die Tatsache, dass Marianne an Andrews Lehrvorträgen teilnimmt, zwingt mich dazu, ein für alle Mal zu klären, was ich denke und auf welcher Seite ich stehe. Eins jedenfalls ist klar: Ich glaube nicht mehr an den Mythos von Andrews Vollkommenheit. Jahrelang war dies meine unerschütterliche Überzeugung gewesen. Andrew war für mich nicht nur ein Erleuchteter, er war ein reines und vollkommenes menschliches Wesen. Dieser Bann jedoch ist gebrochen. Andrew ist ein Mensch wie jeder andere, mit Fehlern und Schwächen und allem, was dazugehört. Gleichwohl empfinde ich noch immer Liebe zu ihm, fühle mich seinem Anliegen treu verbunden und möchte der Verwirklichung seiner Ziele auf keinen Fall im Weg stehen. Ich glaube auch weiterhin, dass Andrews Lehre Gültigkeit hat. Die Frage, ob seine Methode nun funktioniert oder nicht, vermag ich nicht abschließend zu beurteilen. Was bei mir nicht klappt, kann ja durchaus bei anderen klappen.

Noch immer ist es mir unmöglich, Andrew zu sagen, was ich wirklich denke. Ich habe Angst, ihn zu verlieren, auch wenn ich ihn längst verloren habe. Ich suche nach einer Möglichkeit, mich auf ehrenvolle Weise zu verabschieden, deshalb schreibe ich Andrew einen Brief, in dem ich seine Lehre auf ebenso bombastische Weise rühme wie zuvor. In sehr behutsamen Worten stelle ich klar, dass ich seine Mission zwar respektiere, jedoch selbst nicht mehr Teil davon sein mag. Ich schreibe ihm, ich sei «bei meinen zahlreichen früheren Krisen nie so weit gewesen, dass ich ernsthaft die Möglichkeit erwogen hatte, auszusteigen, ganz egal welche Mühen das Weitermachen mir auch bereitete. Diesmal jedoch ist es anders. Ich fühle mich der Wahrhaftigkeit deiner Lehren noch immer in Treue verbunden, ebenso deiner Rechtschaffenheit als Lehrer und dem transformativen Potential der Gemeinschaft; trotzdem aber denke ich, dass Treue nicht ausreicht. Ich bin nicht bereit, die Tortur, mir selbst zu begegnen, auf mich zu nehmen». Der Brief endet mit den üblichen Beteuerungen tiefster Dankbarkeit für alles, was er mir in diesen elf Jahren alles gegeben habe.

Der Zweifel sagt: «Glaubst du wirklich, dass in der Gemeinschaft ein ‹transformierendes Potenzial› vorhanden ist? Wo du doch mit den Methoden in so vielerlei Hinsicht nicht einverstanden bist? Und spürst du dich wirklich Andrews Rechtschaffenheit als Lehrer in ergebener Treue verbunden? Wo du doch der Meinung bist, er habe sich dir gegenüber wie ein fünfjähriger Bengel benommen?»

Doch meine Gefühle für Andrew sind komplex. So ganz verstehe ich sie nicht mal selbst. Ich empfinde noch immer Dankbarkeit für alles, was er mir offenbart hat, als ich ihm begegnete. Dafür, dass er mir ermöglichte, in Kontakt zu meinem eigentlichen, meinem innersten Wesen, zu treten, und es zum Erblühen brachte. Doch ergibt es sich, dass Andrew mir die Entscheidung, wo ich eigentlich stehe, gewissermaßen aus der Hand nimmt. Bei ihm ist so etwas wie ein ehrenhafter Abschied einfach nicht möglich.

Am nächsten Tag erreicht mich ein Anruf von Dorothy. Sie sagt, Andrew habe meinen Brief erhalten und lasse fragen, ob ich bereit sei, die Gemeinschaft in Amsterdam auch weiterhin zu unterstützen. Zu diesem Zweck bitte er mich, meine Bereitschaft durch eine monatliche Spende von 1 500 Gulden an die Gemeinschaft zum Ausdruck zu bringen. Wie bitte? Soll das Andrews Antwort auf meinen Brief sein? Auf diese Weise soll ich nun meinen Respekt für seine Mission bezeugen? Ich sage Dorothy, ich würde darüber nachdenken, aber ich weiß bereits jetzt, dass ich nicht bereit bin, dieses Geld zu bezahlen.

Später an diesem Tag kommt Marianne tränenüberströmt nach Hause. Sie war bei Andrew, um ihm mitzuteilen, sie sei wieder bereit, in die Gemeinschaft zurückzukehren. Daraufhin sagte Andrew ihr, in diesem Fall sei es besser, die Beziehung zu mir zu beenden, da ich einen negativen Einfluss auf sie ausübe. Der Brief, den ich ihm geschrieben habe, sei zwar aus menschlicher Sicht verständlich, aus seiner Perspektive jedoch total daneben. Ich bin wütend. Wie kann er es wagen! Bittet mich um eine Spende 1 500 Gulden pro Monat und nimmt mir im gleichen Atemzug meine Freundin weg – und das bereits zum dritten Mal! Keinen Cent werde ich ihm geben! Ich bin stinksauer auf mich selbst, ihm einen solch großherzigen Brief geschrieben zu haben. Ich könnte mir in den eigenen Hintern treten für meine Naivität! Wie oft muss ich mich von dem Typen eigentlich noch verarschen lassen, bevor ich mich endlich aus seiner Gewalt befreie?

Erstes Gespräch mit Harry

Harry ist von London nach Amsterdam gekommen, um Andrews Anlässe zu besuchen. Er macht noch immer viel durch. Als er Marianne bei einem Anlass trifft, sagt er, es sei schade, dass ich nicht hier sei. Er würde mich gerne mal treffen. Ich ihn auch. Unter allen Freunden ist er derjenige, den ich am meisten vermisse. Ich rufe ihn an, und wir verabreden uns.

«Am Donnerstagabend ist mein Umzug», sagt er. «Könntest du vielleicht ein bisschen mit anpacken?»

«Dein Umzug?»

«Ja, ich verlasse das Haus in der Rozenstraat. Ein paar andere Schüler ziehen jetzt dort ein.»

Er versucht, das in unbeschwertem Ton vorzubringen, doch ich spüre den enormen Schmerz, der sich hinter diesen Worten verbirgt. In dem Haus in der Rozenstraat haben Harry und Sophia etliche Jahre zusammengelebt, bis Sophia 1997 sich für ihre Führungsposition in Amsterdam schulen lassen musste. Man schickte sie zurück nach Amerika, um sie einem intensiven spirituellen Training zu unterziehen, und mit der Beziehung zu Harry war es vorbei. Und jetzt auch noch die zusätzliche Belastung für Harry, sein Haus in der Rozenstraat räumen zu müssen!

In der Nacht zum Freitag schleppen Harry und ich Kisten, Matratzen und Schränke aus dem Haus. Es ist fast wie in alten Tagen.

Als wir alles im Umzugswagen verstaut haben, suchen wir uns ein Café.

Harry berichtet mir von seiner Mühsal. Seit März, als die Dinge für ihn ins Wanken kamen, steht er unter gewaltigem Druck.

«Ich möchte dir die Einzelheiten ersparen, André, aber da kam eine Persönlichkeitsschicht in mir hoch, die einfach nur hässlich ist, grauenvoll.» Seit Herbst 1997, als Sophia in Retreat geschickt wurde, war Harry der alleinige Leiter der Zentren sowohl in Amsterdam als auch in Köln. Er reiste ständig zwischen beiden Städten hin und her und versuchte, alles am Laufen zu halten. Da musste ja gelegentlich etwas schief gehen. Ich erinnere mich an ein Treffen mit Dorothy im April, bei dem sie Harry für die Flaute im Amsterdamer Zentrum zur Verantwortung zog.

Harry erzählt mir noch mehr. Man hatte ihn zu einem Retreat nach London beordert. Jeden Tag kam Robert bei ihm vorbei, und jedes Mal schrie der ihn an, weil es mit ihm nicht voranging. Ich erinnere mich, wie Robert mir damals wegen Andrews Buch zugesetzt hat. Ja, das kann ich gut nachempfinden. Jeden Tag, so schildert mir Harry, habe er sich im Spiegel betrachtet und sich gefragt, warum er nicht einfach aussteige. Und von den dunklen Stunden erzählt er, in denen er, blind vor Wut, begann, an Andrew zu zweifeln.

«Und wie geht's jetzt weiter?», frage ich.

«Na ja», sagt Harry. «Andrew war sehr großzügig zu mir. Er gibt mir eine neue Chance. Ich soll für ein Jahr nach Australien.»

«Nach Australien? Aber Andrews australisches Zentrum ist doch erst vor kurzem wegen mangelndem Interesse geschlossen worden! Was willst du denn dort, irgendwo am Ende der Welt?»

«Interessenten für Andrews Lehren zusammentrommeln. Für mich ist das echt eine Riesenchance!»

Je mehr Harry mich von der Großartigkeit seines Auftrags zu überzeugen versucht, umso trauriger wird mir zumute. Harry verbannt nach Australien! Hat man früher dorthin nicht auch Strafgefangene verschickt?

«Und wie läuft's bei dir, André?», fragt Harry.

Ich erzähle ihm alles, die ganze Geschichte. Von dem Telefongespräch mit Andrew, und von meiner Weigerung, in Retreat zu gehen.

«Und wo stehst du jetzt? Warum bleibst du nicht am Ball? Ich weiß, es war eine schwere Zeit für dich, aber bei mir war's auch kein Honigschlecken.»

Das stimmt. Harrys Misere war vermutlich zehnmal schlimmer als meine, und dennoch ist er Andrew treu geblieben. Harry hätte zehnmal mehr Gründe für einen Ausstieg gehabt, aber er blieb bei seinem «Ja», während ich «Nein» sagte. Aus seiner Sicht war er es, der seinem Herzen folgte, während ich in meiner Schwachheit begann, auf meinen Verstand zu hören. Bei Harry ist er noch unversehrt, jener kleine Faden der Loyalität, der bei mir abriss. Für ihn ist der Mythos Andrew noch lebendig. Doch was wird aus ihm werden, wenn die Illusion eines Tages zerbricht? Wohin geht er dann?

Er greift nach meiner Hand.

«André, hast du's denn vergessen? Sariputta und Moggallana? Die zwei buddhistischen Freunde, die einander versprochen hatten, stets beisammenzubleiben, bis zu dem Tag, an dem sie Erleuchtung finden?»

«Harry», antworte ich sanft, aber entschlossen. «Daran glaube ich nicht mehr. So geht es nicht. Ich weiß genau, dass ich kaputtgehen würde, wenn ich weiterhin bei Andrew bliebe. Meine Individualität würde auf der Strecke bleiben.»

«Was du deine Individualität nennst», sagt Harry mit herber Stimme, «das ist nur dein Ego. Das ist nur jener Teil von dir, der scharf darauf ist, sagen zu können: ‹Seht alle mal her, wie toll ich bin! Wie intelligent! Wie überlegen!› – dieser Teil von dir ist der böse Feind.»

Ich bemerke sofort, dass hinter seinen Worten keine echte Überzeugung steckt. Vielleicht versucht er sich selbst ebenso zu überzeugen wie mich.

«Ich sehe das anders», sage ich.

Was wäre dem hinzuzufügen?

«Kannst du meine Entscheidung nicht wenigstens respektieren?», frage ich wider besseres Wissen. «Warum sagst du nicht einfach: ‹Dein Weg ist zwar nicht der richtige für mich, aber ich wünsch dir alles Gute›?»

Harry fixiert mich mit argwöhnischem Blick.

«Dir alles Gute wünschen, André?», fragt er energisch. «In deinem Leben gibt es zurzeit nichts Gutes, und darin wird es auch nie mehr etwas Gutes geben.»

Ich fröstle. Dass er so weit gehen würde, hätte ich nicht erwartet. Es klingt fast wie ein Fluch, den er über mich verhängt. Glaubt er selbst an das, was er sagt? Doch wenn ich mich in Harrys Lage versetze, kann ich ihn verstehen. Er steht ebenso auf der Kippe wie ich vor ein paar Monaten. Natürlich wird auch er von Zweifeln geplagt. Und vermutlich weiß er, dass er verloren ist, sobald er der Möglichkeit, an diesen Zweifeln könne etwas dran sein und Andrew sei keineswegs perfekt, auch nur einen Zentimeter Spielraum lässt. Ich verstehe sein Dilemma durchaus, aber helfen kann ich ihm nicht.

«Vielleicht sollten wir jetzt gehen, Harry», sage ich. «Wir drehen uns sowieso nur im Kreis.»

Harry gibt keine Antwort, starrt nur zu Boden. Hat er vor, mich zu Tode zu schweigen? Kann er den Gedanken nicht ertragen, dass ich jetzt seelisch vor die Hunde gehe? Wieder sage ich: «Vielleicht sollten wir gehen, Harry.»

«Geh ruhig», sagt er mit matter Stimme.

Ich seufze. Muss das sein? Soll unsere fünfzehnjährige Freundschaft so zu Ende gehen? Es schmerzt.

«Schön, ich gehe, Harry. Mach's gut.»

Keine Antwort.

Erst als ich draußen die Prinsengracht entlanggehe, wird mir klar, wie traurig, aber auch wie zornig ich bin. Zwischen Harry und mir steht jetzt eine dicke Mauer, und darüber gibt es keine Möglichkeit der Verständigung. Es quält mich, ihn in diesem Zustand zu sehen. Warum war es ihm nicht möglich, mir einfach alles Gute zu wünschen, auch wenn wir nicht mehr dieselbe Straße gehen? Was für eine Gemeinschaft soll das sein, in der Aussteiger so negativ behandelt werden? Warum räumt man kontroversen Meinungen dort so gut wie keinen Platz ein?

Gespräche mit Marianne

Kurz nach dem Mittagessen sitzen Marianne und ich am Küchentisch, beide haben wir eine Tasse Kaffee vor uns stehen. Sie wirkt traurig. In zwei Tagen ziehe ich aus der Wohnung aus. Ich habe beschlossen, mir ein möbliertes Zimmer zu mieten, damit Marianne allein sein und sich ihren Weg in die Gemeinschaft ungestört zurückbahnen kann. Wieder bittet sie mich inständig, doch mit ihr zu kommen, doch meine Antwort lautet Nein, nie wieder.

«Aber wenn es wirklich das ist, was du willst, zu Andrew zurückkehren, dann solltest du das auch tun», sage ich.

«Aber können wir dann noch Freunde sein?», fragt sie.

«Klar können wir das», sage ich. «Sofern Andrew dir erlaubt, einen Freund wie mich zu haben.»

«Sprich nicht so über Andrew», sagt sie. Und zum x-ten Mal in diesen Wochen entwickelt sich zwischen uns ein Streitgespräch über Andrew.

«Weißt du nicht mehr, was er immer gesagt hat?», fragt Marianne. «Die Persönlichkeit ähnelt einem Spiegel, der für gewöhnlich mit Staub bedeckt ist. Bist du aber erleuchtet, dann wird jener Staub von der Flamme der wahren Einsicht und des Begreifens verzehrt. Der Spiegel zeigt dann eine ungetrübte Reflektion des Absoluten. Das heißt natürlich, Andrews Perfektion ist das Resultat seiner Erkenntnis.»

Ich sage, dass ich daran nicht glaube.

«Ich sehe das anders: In den Anfangsjahren konnte Andrew noch über seine eigenen Fehler und Schwächen lachen. Über seine Angst beim Passieren des englischen Zolls. Seine neurotische Angst, nicht genügend Vitamine zu bekommen. Dann jedoch begann er an den Mythos seiner eigenen Perfektion zu glauben und er verlor die Kontrolle über sein unbewusstes Verlangen nach Macht und Dominanz. Er glaubte, die Wucht seines Erleuchtungserlebnisses bei Poonjaji habe sein eigenes Ego total ausradiert, fortan habe er keinen Schatten mehr gehabt. Doch wenn jemand Tag für Tag von mehreren hundert Anhängern vergöttert wird, kann das leicht dazu führen, dass die letzten in seiner Persönlichkeit verbliebenen Reste von Narzissmus wieder ans Licht drängen. Ich glaube einfach, das Gewicht all dessen, was wir auf ihn projizierten, war zu schwer für Andrew. Er ist unter der Last seines eigenen Narzissmus zusammengebrochen. Und als er damit anfing, Poonja, Trungpa, Da Free John, Osho Rajneesh, Muktananda und all den anderen Gurus vorzuwerfen, sie seien unvollkommen, erhöhte er damit nur den Druck auf sich selbst, den Druck, selber vollkommen zu sein. Je mehr Andrew die Schattenseiten all der anderen Gurus und deren Gemeinden ans Licht zerrte, umso heftiger hatte er zu beweisen, dass er selbst und seine Gemeinschaft solche Schattenseiten nicht haben.»

«Und ich finde, das hat er auch bewiesen. Und er beweist es noch», sagt Marianne voll Überzeugung. «Ich wüsste nicht, in welchem Punkt Andrews Verhalten unvollkommen wäre. Wo ist er denn, sein so genannter Schatten? Ich sehe nichts als einen wundervollen Menschen.»

Bei mir werden weitere Erinnerungen wach: Andrew, die kalte, unnahbare Autoritätsperson. Andrew, der sich bevorzugt mit solchen Schülern umgibt, die ihm sagen, was er hören will. Andrew, wie er in Rage gerät und herumbrüllt, dieser sei ein Wichser, jener ein Loser. Andrew, der mich am Telefon «einen schlechten Menschen» nennt.

«Nun, ich finde, sein Schatten zeigt sich besonders deutlich, wenn es um Macht und Kontrolle geht. Du weißt ja selbst, dass Andrew unser ganzes Leben bis ins Detail unter Kontrolle hielt. Denk nur mal dran, wie er mit mir umgesprungen ist, als ich an seinem Buch arbeitete. Oder als Gina und ich eine Beziehung hatten, und er sie einfach beendete.»

«Was soll denn so schlecht sein an Kontrolle?», fragt Marianne. «In manchen Situationen benötigt jeder von uns Kontrolle. Ein Fußballtrainer kontrolliert seine Spieler auch bis ins Detail.»

«Ja, aber nicht ihr Privatleben.»

«Okay, aber trotzdem. Ein Abt zum Beispiel hat über die Mönche in seinem Kloster die totale Kontrolle.»

«Ja, das liegt daran, dass die Mönche gar kein Privatleben haben. Sie haben ihr ganzes Leben Gott geweiht, oder der Erleuchtung.»

«Na schön, dann haben wir eben wie Mönche gelebt. Was ist daran so schlimm?»

«Na ja, bei Mönchen sind Machtausübung und Kontrolle anerkannt und institutionalisiert. Das spielt sich im Rahmen einer bestimmten Tradition ab. Und es gibt Regeln. All das schützt die Mönche davor, zu Opfern von Machtmissbrauch zu werden.»

«Machtmissbrauch, das sind alles so gewichtige Worte. Wovon redest du überhaupt?»

Ja, wovon rede ich? Was fällt mir ein, Andrew Machtmissbrauch vorzuwerfen? Und trotzdem fühle ich mich gezwungen, auf dieser Denkschiene fortzufahren.

«Pass auf», beginne ich zögernd. «Was Andrew alles von uns verlangt hat, die Schmerzen, die er uns zugefügt hat, das war schon recht heftig. Seine Macht über uns war uneingeschränkt. Er wusste genau, wie verzweifelt wir um sein Wohlwollen buhlten. Weißt du noch, wie Graham seinen 20 000-Dollar-Wagen zu Schrott verwandeln musste? Oder wie Matt den ganzen Weg hinauf zu Andrews Haus auf den Knien rutschte? Oder die hundert Rebirthing-Sitzungen?»

«Ja, aber das hatte doch nur den Zweck, uns zu läutern. Andrew holte eben das Beste aus uns heraus. Natürlich haben wir uns ihm unterworfen, aber das ist doch völlig normal bei einem spirituellen Lehrer und seinen Schülern. Wie sonst hätten wir unser Ego überwinden sollen? Natürlich hat er unsere Unterwerfung hingenommen und auch bejaht. Doch das ist nun mal der Job eines spirituellen Lehrers.»

«Ja, natürlich, er pflegte zu sagen, er wolle uns dadurch nur zum Licht führen. Nichts Persönliches, einfach nur weil der Zweck jedes Mittel heiligt, nicht wahr? Wie die heiligen Kriege, die Kreuzzüge, die Inquisition, ja? Alles nur für erhabene Zwecke, nicht wahr?»

Mir fällt auf, dass ich inzwischen fast schon schreie. Also dämpfe ich meine Stimme ein wenig.

«Du weißt genau, Marianne, dass Andrew immer sagte, es gebe in seiner Gemeinschaft keine Sex- oder Finanzskandale. Bei ihm gehe es offen und ehrlich zu. Gut, es gab auch keine Probleme mit Sex oder Geld – dafür aber mit Macht. Die Machtstrukturen sind niemals hinterfragt worden, ja, es wurde kaum darüber gesprochen. Es galt als ganz normal und verstand sich von selbst, dass Andrew die absolute Autorität in allen Bereichen war. Macht hieß das große Tabuwort, nicht etwa Geld oder Sex. Du weißt, wie viele Briefe wir ihm geschrieben haben. ‹Geliebter Meister, du bist die Sonne meines Universums, du bist der Buddha unserer Tage; du unaussprechliche Verkörperung aller Perfektion! O mein Meister, ich bin nicht würdig, dein Schüler zu sein, doch vergib mir all meine hinterhältigen Sünden›!»

Auf einmal breche ich in Gelächter aus; die ausgesprochene Lächerlichkeit des Ganzen kommt mir auf krasse Weise zu Bewusstsein. Doch Marianne findet es gar nicht lustig. «All jene verzückten Liebesbriefe, die wir ihm geschrieben haben», fahre ich fort, «und für die er uns so liebte. Denk nur, unsere Liebesbriefe hat er sogar als Buch veröffentlicht. Und das soll kein Narzissmus sein? Warum glaubst du, hat man Andrew ein paar Jahre darauf dazu überredet, jenes Buch aus dem Verkehr zu ziehen? Weil die ganze Öffentlichkeit einhellig der Meinung war, Andrew befinde sich auf einem unerträglichen Egotrip!»

Ich spüre, wie ich so richtig in Fahrt komme.

«Sieh dir doch an, was mit Leuten passiert, die bei ihm nicht zu allem Ja und Amen sagen, ihn nicht bewundern, nicht zu ihm aufschauen? Er flippte total aus, wenn er das Gefühl hatte, von anderen nicht ausreichend respektiert zu werden. Vergiss nicht, wie er Aussteiger in aller Öffentlichkeit unmöglich machte, wie er sagte, sie würden ihr Leben lang keine Ruhe mehr finden, wie er von uns verlangte, sie zu ächten! Und wie wir allesamt wutgeladene Briefe an jene Abtrünnigen zu schreiben hatten, die ihren Meister enttäuscht und ach so tief verletzt hatten.»

Wütend widerspricht mir Marianne.

«Andrew ist kein Narzisst», sagt sie. «Natürlich verletzt es ihn sehr, wenn Leute ihm den Rücken kehren, aber das hat mit seinem Idealismus zu tun, und das ist etwas völlig anderes.»

«Ja, sein Idealismus», erwidere ich. «Es ist der gleiche Idealismus, den man auch bei Teenagern antrifft. Du weißt doch, wie man als Teenager so ist? Voller edler, aber unrealistischer Ideale. Alles scheint möglich, aber man hat keinerlei Scharfblick für die ganz realen Probleme, die sich beim Verwirklichen dieser Ideale ergeben. Man erwartet, dass alles sich <auf der Stelle> und <total> zu ändern habe, man betrachtet die Welt durch eine Schwarzweißbrille, alles ist entweder gut oder schlecht, und jede Einschränkung wird als billiger Kompromiss empfunden. Hört sich das nicht ganz nach Andrews Bewertung der Welt an? <Entweder schwarz oder weiß>, so sagt er doch immer. Und beschwert sich darüber, dass kein anderer Lehrer so drastisch zur Sache geht wie er. Alles billige Kompromisse. Tatsache ist, dass die meisten Leute zu gewissen Zeiten solch pubertäre Traumbilder mit sich herumtragen, auf die sie aber später im Leben – ein wenig trauriger zwar, aber auch ein wenig klüger – zurückblicken und ganz schön irritiert sind von ihrem einstmaligen Größenwahn, der sie glauben machte, die Welt ließe sich mit radikalen Idealen erobern. Andrew aber ist es tatsächlich gelungen, seine pubertären Traumbilder zur Realität zu machen, zu einem dauerhaften Lebensstil. Und es gelang ihm, uns alle dazu zu überreden, es ihm gleichzutun.»

Ich schweige kurz, damit meine Worte sich bei ihr setzen können. «Nachdem Andrew zum spirituellen Lehrer geworden war, hatte er es nicht mehr nötig, seine Pubertät zu bewältigen, weil bereits andere alles für ihn erledigten. Er hatte nie einen geregelten Job, musste sich nie seinen Lebensunterhalt verdienen. Dann kam sein Treffen mit Poonja, das ihm den letzten Rest an Bestätigung gab. Der Schwulst ihrer gegenseitigen Verklärung, dann Poonjas Prophezeiung, Andrew werde unter der jüngeren Generation im Westen eine Revolution auslösen, all das war alles andere als hilfreich für ihn. Und es floss in Andrews Arbeit als spirituellen Lehrers ein. Es manifestierte sich bei ihm als die hartnäckige Behauptung, dass buchstäblich alles möglich sei; dass es so etwas wie Grenzen nicht gebe. So sieht man die Welt, wenn man in der Pubertät steckt, und diese Sichtweise wirkt vor allem auf solche Leute sehr attraktiv, die tief im Herzen selbst noch pubertierende Jugendliche sind. Zu guter Letzt jedoch erwies diese Sichtweise sich als unproduktiv. Man ging den Realitäten des Lebens beharrlich aus dem Weg, ja verunglimpfte sie sogar. Job und Karriere waren für Andrew nur ein notwendiges Übel, Familie und Kinder galten ihm als Fehlgriff. Ständig weckte er bei Eltern Schuldgefühle, weil sie den großen Schnitzer begangen hatten, Kinder in die Welt zu setzen. Und die Kinder wurden demselben Regiment unterworfen wie die Erwachsenen. Die Kinder trafen sich sogar zu gemeinsamen Meetings, wo sie sich gegenseitig ermahnten, klar Stellung zu beziehen.»

Marianne lässt sich davon nicht überzeugen.

«Du gibst dich im Moment nur deinem Ärger und deinem Zynismus hin, das ist alles», sagt sie in bitterem Tonfall. «Was bringt es dir, all die Liebe schlecht zu machen? Kannst du nicht einfach voll Demut akzeptieren, dass du überfordert warst? Musst du denn Andrew gleich mit Schmutz bewerfen?»

Es ist schon spät, deshalb beschließen wir, das Thema für heute zu beenden. Doch als ich im Bett liege, will es mir nicht aus dem Kopf. Wieso haben wir Andrew alle so viel Macht zugebilligt? Nun, es war natürlich Teil des ganzen Systems: Deinem Guru gibst du dich bedingungslos hin. Ein System, das vielleicht im Osten funktioniert hat, aber funktioniert es auch für Bewohner des Westens? Kann man seine Individualität so einfach aufgeben? Ist das überhaupt ratsam? Wenn ich darüber nachdenke, wie widerstandslos ich mich habe missbrauchen lassen, werde ich immer zorniger. Warum habe ich es getan? Weil ich mich so unglaublich nach Erleuchtung sehnte, und weil Andrew so überzeugend wirkte. Doch wie heißt es so schön? Macht verdirbt den Charakter. Und die Macht, die er über uns hatte, stieg ihm zu Kopf, besonders von dem Tag an, als er sich über seinen eigenen Guru erhob. Von da an gab es niemanden mehr, der ihm irgendwelche Grenzen hätte setzen können.

Einige Tage darauf richte ich mich in meinem möblierten Zimmer ein, und Marianne besucht ab sofort wieder die Gruppen-Meetings.

Obwohl sie beschlossen hat, zurückzukehren, haftet ihr noch immer ein wenig der Status einer Außenseiterin an. Sie steht auf der untersten Sprosse der sozialen Leiter. Als die Gemeinschaft sich geschlossen zum alljährlichen Sommer-Retreat in die Schweiz aufmacht, bleibt Marianne in Amsterdam zurück. Allerdings bekommt sie eine Menge E-Mails mit Andrews neuer Lehre zugeschickt, die sie voll Begeisterung an mich weiterleitet. Für mich klingt das alles nur noch fad. Ich kann mir kaum vorstellen, dass ich vor ein paar Monaten selbst noch bereit war, für diese Lehre mein Leben hinzugeben. Alles nur schnöder Neid? Bin ich der Fuchs, dem die Trauben zu hoch hängen? Ist es ein Versuch, meine Entscheidung zu rechtfertigen? Oder sehe ich die Dinge aus einiger Distanz einfach viel objektiver?

Inzwischen tut Marianne sich ziemlich schwer damit, wieder in die Gemeinschaft hineinzuwachsen. Sie muss den anderen Schülern erst beweisen, dass sie es verdient hat, denn als Folge ihres Ausstiegs traut man ihr noch nicht so recht. Infolgedessen ist sie einsam, und wir treffen uns weiterhin. Eines Abends betreten wir ein Restaurant, als Marianne mich plötzlich zurückzieht. «Nicht hier», flüstert sie. «Gehen wir woanders hin.»

«Kein Problem. Ich hab sogar schon eine Idee wohin. Ich weiß nur nicht wieso.»

«Da drin sitzen Leute von der Amsterdamer Gemeinschaft.»

Marianne will von diesen Leuten nicht mit mir zusammen gesehen werden. Wahrscheinlich dürfen sie nicht wissen, dass sie noch Kontakt zu mir hat. Ich sage ihr, genau das sei es, was mich nervt. Mir würde es ganz schön stinken, einer Gemeinschaft anzugehören, bei der ich ständig wie paranoid darauf achten muss, mit wem ich meine Zeit verbringe.

Marianne ist anderer Meinung. Sie erinnert mich daran, wie groß der Zusammenhalt in unserer Gruppe gewesen sei und wie sehr dieses gemeinsame Leben uns gestärkt habe.

«Denk doch mal darüber nach, wie perfekt Andrew es hinbekam, stets das Beste aus uns herauszuholen, so dass wir unsere Aufgaben hervorragend erledigten. Du weißt ja, all die öffentlichen Veranstaltungen und Reisen organisieren, die Bücher redigieren und veröffentlichen, die Zentren leiten.»

«Ja, das stimmt schon. Für viele von uns, die draußen im normalen Leben nur zum Durchschnitt gezählt hätten, war die Zugehörigkeit zu Andrews Gemeinschaft natürlich die Chance, Teil einer wachsenden revolutionären Bewegung zu sein, deren Anliegen es war, die spirituelle Kultur des Westens völlig auf den Kopf zu stellen. An dieser wundervollen Entwicklung selbst Anteil zu haben, das war einer der Köder. Dummerweise kam es aber nie so weit. Und keiner von uns wurde richtig erwachsen; wir pfiffen auf unsere Vergangenheit, brachen den Kontakt zu unseren Eltern, Familien und Freunden ab. Wir blieben in der Pubertät gefangen. Wie der Lehrer, so seine Schüler. Hast du vergessen, dass es keinem von uns je gelang, seinen Lebensunterhalt zu bestreiten? Dass wir Jahr um Jahr nur als Gebäudereiniger oder Fensterputzer jobbten, um wenigstens über die Runden zu kommen? Dass wir nur in Schwarzweißkategorien dachten? Und? Hat auch nur einer sich wirklich geändert in all den Jahren? Keiner. Jedenfalls nicht in dem Maß, dass Andrew ihm die Erlaubnis gegeben hätte, ein von ihm und der Gruppe unabhängiges Leben zu beginnen, geschweige denn selbst zu lehren. Wo sind sie denn geblieben, seine Resultate? Was taugt er eigentlich als spiritueller Lehrer?»

«Es ist unsere eigene Schuld, wenn wir uns nicht verändern. Keiner von uns ist es im Grunde wert, Andrews Schüler zu sein. Wir alle haben noch keine klaren Zielvorstellungen.»

«Ja, aber ist ein guter Lehrer denn nicht dazu da, das Maximum aus seinen Schülern herauszuholen? Andrew weiß einfach nicht, wie man mit menschlicher Unzulänglichkeit umgeht. Es passt nicht zu seinem Perfektionsdenken. Ständig reagiert er übertrieben, und wegen jedem kleinen Fehler, den niemand sonst als wirklich schlimm empfindet, geht er sofort in die Luft. Er sieht die Dinge nicht mit dem richtigen Augenmaß, aus jeder Mücke macht er einen Elefanten.»

«Das liegt daran, dass er einfach einen höheren Maßstab ansetzt als wir. Er will auch noch das kleinste Überbleibsel von Ego vernichten, das auf den ersten Blick vielleicht gar nicht als solches zu erkennen ist.»

«Jedenfalls besteht das Resultat darin, dass sich in der Gruppe alles nur um Andrew dreht. Jede Entscheidung, die es zu treffen galt, war verbunden mit der Angst, das Falsche zu tun. Also überließ man die Entscheidung anderen, die sie wiederum Andrew überließen. Und alle versuchten wir so auszusehen wie er, sich zu kleiden wie er, sich zu bewegen wie er. Wir sahen uns die gleichen Filme an, besuchten die gleichen Konzerte und versuchten bei jedem Thema schon vorab zu erraten, was wohl seine Meinung dazu sei. Dann versuchten wir, Andrew oder andere, die ihm näher standen als wir, zu beeindrucken, indem wir einander anschwärzten oder kritisierten. Wenn es uns gelang, jemand in ein schlechtes Licht zu rücken, gab es Pluspunkte. Auf diese Weise versuchten wir unsere Loyalität unter Beweis zu stellen.»

«Das klingt ja lächerlich! Glaubst du im Ernst, wir alle seien Opfer eines totalitären Regimes gewesen?»

«Nun, ich glaube einfach, wir hatten gelernt, uns Andrews uneingestandenen Wünschen und Bedürfnissen bestens anzupassen. Diejenigen, die im Erraten und Vorhersagen am besten waren, bekamen Führungsrollen zugeteilt. Leute wie sie konnte Andrew gebrauchen, bei ihnen waren die Dinge <gut im Fluss>. War Andrew gut gelaunt, konnten sie ihm aufbauende Nachrichten überbringen, ihm schmeicheln und ihm irgendwelche unrealistischen Erwartungen hinsichtlich der Chancen seiner Revolution vorgaukeln. War Andrew jedoch in aufgepeitschter und streitlustiger Stimmung, dann erzählten sie ihm Geschichten von Schülern, die sich angeblich falsch verhielten, oder andere Undinge, die an ihn weitergeleitet werden mussten. Wenn Andrew einfach mal nur in den Tag hineinleben wollte, dann lebten sie mit ihm in den Tag hinein. Die anderen von uns, denen diese Art Anpassung nicht so leicht fiel, wurden Opfer seines unvermittelten Zorns, seiner rasch wechselnden Stimmungen und seiner unberechenbaren Wutausbrüche.»

«Aber in der Gruppe lernten wir auch, dem Leben zu vertrauen, unseren eigenen Erfahrungen zu vertrauen. Wir lehrten uns gegenseitig, geistig über uns selbst hinauszuwachsen und uns einer tieferen Dimension des Lebens hinzugeben. Das war es, was unser enges Zusammenleben bestimmte.»

«Ich weiß nicht mehr so genau, was uns eigentlich verband. Rückblickend scheint es mir so, als habe Andrew uns beigebracht, in einer ganz speziellen Verfassung zu leben, einer Art geistigen Hyperaktivität, die er zu unterschiedlichen Zeiten mit jeweils unterschiedlichen Bezeichnungen versah. Ganz am Anfang hieß sie Erleuchtung oder <im Unbekannten leben>. Später wurde das umbenannt in <überpersönliche Sichtweise>. Hat man einen solchen Zustand erreicht, stärkt er einen, versorgt einen mit Energie. In gewisser Weise schirmt er dich vor negativen Emotionen ab, und du hältst ein Versagen für ausgeschlossen. Alles ist dann möglich, du kannst nach den Sternen greifen. Wie die Hippies im Musical *Hair* waren wir permanent voneinander beschwipst. In Wirklichkeit war alles nur eine große Seifenblase. Und je mehr Zeit verging, umso mehr Mantra-Training, Meditationstraining und Niederwerfungen waren vonnöten, um jenen Zustand aufrechtzuerhalten. Wir mussten mit Gewalt davon überzeugt werden, dass dies das Nonplusultra war, dass wir einen bahnbrechenden Beitrag zur menschlichen Fortentwicklung auf diesem Planeten leisteten. So gesehen verfolgte das ganze Training durchaus seinen Zweck, schließlich sorgte es dafür, dass wir ständig high blieben.»

«Und was ist mit dem Vertrauen, das wir erlernt haben? Oder haben wir etwa nicht gelernt zu vertrauen?»

«Ehrlich gesagt: Ich glaube, dass es mir nach all den Jahren, die ich in der Gemeinschaft verbracht habe, eher schwerer fällt, einem anderen Menschen zu vertrauen und mich ihm zu überlassen. Und zwar deshalb, weil Andrew das Vertrauen, das ich ihm und seiner Gemeinschaft schenkte, stets aufs Neue enttäuschte. Ich lernte somit nie, meiner eigenen Intuition zu vertrauen. Nein, trauen konnte ich nur meiner eigenen Erfahrung, und dies auch nur, solange sie der Gemeinschaft nicht gegen den Strich ging.»

«Aber zumindest hast du gelernt, dich niemals in die Welt da draußen einzufügen, dich ihr niemals anzupassen.»

«Ja, klar, das haben wir gelernt: uns nicht <in die Welt da draußen> einzufügen. Aber hatten wir die <Welt da draußen> nicht einfach gegen <Andrews Welt> eingetauscht? War es nicht ein ziemlich abgeschlossenes und recht klaustrophobisches Universum, in dem wir da lebten?»

«Trotzdem: Wir haben gelernt, zusammenzuleben und über uns selbst zu sprechen. Uns emotional zu öffnen, und stets offen über unsere Gefühle zu sprechen.»

«Gut, aber mal ehrlich, Marianne, wie offen waren wir denn wirklich? Konnten wir jemals über etwas sprechen, ohne Angst davor haben zu müssen, was die anderen dazu sagten – oder mehr noch, was Andrew dazu sagen würde? Ich glaube, es wurde zu meiner zweiten Natur, mich und alle anderen ständig über meine Gedanken und Gefühle anzulügen, sofern sie nicht mit Andrews Lehre in Einklang waren. Wir lernten alle, wie man seine Zweifel im Keim erstickt. Ich will nicht leugnen, dass ich in den Diskussionsgruppen und bei den Männer-Meetings auch gelernt habe, klar und objektiv zu denken. Doch auch das wiederum nur innerhalb der Grenzen von Andrews Lehren. Trotz der großen und hehren Worte, alles erforschen zu wollen und keine Tabus zu kennen.»

«Ja, aber diese Meetings und die vielen Gespräche haben uns stark gemacht. Wir erlernten Courage und Beharrlichkeit, wir lernten, wie man mit Herausforderungen umgeht. Und wie man auch unter widrigen Umständen überleben kann, seinen Zweifeln keine Beachtung schenkt und niemals aufgibt.»

«Richtig!», lache ich. Ich weiß, dass ich Marianne provoziere, aber ich bin nun mal wütend. «Wir wurden zu spirituellen Kriegern, bestens ausgebildet für die große Erleuchtungsschlacht: die Jesuiten des 20. Jahrhunderts!»

An jenem Abend werden wir tatsächlich zusammen im Restaurant entdeckt. Marianne hat nun dafür geradezustehen, dass sie weiterhin mit mir verkehrt. Man stellt sie vor die Entscheidung: entweder die Gemeinschaft oder ich. Tränenüberströmt kommt sie zu mir, und wir führen ein langes Gespräch. Sie sagt, sie wolle aus der Gemeinschaft raus und wieder mit mir zusammen sein. Ich weiß nicht so recht, was ich davon halten soll. Ich bin noch immer verletzt wegen dem, was geschehen ist, und habe das Gefühl, wonach Marianne sich zurücksehnt, sei jene «Partnerschaft im Dharma», die wir pflegten, als wir noch alle beide an Andrews Revolution glaubten. Jetzt hat sich eine tiefe Kluft zwischen uns aufgetan. Marianne glaubt weiterhin an Andrews Revolution, fühlt sich aber auch allein und ist sich unschlüssig, ob sie weiterkämpfen soll. Ich glaube nicht mehr daran. Wie soll da eine Beziehung möglich sein? Ich schlage vor, erstmal nur Freunde zu bleiben und ein paar Wochen abzuwarten. Sie ist total verzweifelt und möchte die Nacht mit mir verbringen. Ich fühle mich betreten und traurig, versuche sie zu beruhigen. Irgendwann geht sie allein nach Hause.

Marianne beschließt, ihre Eltern in Deutschland zu besuchen, und auch ich fahre für zwei Wochen weg. An den Stränden der Dominikanischen Republik unternehme ich lange Spaziergänge und denke über vieles nach. War alles nur ein Wunschtraum, eine Wundertüte voller leerer Versprechungen?

Auf emotionaler Ebene empfinde ich meinen Bruch mit Andrew noch immer als eine äußerst heikle Sache. Mir wird bewusst, dass die letzten sechs Monate bei mir hauptsächlich aus Schmerz und Trauer bestanden haben. Noch immer vermisse ich Andrew. Doch es gelingt mir nicht mehr, an eine Perfektion zu glauben, die nicht einhergeht mit menschlichem Anstand, mit einer warmen und liebevollen persönlichen Zuwendung, mit Freundlichkeit und Zuspruch, mit Verletzlichkeit und einer bescheidenen Normalität. In meinen Augen ähnelt dieser Mythos von der Vollkommenheit zu sehr dem Mythos des Narzissus: Er ist kalt und herzlos.

Ich weiß, ich werde nie zurückkehren. Ich möchte mein eigenes Leben leben, meine eigenen Entscheidungen treffen, meine eigenen Fehler machen. Ob in meinem Leben nun eine «Entwicklung» stattfindet, interessiert mich nicht mehr. Aber mein Leben soll es sein, mein unverfälschtes Leben.

Als ich nach Amsterdam zurückkehre, habe ich wieder einen einigermaßen klaren Kopf. Am Tag nach meiner Ankunft rufe ich Marianne an. Bei ihr ist der Urlaub völlig anders verlaufen. Aufgeregt berichtet sie mir, dass sie beschlossen hat, sich der Gemeinschaft wieder anzuschließen. In Deutschland habe sie lange und schonungslos über ihr Leben nachgedacht und sie sei zum Schluss gelangt, dass ihre Liebe zu Andrew das Wichtigste sei, was es für sie gebe. Es sei für sie das große Glück. Ich gehe davon aus, dass ihr verboten wurde, sich mit mir zu treffen. Was soll's? Vielleicht ist es ja besser so.

Im Dezember 1998 kommt Andrew erneut zu seinem halbjährlichen Besuch nach Amsterdam. Diesmal besuche ich seine Veranstaltungen, um herauszufinden, wie sie inzwischen auf mich wirken. Mit Verwunderung stelle ich fest, dass ich keinerlei Draht mehr zu ihm verspüre, dass seine Worte auf mich wirken wie eine gesprungene Schallplatte. Sein Gerede vom Ego, das wir töten müssen, um zur Freiheit zu gelangen, empfinde ich nur noch als fundamentalistisch. Was war daran eigentlich so aufregend? Um seinen Zuhörern die Bösartigkeit des Egos an einem Beispiel zu verdeutlichen, erzählt Andrew ihnen die Geschichte von einer reichen amerikanischen Frau, einer seiner Schülerinnen, die ihn vor ein paar Tagen verlassen hat. Er schimpft sie eine Narzisstin und berichtet, wie sie ihm einst zwei Millionen Dollar für sein Zentrum in Foxhollow gespendet habe, jedoch nicht bereit gewesen sei, mit ihrem Ego zu brechen. Der verächtliche und aggressive Ton, in dem er seine Geschichte vorträgt, schockiert und bestürzt mich. Er schämt sich nicht, über eine Schülerin, die ihm zwei Millionen Dollar geschenkt hat, in aller Öffentlichkeit Gift und Galle zu spucken. Ich finde so etwas, gelinde ausgedrückt, unanständig. Ich kenne die betreffende Frau, und ein paar Tage später gelingt es mir, mit ihr zu telefonieren. Als sie erfährt, wie Andrew sie vor seinen Zuhörern durch den Schmutz zog, ist sie geschockt und total am Boden zerstört, nicht nur wegen der Demütigung, sondern vor allem, weil sie fest daran glaubte, Andrew werde die Zwei-Millionen-Dollar-Spende vertraulich behandeln. Während ich ihr zuhöre, formt sich vor meinem geistigen Auge ein schauderhaftes Bild. In Wirklichkeit sei es so gewesen, dass

Andrew sie flehentlich um die Spende gebeten habe. Der Betrag habe immerhin 80 Prozent ihres gesamten Vermögens ausgemacht. Sie habe sehr bestürzt und verwirrt reagiert, da sie glaubte, ein Nein hätte für sie das Aus als Andrews Schülerin bedeutet. Sie war der Gemeinschaft, Andrew und dem spirituellen Pfad in Liebe zugetan. Zwei von Andrews Schülern redeten wegen dieser Sache mehrere Wochen lang auf sie ein. Schließlich ließ sie sich erweichen und versprach, das Geld zu spenden. Sie glaubte, damit der Welt einen Beitrag zu leisten, da das Grundstück in Foxhollow schließlich vielen Leuten das Tor zu Andrews Lehren öffnen würde. Erschwerend kam jedoch die Tatsache hinzu, dass das Geld Teil eines Familienvermögens und deshalb nicht sofort verfügbar war. Daraufhin ließ Andrew, der den Grundstückskauf bereits durchgezogen hatte, ihr keine Ruhe mehr, also beschleunigte sie die ganze Prozedur. Die überstürzte Transaktion führte dazu, dass sie einen stattlichen Geldbetrag einbüßte und obendrein das gute Verhältnis zu ihrer Familie ernsthaft gefährdete. Rückblickend bewertet sie Andrews Vorgehen als sprechendes Beispiel dafür, wie Macht den Charakter verdirbt. Ihre Geschichte erfüllt mich mit Abscheu.

Ute

Wie erwartet sehe ich Marianne nach ihrer Rückkehr in die Gruppe nicht wieder. Damit beginnt für mich eine einsame Zeit. Nach und nach nehme ich Kontakt mit anderen Schülern auf, die Andrews Gemeinschaft ebenfalls verlassen haben. Eine von ihnen ist Ute, eine blonde, 38 Jahre alte Yogalehrerin, die genau wie ich elf Jahre unter Andrews Fittichen verbrachte. Eigentlich kommt sie aus Österreich, zog jedoch, als sie Anfang zwanzig war, nach Amsterdam, reiste ein Jahr durch Indien und begegnete Andrew in demselben Wohnzimmer in Amsterdam wie ich. Danach folgte sie Andrews Gemeinde nach Amherst, Boston und Kalifornien, bis man sie 1995 nach Europa schickte, um dort in Köln beim Aufbau einer frisch gebackenen deutschen Gruppe zu helfen.

Wir kennen einander gut aus der gemeinsamen Zeit in Kalifornien, wo wir dasselbe Gemeinschaftshaus bewohnten. Ute hat nie eine sexuelle Beziehung zu anderen Gruppenmitgliedern gehabt, denn sie war von Andrew zum Zölibat verpflichtet worden, was sie auch sieben Jahre lang durchhielt. Anfang dieses Jahres trennte sie sich schließlich von der Gemeinschaft, weil sie Sehnsucht «nach dem Leben» und nach einer Beziehung verspürte. Sie wohnt noch immer in Köln.

Wir führen lange Telefongespräche. Ich schildere ihr, was ich mit Marianne erlebt habe, und sie berichtet mir von ihren Bemühungen, sich ein eigenes Leben aufzubauen, den passenden Job und den passenden Partner zu finden. Gemeinsam beklagen wir, wie schwierig es für uns ist, eine Beziehung zu einem Menschen aufzubauen, der nicht weiß, was wir bei Andrew durchgemacht haben. Irgendwann besuche ich sie in Köln. Wir verbringen ein nettes Wochenende, danach besucht sie mich in Amsterdam. Ich spüre, wie ich mich in sie verliebe. Da ich sie zuvor fast nur als kahl geschorene Zölibatärin kannte, hätte ich nicht geglaubt, mich in sie verlieben zu können. Jetzt aber muss ich gestehen, dass sie wunderschön ist. Mehr noch, bei Ute finde ich genau jenen emotionalen Beistand und jene Nähe, die ich bei Marianne vermisste. Ich fühle mich geliebt als der, der ich wirklich bin, nicht als ein Schüler, der nach Andrews Lehren lebt. Unsere Beziehung ist keine überpersönliche Beziehung zum Wohle des großen Ganzen, sondern eine sehr persönliche Wahl zu unserem eigenen Wohl.

Nachdem wir ein paar Monate lang hin- und hergereist sind, um einander sehen zu können, und täglich sehr ausschweifend miteinander telefoniert haben, beschließen wir, zusammenzuziehen. Ute kommt nach Amsterdam, und wir finden eine schöne Wohnung für uns zwei. Weiterhin analysieren wir gemeinsam, warum Andrews Revolution nicht funktionierte. Ute sagt, darin liege eine gewisse Tragik. So viel wäre möglich gewesen. Andrew sei in vielerlei Hinsicht auf einem guten Weg gewesen. Es sei ihm darum gegangen, eine erleuchtete Gesellschaft zu erschaffen, in der Egoismus und Wettbewerbsdenken nicht mehr im Mittelpunkt stünden. Eine Gesellschaft, in der man freigebig sei und lerne, kulturelle oder persönliche Unterschiede zu überwinden. Ich gebe ihr Recht. Niemand jedoch war in der Lage, die Lehre so in die Praxis umzusetzen, wie Andrew es vorschwebte. Und warum nicht? Das ist die große Frage, über die Ute und ich unermüdlich diskutieren.

Wir versuchen, die Dinge von Andrews Warte aus zu betrachten. Vielleicht tat er ja tatsächlich sein Bestes. Nachdem er einige Jahre gelehrt hatte, erkannte er selbst, wie naiv es war, an eine «spontane Erleuchtung im Hier und Jetzt» zu glauben, und dass sich die Transformation nicht durch ein Eintauchen ins Meer der Glückseligkeit einstellte. Daraufhin beschloss er, eine offizielle Gemeinschaft zu gründen, ein Laboratorium des Lebens, mit Haus-Meetings, mit Männer- und Frauen-Meetings. Nach einer Weile jedoch erkannte er, dass dies nicht ausreichte. Es kam zu keiner dauerhaften Veränderung, zu keiner Transformation. Was ihn auf die Idee brachte, die Seelen der Gruppenmitglieder mittels spirituellen Trainings zu läutern, wie es auch bei etablierten Religionen stets der Fall ist. Als dies wiederum nicht zu der gewünschten Transformation führte, kam ihm die Idee mit den Retreats und den Phasen intensiven spirituellen Trainings. Wiederum ganz wie bei den etablierten Religionen mit ihren Klöstern und Mönchen. Aus Andrews Sicht ist die Revolution noch längst nicht gescheitert, sie hat sich nur als schwieriger erwiesen denn erwartet, weil die Menschen so verbohrt sind, so egoistisch, und ihre Egos derart hartnäckig.

Objektiv gesehen jedoch steckte Andrews Revolution von Anfang an voller Mängel, und zwar auf Grund von Andrews persönlichen Schwächen – nicht die geringste davon, seine Überzeugung, keine Schwächen zu haben. Aber auch wegen der Beschränkungen, die sich von allein ergeben, wenn man versucht, das autoritäre östliche System von Guru und Jüngerschar in den Westen zu transponieren, wo die Menschen auf persönliche Unabhängigkeit und Kreativität weit mehr Wert legen. Individuelle Unterschiede spielten für Andrew überhaupt keine Rolle. Seine Lehre folgte dem Motto «Ein und derselbe Schuh für jeden Fuß». Wir hatten nie die Möglichkeit, eigene Entscheidungen zu fällen oder auf eigene Faust mit dem Leben zu experimentieren.

Zufällig stoßen Ute und ich auf das Buch *The Guru Papers* von Joel Kramer und Diane Alstad. Die Lektüre dieses Werks öffnet uns beiden die Augen. Es beschreibt all jene Verführungstaktiken, vorhersehbaren Muster und Formen des moralischen Verfalls, welche die Beziehung eines Gurus zu seinen Jüngern kennzeichnen. Kramer und Alstad weisen auf die äußerst simplen Mechanismen hin, die bei solchen Beziehungen zusammenspielen: Alles dreht sich um Kontrolle und Unterwerfung. Ferner wird mit ausgeklügelten Rechtfertigungen gearbeitet, der verlockenden Aussicht auf Erleuchtung und absolute Befreiung. Nach Meinung der Autoren ist es nicht einmal zwingend notwendig, dass die Gurus selber einen moralischen Defekt haben, obwohl es das natürlich durchaus auch gibt. Der Machtmissbrauch, zu dem es kommt, habe keine persönlichen, sondern strukturelle Ursachen. Die von Autorität geprägte Situation, in der ein charismatischer Guru absolute Macht über seine Anhänger ausübt, führe schier zwangsläufig zum Entstehen schädlicher Mechanismen. Die Jünger projizieren ihre Vorstellung von Vollkommenheit auf den Guru. Akzeptiert der Guru diese Projektion, steckt er in Schwierigkeiten.

Auf Grund dieser neuen Erkenntnisse gelingt es Ute und mir, unsere Strapazen mit Andrew nicht ausschließlich aus unserer persönlichen Sicht zu analysieren und somit unsere Empörung und unseren Zorn auf ihn ein wenig zurückzunehmen. Jetzt lernten wir ja doch noch, die Zeit mit Andrew aus dem berühmten überpersönlichen Blickwinkel zu betrachten, scherzen wir. In dieser Zeit geschah ganz und gar nichts Besonderes. Wir waren einfach nur Mitglied einer von vielen sektenähnlichen Gruppen, die ihren Anhängern das Gefühl verleihen, etwas Besonderes zu sein. Unsere Erfahrungen unterscheiden sich nicht wesentlich von dem, was tausend andere in spirituellen und politischen Gruppierungen erleben. Uns wird klar, dass ein moralischer Verfall kaum zu umgehen ist, wenn ein charismatisches Individuum Macht über eine Gruppe von Anhängern bekommt. Alle autoritären Gruppen folgen auf die eine oder andere Weise dieser Dynamik. Die starke Gewichtung von Unterwürfigkeit, das Glück, das man anfangs dabei verspürt, mit etwas Größerem verschmelzen zu dürfen, die Dogmen, die Vorschriften und Regeln, die Unterdrückung von Zweifeln – überall ist es das Gleiche.

Kramer und Alstad schreiben, eine spirituelle Gruppe durchlaufe für gewöhnlich zwei Phasen: die messianische und die apokalyptische Phase. Während der messianischen Phase sind alle davon überzeugt, ihre Revolution werde schon bald auf die gesamte Welt übergreifen. In dieser Phase herrscht Partystimmung. Wenn der Gruppe irgendwann dämmert, dass nichts Dergleichen geschehen wird und dass die Welt von ihrer revolutionären Botschaft nichts hält oder – schlimmer noch – dass sich die Welt dafür gar nicht interessiert, schlägt die Stimmung um. Die Welt wird nun zum Feind, und die Gruppe beginnt sich abzukapseln. Während der apokalyptischen Phase behilft sich der Lehrer, indem er die Anforderungen an seine Jünger hochschraubt und Anpassung, Gehorsam, Treue und Ergebenheit von ihnen fordert. Die Jüngerschar wird kleiner, und der Arbeitsaufwand, um alles am Laufen zu halten, immer größer. Der Lehrer indes lässt sich Denkmäler errichten.

Dies, so meinen Ute und ich, sei exakt die Phase, in die Andrew und seine Gruppe vor geraumer Zeit eintraten. Der Kauf und die Renovierung des Grundstücks in Foxhollow, das war das Errichten eines solchen Denkmals. Für die Erfordernisse der Gemeinschaft ist es einige Nummern zu groß, zu großartig, und die Schüler sind es, die mit ihrer Zeit, ihrem Geld und ihren Anstrengungen dafür zu bluten haben.

Andrew redet sich bei seinen Vorträgen weiterhin den Frust mit seinen Schülern, denen es an Ernsthaftigkeit mangele, von der Seele. Auf Grund von Lunas Buch erscheinen in Zeitungen wie dem *Quest Magazine*, dem *Boston Globe* und der *LA Times* einige sehr kritische Berichte über Andrew und seine Gemeinde. Andrews Antwort besteht in der Herausgabe eines schmalen Bändchens mit dem Titel *In Defense of the Guru Principle*. Als wir es lesen, bestätigen sich unsere schlimmsten Befürchtungen darüber, wo Andrew hinsteuert. Er behauptet, das gesamte spirituelle Establishment sei nur darauf aus, ihn scheitern zu sehen, da die etablierten Autoritäten vor seiner revolutionären ethischen Haltung Angst hätten. Kein Mensch verstehe seine kompromisslose Botschaft, alle Welt sei gegen ihn, und keiner sei bereit, ihm zu glauben, dass er keine Schattenseiten habe.

Zweites Gespräch mit Harry

Am 30. April 1999 gehen Ute und ich zusammen in den Vondelpark, um das traditionelle niederländische Fest des Königinnentags zu feiern. Überall im Park werden Spiel- und Vergnügungsmöglichkeiten für Kinder angeboten. Auch Andrews Amsterdamer Gemeinde ist vertreten, mit einem Kindertheater, einem Dartspiel, Second-Hand-Kleidung und Leckereien. Für die Gemeinschaft sind die Einkünfte, die sich mit dem Stand erzielen lassen, eine wichtige Geldquelle. Aus einer Laune heraus beschließe ich, am Stand stehen zu bleiben. Ich schüttle ein paar Leuten die Hand, und es werden einige steife, unnahbare Höflichkeiten ausgetauscht. Marianne ist auch da, doch es sieht so aus, als würde sie mich absichtlich übersehen. Dann entdecke ich plötzlich Harry, der einen großen Cowboyhut trägt. Obgleich unser letztes Treffen so katastrophal endete, freue ich mich, ihm zu begegnen. Ich gehe auf ihn zu und schüttle ihm die Hand. Auch er freut sich, mich zu sehen. Erst letzte Nacht, so erzählt er mir, sei er von seinem einjährigen australischen Exil zurückgekommen. Ab sofort werde er das Zentrum in London leiten, da es mit Robert, der dort bislang zuständig war, zurzeit große Probleme gebe. Mir gelingt es, ein Grinsen zu unterdrücken. Wenigstens das Leiden verteilt sich in Andrews Gruppe sehr gerecht und demokratisch. Ich habe erfahren, dass Robert sich bei einem späteren Retreat in Rishikesh den Kopf kahl rasieren musste und er während des gesamten Retreats Geschirr zu spülen hatte, um anschließend nach Australien geschickt zu werden.

Zusammen schlendern Harry und ich durch den Vondelpark. Er fragt, wie es mir jetzt gehe und ob ich über eine Rückkehr nachdenke. Ich sage Nein, eine Rückkehr sei für mich ausgeschlossen. Meinen Entschluss habe ich nie bereut.

«Aber sieh mal», ruft Harry laut und breitet dabei die Arme aus. «Jetzt bist du nur einer von vielen Leuten in diesem Park, die alle unwissend sind, in ihrem Ego gefangen – Leute, die nur für sich selbst leben!»

Obgleich ich diese Sichtweise der Welt so lange Zeit geteilt habe, zwingt seine Arroganz mich zum Stehenbleiben. Hat denn wirklich jeder in Andrews Gruppe das Gefühl, weit über dem Rest der Menschheit zu stehen? Ich erkläre Harry, dass ich rückblickend gar nicht das Gefühl habe, während meiner Zeit mit Andrew so weit über den anderen Menschen gestanden zu haben.

Harry sagt, etwas so Dummes habe er noch nie gehört.

«Wie kannst du so was nur sagen?», fragt er mich fassungslos. «Wir haben unser Leben schließlich für eine so tief greifende und allumfassende Sache wie die Erleuchtung hingegeben. Erleuchtung – sagt dir das denn gar nichts mehr?»

«O. k., das ganze Erleuchtungsgerede mag ziemlich erhaben klingen», sage ich. «Aber was schaut unterm Strich denn eigentlich dabei heraus? Erleuchtung, das bedeutet unter anderem die Fähigkeit, sich selbst ein für alle Mal von der Krankheit namens Ego zu heilen. Daran glaube ich nicht mehr. Ich glaube eher an die Wirksamkeit fortwährenden Bemühens, ständigen Einsatzes, ohne den Zielpunkt, wo sich deine sämtlichen Konflikte restlos in Luft auflösen. Vielleicht lassen unsere Konflikte sich niemals vollends lösen; vielleicht wird unser Wesen sich niemals von Grund auf ändern. Elf Jahre lang haben wir über radikale Veränderung gesprochen, und elf Jahre lang ist nichts passiert!»

«Das wissen wir inzwischen alle, dass Erleuchtung nicht so einfach funktioniert, wie wir zunächst glaubten. Doch während deiner Zeit bei Andrew hast du dich wenigstens noch darum bemüht, dein Ego zu überwinden, André! Jetzt aber suhlst du dich darin, und findest das anscheinend auch noch ganz in Ordnung. Was du damals in Schach zu halten versuchtest, dem lässt du jetzt einfach freien Lauf.»

«Harry, ich glaube, alles, was du umzubringen versuchst, kehrt insgeheim mit umso größerer Wucht in dein Leben zurück. Ich glaube eher daran, dass man dem Ego auf ganz natürliche Weise entwachsen kann, so wie ein Kind, wenn es größer wird, seine kindlichen Interessen und Vorlieben von selbst aufgibt. Ich glaube eher an eine Integration der Persönlichkeit als an irgendeine Art von Läuterung, deren Ergebnis es ist, sich über seine Persönlichkeit zu erheben und sich von ihr zu befreien.»

«Aber siehst du denn nicht, dass diese Persönlichkeit, die du da integrieren willst, reine Illusion ist? Dieses <Du> als etwas Eigenständiges, das ist reine Illusion! Alles ist überpersönlich!»

«Das mag sich gut anhören, aber sieh doch mal, wozu es geführt hat. Ich glaube, wir sind alle einer Gehirnwäsche unterzogen worden. Es war auf keine Weise möglich, eine starke Individualität zu entwickeln, von der Norm abzuweichen, irgendwelche eigenen Interessen jenseits der Gruppe zu pflegen, sich ein Stück Privatleben außerhalb der Gruppe zu bewahren.»

«So sieht spirituelle Revolution eben aus. Das ist ja gemeint mit Leben im Dienste des großen Ganzen.»

«Das kauf ich dir nicht ab. Diese Art von Spiritualität mag ein getreues Fußvolk hervorbringen, aber sie hindert uns meiner Meinung nach daran, gesunde, moralisch unabhängige, verantwortungsbewusste Menschen zu werden.»

«Quatsch! Andrew ist sehr daran interessiert, dass wir zu moralischen und verantwortungsbewussten Menschen werden. Deshalb spricht er ja so viel vom Willen und von der Absicht, deshalb sagt er ja, wir müssen für all unsere Taten Verantwortung übernehmen und das Richtige tun.»

«Ja, aber das Richtige war stets identisch mit dem, was Andrew von uns verlangte. Kannst du mir ein einziges Beispiel dafür nennen, dass jemand eine eigene Entscheidung getroffen und auch dann noch zu ihr gestanden hätte, wenn Andrew anderer Meinung war?»

«Andrews Blick ist ja auch viel klarer als der unsere. Wir können uns nicht einfach über ihn hinwegsetzen! Er ist unser Meister!»

«Siehst du, deshalb könnt ihr auch niemals etwas anderes werden als gute Andrewianer. Unter echter Spiritualität verstehe ich jedoch etwas anderes.»

«Es schockiert mich, André, wie du solche Dinge sagen kannst und dabei auch noch so glücklich mit dir und deinem Leben zu sein scheinst. Ist dir überhaupt bewusst, auf welch fürchterliche Weise du dich da mit deinem Ego verbündest?»

Wieder stehen wir uns Mann zu Mann gegenüber. Und wie schon im letzten Jahr ist eine echte Verständigung ausgeschlossen.

Epilog

Endlich erscheint uns der Horizont wieder frei, gesetzt selbst, dass er nicht hell ist, endlich dürfen unsre Schiffe wieder auslaufen, auf jede Gefahr hin auslaufen, jedes Wagnis des Erkennenden ist wieder erlaubt, das Meer, unser Meer, liegt wieder offen da, vielleicht gab es noch niemals ein so «offenes Meer». *Friedrich Nietzsche*

Leben nach Andrew

Fünf Jahre sind vergangen, seitdem ich Andrew verlassen habe. Ute und ich haben in Amsterdam ein neues Leben angefangen, und wir sind sehr glücklich. Was für eine wunderbare Erfahrung, in einer Beziehung zu sein, die einfach auf der Freude gründet, sich zu begegnen und zusammen zu sein. Ich unterrichte jetzt Philosophie an einem Gymnasium und an einer Universität, und daneben bin ich dabei, eine Dissertation über Nietzsche fertig zu schreiben. Über Nietzsche, Zen und moderne Spiritualität halte ich Vorträge in und um Amsterdam. Ute arbeitet als Yogalehrerin und unterrichtet Deutsch an einem Gymnasium. Es hat Jahre gebraucht, bis wir zurückfanden in so etwas wie ein «normales» Leben im Rahmen der Gesellschaft, in ein Leben, in dem es scheinbar nicht mehr darum geht, ständig nach einer «radikalen und umfassenden Transformation» zu streben. In Tat und Wahrheit fühlt sich das Leben, wie wir es heute führen, weit weniger abgeschottet und dogmatisch an als das Leben, wie wir es unter Andrew führten. Uns scheint diese Art zu leben spirituell weitaus lebendiger zu sein.

Eine der beglückenderen Erfahrungen ist die der intellektuellen Freiheit. Mein Streben nach Erkenntnis atmet neues Leben, denn heute wird es nicht länger eingeschränkt durch vorgefertigte Antworten einer Ideologie, die einst meinen kritischen Verstand zum Schweigen brachten. Wie aufregend ist es doch, mit dem Leben zu experimentieren, leidenschaftlich lebendig zu sein und eigene Antworten zu finden! Heute weiß ich mich frei, kreativ zu denken, das Leben aus verschiedenen Blickwinkeln zu betrachten und unterschiedliche Meinungen gelten zu lassen. Was bedeutet es, als Mensch ethisch zu leben? Was bedeutet es, im Leben Sinn und ein Ziel zu finden? Gibt es so etwas wie Selbstlosigkeit auch tatsächlich? Oder sind Selbstlosigkeit und Selbstbezogenheit nicht verbunden, gehören sie nicht untrennbar zusammen wie die zwei Seiten der einen Münze? Wenn ein Mensch erleuchtet wäre, wie würde sich das zeigen? Und was ist falsch daran, man selbst zu sein, anstatt transformiert zu sein oder gar erleuchtet?

Gina, Sarah, John und Robert sind immer noch mit Andrew zusammen. Harry hat ihn im Jahr 2000 verlassen und lebt seitdem in Costa Rica. Während des vergangenen halben Jahres war er jedoch unterwegs, und so hat er sich bereits verschiedentlich bei Ute und mir aufgehalten. Ich bin glücklich, ihn als Freund zurückzuhaben.

Marianne habe ich seit fünf Jahren nicht mehr gesehen, außer im November 2000, als sie unerwartet Kontakt mit mir aufnahm und wir zusammen einen Kaffee trinken gingen. Andrew hatte am Abend zuvor in Amsterdam einen Vortrag gehalten. Beim Kaffeetrinken berichtete mir Marianne, dass sich die Dinge in der Gemeinschaft sehr verändert hätten. Sie sagte, Andrews Schüler seien untereinander nicht mehr so unbarmherzig, vielmehr bemühe man sich um eine Atmosphäre von Liebe und Vertrauen. Der Eindruck, den ich im Gespräch mit ehemaligen Schülern gewann, seitdem ich selber draußen bin, ist allerdings ein gänzlich anderer: Die Atmosphäre in der

Gemeinschaft scheint härter geworden zu sein, es herrscht zunehmend eine Mentalität von «wir und die anderen», wobei «wir» die wenigen Auserwählten sind, denen eine ignorante Masse gegenübersteht. Andrews Maßnahmen zur Bestrafung gegen Schüler, die gegen Regeln verstoßen, scheinen weiterhin im Schwange zu sein. Viele Schüler machen sich davon, einige flüchten bei Nacht und Nebel. Wie mir einer erzählte, packte er seine Sachen, stieg nächtens aus dem Fenster und bestellte per Handy ein Taxi.

Andrew lehrt noch immer in aller Welt. Seine Zeitschrift *What is Enlightenment?* ist mittlerweile ein Hochglanzmagazin in Farbe und wird allerorten verkauft. Seine multinationale Gemeinschaft funktioniert nach wie vor, obschon viele der Schüler, die seit Anfang dabei waren, sie hinter sich gelassen haben.

Nachdem ich Andrews Gemeinschaft verlassen hatte, begann ich mich zu fragen, warum ich dort mitgemacht und warum ich es darin so lange ausgehalten hatte. Ich suchte nach Schlüsseln für mein Verhalten, indem ich mich meiner eigenen Psychologie zuwandte. Bereits als Junge hatte ich die Wahrheit bei Gott gesucht – und die Erlösung bei Carla. Meine Fantasien nach einem Verschmelzen passten gut zu Andrews Verbindung mit Poonja: Ein entwaffnend unschuldiger junger Amerikaner wurde eins mit dem Absoluten und forderte mich auf, sich ihm hinzugeben, auf dass mir Gleiches widerfahre.

Aus einem bestimmten Blickwinkel betrachtet, erscheint meine Beziehung zu Andrew als so etwas wie eine verpfuschte Liebesgeschichte. Als ich mich in Amsterdam in ihn verliebte, war das Leben auf einen Schlag großartig, und unsere Liebe war bedingungslos: du und ich, vereint im Absoluten. In Amherst schlichen sich in Andrews Liebe Bedingungen ein: Damit ich dich lieben kann, musst du dich ändern. In Marin entzog er sich mir als Geliebter zunehmend: Hier geht es nicht um Liebe, erst hast du einen Prozess der Läuterung zu durchlaufen, dann kannst du zum Gefäß für die überpersönliche Liebe werden. Und schließlich erwies sich die gesamte Vorstellung von Liebe als eine Illusion: Persönliche Liebe ist nichts weiter als zwei Egos, die sich gegenseitig huldigen. Und darauf folgte die Ideologie der überpersönlichen Erleuchtung. Doch gab es in all dem eigentlich je echte Liebe?

Wieder aus einem anderen Blickwinkel betrachtet, könnte man sagen, dass ich nach Erleuchtung strebte und Andrew mit seinem Experiment erleuchteten Lebens dazu das zeitgemäße Angebot an mich herantrug. Nach meinem Dafürhalten brachte er, verglichen mit anderen Lehrern, die ich damals kennen lerte, das aufregendere und tief greifendere Angebot. Andrew verschaffte mir äußerst reelle und überzeugende spirituelle Erfahrungen, und seine Gemeinschaft bestand aus lauter Leuten, die auf Teufel komm raus entschlossen waren, Erleuchtung zu erfahren, genau wie ich. Wie der Psychologe Len Oakes über die Schüler charismatischer Lehrer schreibt, sind das keine ausgebufften Verlierertypen und leichtgläubigen Weicheier, sondern sensible, anspruchsvolle Leute, die «etwas vorhaben» in ihrem Leben. Intuitiv verstehen sie, dass dieser Lehrer ihnen etwas zu bieten hat, denn er teilt ihre Werte. Sobald sie ihre Aufgabe vollbracht haben, oder sobald sie fühlen, alles erhalten zu haben, was von diesem Lehrer zu haben ist, ziehen sie weiter.

Bei mir war es so, dass ich ging, als ich genug hatte. Doch an welchem Punkt entscheiden wir, dass wir genug haben? Und wenn einem der Verdacht kommt, der Lehrer tue einem nicht gut, was dann? Wie lange soll man gegen seine Zweifel angehen und die Stimme des Urteils in sich niederhalten? Ab wann gesteht man sich ein, dass ein Lehrer es nicht wert ist, dass man ihm sein Vertrauen schenkt? Der spirituelle Weg ist voll gestellt mit Hindernissen und Herausforderungen. Von seinem Ego kann man schlechterdings erwarten, dass es dem Lehrer gegenüber allerlei Zweifel und hinterhältige Verdächtigungen geltend macht.

Und es gibt keinen Beweis dafür, dass der Lehrer auch tatsächlich imstande ist, in einem die radikale Transformation auszulösen, die er in Aussicht stellt. Doch eine faire Chance muss man ihm gewähren. Wer sich zu früh davonmacht, verpasst womöglich die Belohnung. Besser, man ist sich seiner Sache hundertprozentig sicher, bevor man sich davonmacht. Gewiss waren es Überlegungen wie diese, die mich elf Jahre bei der Stange hielten.

Wenn man zu mir sagt, ich habe elf Jahre meines Lebens mit Andrew verschwendet, antworte ich, dass ich diese Jahre in meinem nicht ungeschehen machen möchte. Ich stürzte mich in das größte Abenteuer, das mir nur denkbar ist: eine Reise zu Liebe und Wahrheit, und alles habe ich dafür hingegeben. Es dauerte lange, bis ich lernte, was ich zu lernen hatte, doch bin ich mir sicher, dass kein Tag verschwendet war.

Das Schreiben dieses Buches war ein ernüchterndes Unterfangen. Ich ergründete Winkel meiner Seele und Zeiten meines Lebens, die mir unendlich viel Schmerz bereiteten. Dabei hatte ich nicht allein mit den beschriebenen elf Jahren zurechtzukommen, sondern auch mit der grundlegenden Philosophie meines Lebens und mit meinen Idealen. Gegenüber Andrew oder seiner Gemeinschaft bin ich nicht länger persönlich wütend. Obwohl ich heute Andrews Mängel klar und nüchtern erkenne, seine pubertäre Mentalität von alles oder nichts, sein Bedürfnis nach Bestätigung und Macht, drängt es mich nicht dazu, gegen ihn einen Kreuzzug zu entfesseln.

Doch es betrifft und betrübt mich – ja, und manchmal macht es mich wütend, wenn mir wiederholt Geschichten zu Ohren kommen über Missbrauch und Berichte, die davon handeln, wie es den Leuten psychologisch und emotional schwer gemacht wird, die Gemeinschaft zu verlassen. Und wenn Schüler ihn verlassen, finden sie es danach schwer, über ihre Erfahrungen zu sprechen. Es gibt ehemalige Schüler, die von mir verlangten, dass ich ihre Erfahrungen von Missbrauch nicht zur Sprache bringe, da ihnen diese Geschichten noch immer zu viele Schmerzen bereiten. So verständlich das auch ist, tut es doch weh, wenn man bedenkt, dass eine spirituelle Gemeinschaft, die sich angeblich der Wahrheit verschrieben hat, auf ihre Mitglieder einen solchen Druck ausübt, selbst auf Mitglieder, die ihr gar nicht mehr angehören. Das erinnert an die «Verschwörung des Schweigens», das häufig anzutreffen ist bei Opfern von Inzest.

Ich habe dieses Buch so ausführlich und genau gehalten, wie es mir möglich war. Dies geschah in der Hoffnung, es möge Anstoß sein für einen Dialog, es möge Weitere dazu bringen, mit ihrer Geschichte an die Öffentlichkeit zu treten, und es möge jenen Menschen eine Hilfe sein, die auf der Suche sind nach spiritueller Führung. Mein Bericht gewährt einen absolut notwendigen Blick hinter die Fassade, und er bildet das ernüchternde Gegengewicht zu manch inspirierenden, aber gänzlich abstrakten Ausführungen darüber, was Spiritualität ist und wie sie sein sollte. Meine Geschichte zeigt, was Spiritualität tatsächlich war und wie sie tatsächlich aussah.

Vollkommen ohne Schatten

Der Autor im Gespräch mit dem Verleger

Martin Frischknecht: André, wer deinen Bericht über die Jahre mit Andrew Cohen liest, kommt nicht umhin sich zu fragen: Warum hat es so lange gedauert, bis du dich endlich verabschiedet hast?

André van der Braak: Um diese Frage für mich zu beantworten, habe ich mein Buch geschrieben. Heute gibt es für mich zwei Antworten: Zum einen war es meine unbändige Sehnsucht nach Befreiung und Erleuchtung, die mich dazu brachte, trotz allem dabeizubleiben. Um mir diese Sehnsucht zu erfüllen, war ich bereit viel herzugeben. Und wer diesem Ziel einmal viel geopfert hat, ist bereit, auch das Allerletzte noch dazuzugeben, denn auf halbem Weg umkehren will bei so einem hohen Einsatz keiner. Das würde ja heißen, alles, was man zuvor bereits dafür investierte, für verloren zu erklären.

Zum anderen läuft der Mythos von der Erleuchtung darauf hinaus, dass man sich ungeheuer dafür anzustrengen hat, um über sein Ego hinauszugelangen. Das Ego wird sich diesen Bemühungen auf jede erdenkliche Weise in den Weg stellen. Nehmen wir zum Beispiel die klassische Geschichte von Milarepa und Marpa: Der Schüler verzweifelt auf seinem Weg und muss doch weiter gehen. So musste ich mir immer mal wieder eingestehen, dass ich schrecklich leide, doch sagte ich zu mir, es sei einzig mein Ego, welches da leide und Widerstand aufbaue, und dieser Widerstand sei zu überwinden.

Ist das eine Argumentation, die innerlich ablief, oder gab es solche Gespräche auch unter Schülern?
Beides. Auch unter Schülern haben wir so gesprochen. Andere sagten zu mir: «Wenn du jetzt zusammenbrichst und aufgibst, ist alles verloren. Jetzt musst du dich echt reinknien und die Sache durchziehen, jetzt geht es ums Ganze, es ist bloß dein Ego, welches sich deiner Transformation in den Weg stellt. Dahinter wartet auf dich das große Ziel.

Wer den Betrieb von außen betrachtet, muss feststellen, dass du dich da auf ein Spiel eingelassen hast, das von Anfang an nicht zu gewinnen war. Es gab und gibt ja nicht einen einzigen Kandidaten, von dem Andrew Cohen gesagt hätte, er habe es geschafft und durch ihn Erleuchtung erfahren.
Tatsächlich. Zu Beginn sah das aber anders aus. Wir gingen davon aus, dass es möglich sei, so zu werden wie Andrew. Er betonte damals, dass es zwischen ihm und uns keinen grossen Unterschied gebe und die Erleuchtung nicht weit von uns weg sei. Die Erfahrung schien jederzeit für uns offen zu stehen.
Langsam aber sicher rückte die Sache dann jedoch außer Reichweite, und wir waren gefordert, dafür zu kämpfen. Nach einigen Jahren fruchtloser Anstrengung hat man allmählich gemerkt, dass dieses Spiel keinen Gewinner kennt – und das galt nicht bloß für einen selber, sah man doch um sich die fähigsten Leute an dieser Anforderung scheitern. Du dachtest dir dann: «Wenn der oder die es nicht fertigbringt, wie soll ich es denn je schaffen?»
Daraus ergibt sich der Schluß, dass dieses Scheitern etwas mit Andrew zu tun haben muss, der es ganz einfach nicht zulässt, dass ein anderer gleichwertig neben ihm stünde. Eher scheint er darüber zu wachen, dass die Leute um ihn herum klein bleiben und sich ihm gegenüber wie Kinder zu einem Vater verhalten.

Wir kommen wohl nicht darum herum,
den Begriff «Erleuchtung» zu definieren.
Zunächst verstand ich «Erleuchtung» so, wie der Begriff im Buddhismus definiert wird: als Erlöschen von Verblendung, Gier und Aversion und als Übertritt in einen Zustand von Reinheit, in dem wir unbedrängt von den Lockungen des Egos leben und sämtliche Prägungen hinter uns gelassen haben. Andrew hingegen betonte, dass es sich um eine Verwirklichung im Sinne einer Einsicht in die Non-Dualität handle. Entsprechend erhielt die Sache Unmittelbarkeit und Frische, so dass man das Gefühl bekam, diese Einsicht stehe kurz bevor.

Und wenn sich eine solche Erfahrung einstellte,
so würde sie anhalten und einen nicht mehr verlassen?
Je nachdem. Nach Andrews Auffassung stellte sie sich bei vielen Menschen kurzfristig ein und verging wieder. Ihn selber jedoch habe die Erleuchtungserfahrung derart tief ereilt, dass sie zu einem Dauerzustand wurde. Er verwendete die Metapher eines Spiegels, dessen Glas mit Staub bedeckt sei. Durch die Erleuchtung werde der Staub weggeblasen, und das Licht werde vom Spiegel fortan ungehindert reflektiert.

Doch die Welt ist voller Staub.
Und darum hat man sich als Schüler ständig zu bemühen, den Spiegel rein zu halten, wohingegen Andrew als leuchtendes Vorbild dastand, wie der Spiegel rein zu halten sei. Wir gingen davon aus, dass er dauerhaft im Zustand der Erleuchtung verweile und sich auf seinem Spiegel kein Staub mehr sammle.

Was liess denn darauf schließen,
dass das bei ihm tatsächlich der Fall war?
Ein Mensch mit viel Charisma vermag seine Umgebung davon zu überzeugen, dass er rundum Bescheid weiß. Irgendwie verfügte Andrew über diese Gabe. Sie zeigte sich in der Art, wie er sprach und wie er sich verhielt. All das wirkte sehr überzeugend und be-

eindruckte auf der Ebene der Gefühle. Bestimmt hatte es auch damit zu tun, dass er ständig von Leuten umgeben war, welche dieses Gefühl aufrecht erhielten und damit wiederum andere ansteckten. Hauptsächlich aber galt das für ihn selber. Er bezeugte fortwährend, wie sehr er sich seiner Sache sicher war. Für ihn gab es keinerlei Zweifel, weder gegen sich selbst noch gegenüber anderen. Diese Sicherheit brachte er mit jeder seiner Taten zum Ausdruck. Von heute aus gesehen, würde ich sagen, dass ihm bestimmt etwas Wesentliches widerfahren war. Daraufhin war er vorbehaltlos überzeugt, die Erleuchtung ein für allemal erfahren zu haben. Das führte dazu, dass er an einen selbstgestrickten Mythos der eigenen Vollendung zu glauben begann. Er ging davon aus, dass sich auf seinem Spiegel kein Staub mehr sammelte, und er verbreitete über sich, ein Mensch ohne Schatten zu sein. Von da weg hakte bei ihm und bei uns etwas ein und verdichtete sich zu einer Überzeugung.
Nach dem Umzug in die USA verstand Andrew sich zunehmend als Prophet und als messianische Gestalt mit einem missionarischen Auftrag. Dadurch manövrierte er sich vor die Frage, dass entweder sein Lehrer oder er selber Recht habe, und es folgte das Zerwürfnis mit Poonjaji. Nachdem dieser Weg einmal beschritten war, wurde es sehr schwer, sich zu besinnen und umzukehren.

Abgesehen von seinem Charisma, was verlieh dir die Gewissheit, dass er ein erleuchteter Lehrer war? Offensichtlich entsprach Andrew doch bestimmten Erwartungen, die du mit in dieses Abenteuer brachtest.
Ihm war es gegeben, auf außerordentlich klare Weise zu sprechen. Wenn wir gemeinsam meditierten, waren das äußerst starke Erfahrungen. Es entstand eine tief reichende Stille, die er in seiner Umgebung irgendwie generierte – zumindest schien diese Stille von ihm auszugehen. Er schien etwas auszustahlen: das Absolute. Ja, so fühlte ich das, und es wirkte auf mich höchst überzeugend. Wenn er während des Satsangs Fragen beantwortete, geschah das ohne das leiseste Zögern. Er kam gleich auf den Punkt, und mit umwerfender Sicherheit ging er auf Fragen ein, egal um was für ein Thema es sich handelte.

Wie erklärst du dir dieses Phänomen im Rückblick?
Heute betrachte ich dieses Geschehen aus einem psychologischen Blickwinkel. Die Gestalt eines charismatischen Führers ist zu allen Zeiten aufgetaucht, und obschon diese Menschen höchst unterschiedliche Anliegen vertraten, folgt das Geschehen um sie stets einem ähnlichen Muster. Aus bestimmten, psychoanalytisch nachvollziehbaren Gründen ist es Charismatikern möglich, von jedweder Unsicherheit der eigenen Mission gegenüber abzusehen und ihren Auftrag rückhaltlos zu vertreten. In gewisser Weise mag uns die Wirkung, die solche Menschen auf andere entfalten als unlösbares Rätsel erscheinen. Andererseits lässt sich aber auch feststellen, dass Charismatiker sehr oft von narzißtischen Kräften angetrieben werden. Von sich selber sind sie derart eingenommen, dass andere Menschen weitab von ihnen stehen und sie emotional nicht zu erreichen vermögen.
Auf Andrew trifft das bestimmt zu. Emotional war er nicht erreichbar, ihm war es möglich, einen inneren Zustand von distanzierter Ruhe permanent aufrechtzuerhalten. Früher habe ich das an ihm bewundert, heute verstehe ich es als Beziehungsunfähigkeit. Sich umfassend auf Freundschaft einzulassen, bedeutet sich von anderen berühren zu lassen und verletzlich zu sein. Andrew behauptete zwar, verletzt und enttäuscht zu sein, wenn er sich von Freunden hintergangen fühlte. Im Rückblick denke ich jedoch, dass es so etwas wie echte menschliche Bindung und Freundschaft für ihn gar nicht gab.
Was für ihn zählte, war seine Mission. Um seine Aufgabe zu erfüllen, opferte er auch sich selbst. Es ist ja nicht so, dass er sich persönlich bereicherte oder einen Vorteil aus seiner Stellung geschlagen hätte. Nein, er ging mit dem guten Beispiel voran und war bereit, alles herzugeben, um das höhere Ziel zu erlangen. An seine Mission glaubte er aufrichtig und umfassend, und das tut er noch.

Demnach ist der Charismatiker kein Scharlatan, der andere zum eigenen Vorteil verführt, sondern ein Überzeugungstäter.
Unbedingt. Diese Leute glauben vollständig, was sie anderen er-

zählen. Das gilt auch in der Politik. Die erfolgreichsten Politiker sind jene, die an die eigenen Lügen glauben. Ein Gesinnungstäter wirkt weit überzeugender als ein Betrüger, der bewußt versucht, andere hinters Licht zu führen.
Trifft nun der Mann, welcher von sich und seiner Aufgabe derart überzeugt ist, auf Menschen, denen es an Selbstvertrauen und Gewissheit mangelt, entsteht eine magische Anziehung, denn die Unsicheren glauben, sie würden im Umfeld des Charismatikers an Selbstsicherheit gewinnen und schließlich werden wie er.
Das trifft speziell auf Menschen zu, die der eigenen Erfahrung wenig Wertschätzung entgegenbringen und voller Zweifel sind. Die treffen dann auf einen Mann, der unangefochten von Selbstzweifeln Wahrheiten verkündet und dies aus selbstlosem Antrieb zu tun scheint. Das wirkt in der Tat sehr anziehend.

Bleibt die Frage, wie die Erleuchtung hätte vom Lehrer auf den Schüler übergehen sollen.
In diesem Modell geht man davon aus, dass die Persönlichkeit des Lehrers umfassend und ganz ist, was auch erklärt, warum es zwischen ihm und seiner Mission keine Trennung gibt. Wie sich das auf Schüler hätte übertragen lassen, war auch für Andrew Cohen nicht klar, und er experimentierte mit den unterschiedlichsten Formen. Zunächst gingen wir davon aus, es sei genug, mit ihm im selben Raum zu sein. Das war die Zeit des Satsangs. Nach einigen Jahren erwies sich dieses Konzept als untauglich. Das Zusammensein mit ihm führte bei den Schülern zwar zu gewissen tiefen Erfahrungen, doch diese Erfahrungen waren nicht von Dauer und sie bewirkten keinen tief greifenden Wandel der Persönlichkeit. Das führte dazu, dass wir uns der Meditation und verschiedenen spirituellen Praktiken verschrieben. Von da weg ging es zunehmend darum, sein Ego zu besiegen.

Was einen seltsam berührt, ist die Tatsache, dass Andrew Cohen selber sich keinem solchen Kampf unterzogen hatte, um sein Ego zu überwinden und zu seiner folgenreichen

Erleuchtungserfahrung zu gelangen. Als Vorbild war er in dieser Hinsicht also für die eigene Methode nicht geeignet.
Das Ganze beruhte natürlich auf der Annahme, dass er – wodurch auch immer – sein Ego ein für allemal hinter sich gelassen hatte und er nun über den absoluten Durchblick verfügte. Folgedessen wußte er auch am besten, was es für uns zu tun galt. Auf der Annahme seiner Vollkommenheit beruhte alles. Wer sich von dieser Grundannahme entfernte, für den brach das gesamte Gebäude zusammen. Für mich hat es sehr lange gedauert, bis ich den ketzerischen Gedanken in mir zuliess und ich mir eingestand, dass ich ihn nicht für vollkommen hielt.

Heute würde ich sagen, dass es nicht darum geht, sein Ego zu überwinden und es aus dem Weg zu räumen. Vielmehr geht es darum herauszufinden, wofür dieses Wort «Ego» eigentlich steht und daraufhin einen reiferen, wahrhaftigeren Umgang damit zu finden. Das Ego lässt sich nicht töten, wir brauchen es nicht zu töten, und wir sollten schon gar nicht versuchen, so etwas zu tun.

Es gibt in uns nicht zwei verschiedene Größen, auf der einen Seite ein zur Erleuchtung entschlossener spiritueller Kämpfer und auf der anderen Seite dieses Monster, das Ego. Was wir als «Ego» bezeichnen, ist kein festes, unverrückbares Ding in uns, sondern eine Definition von uns selbst, die uns durch alle Lebensumstände hindurch erhalten bleibt. Diese Funktion in uns ist weder gut noch schlecht. Sie aus der Welt zu schaffen ist unmöglich, wohl ist es aber möglich, ausgeglichener mit dem Ego zu sein.

Die heroische Phrase, sein Ego zu besiegen, würde ich heute ersetzen durch die Aufforderung: «Werde, der du bist!» Auch meine Studien zu Friedrich Nietzsche haben mir diesen Punkt vor Augen geführt. Es ist sinnlos, ständig zu versuchen, etwas zu sein, was man nicht ist oder noch nicht ist. Das führt zu einem Gefühl, in seinem Leben nicht am rechten Ort zu sein. «Werde, der du bist!» signalisiert, dass wir niemand anderer zu werden brauchen und dass es alles hier und jetzt zu entdecken gibt.

Womit du zurückgekehrt bist zur Lehre, wie sie Andrew anfangs verkündete.
Ja, in gewisser Weise. Jedenfalls weiß ich mich heute wieder stärker verbunden mit der Lehre der Non-Dualität des Advaita-Vedanta.

Beziehst du dich dabei auch auf den denkenden Geist (mind), den es nach Auffassung vieler spiritueller Lehren zu überwinden gilt?
Meiner Auffassung nach ist das Wort «Mind» eine Erfindung unserer westlichen Kultur. Im japanischen Zen beispielsweise gibt es diesen Ausdruck nicht. Dort wird vom «Body/Mind» gesprochen, denn zwischen Mensch und denkendem Geist wird nicht unterschieden. Den denkenden Geist als etwas Abgetrenntes zu betrachten scheint mir nicht sinnvoll; zu groß ist die Gefahr, dass der Mind darüber zu einem Feind wird, den es zu bekämpfen gilt.

Folgst du heute noch einer spirituellen Praxis?
Kommt darauf an, wie eng das definiert wird. Ich praktiziere Zazen, ich jogge, ich spiele Klavier. Das alles hilft mir dabei, ein ausgeglichenes Leben zu führen und nahe bei dem zu sein, was ich bin.

Was du allerdings noch nicht gefunden hast.
Nicht gefunden, was ich bin? – Wie hätte ich das je verlieren können?

Was geht in dir vor, wenn du heute eine Ausgabe von Andrews Magazin What is Enlightenment? *zur Hand nimmst?*
Zum einen kommt mir das alles sehr bekannt vor, zum andern habe ich meine liebe Mühe, die Beiträge in *What is Enlightenment?* zu lesen. Mit der Sprache bin ich mehr als vertraut, doch der Stil kommt mir aufgeblasen und rhetorisch hochtrabend vor. Hin und wieder werden faszinierende Menschen interviewt, aber in diesen Gesprächen scheint es hauptsächlich darum zu gehen, diese Leute dahin zu manövrieren, sich von ihnen die eigenen Ansichten bestätigen zu lassen.

Dieses Magazin dreht sich mehr um Politik denn um eine aufrichtige Untersuchung der Frage nach der Erleuchtung. Eine echte Erörterung dieser Frage würde Stimmen einschließen, die Andrew nicht beipflichten. Um diese Opponenten einzuladen, müßte man sich an das eigenen Credo halten und es im Magazin praktisch umsetzen: Nicht zu wissen und sich frei von Vorurteilen auf eine Erkundung grundlegender Themen einlassen. Wer im Voraus zu wissen meint, welcher Weg der richtige ist, was gut ist und was schlecht, der ist für ein solches Unterfangen nicht geeignet.
Mir fällt es auch schwer zu verstehen, warum es von Seiten Andrews und seiner Gemeinschaft auf mein Buch keinerlei Reaktionen gibt. Bestimmt mögen sie nicht, was drin steht. Doch darüber ließe sich diskutieren – meinetwegen auch in *What is Enlightenment?*. Stattdessen scheint das Buch als Verrat aufgefaßt worden zu sein, und man beschloß trotz erheblichem Ärger und viel interner Aufregung, dieses Buch gegen aussen hin totzuschweigen.

Mir scheint, ein guter Teil von dem, was es mit einem solchen Lehrer zu lernen gibt, stellt sich gerade dann ein, wenn man den vorgeschriebenen Pfad verlässt, wenn man die Projektionen zurücknimmt, die man auf den Meister hatte, sich auf die eigenen Beine stellt und die Gruppe hinter sich lässt.
Durchaus. Allerdings bereue ich es nicht, dass ich einst diese Projektionen aufbaute und sie für lange Zeit aufrechterhielt. Manch einer mag sich denken, dieser ganze Betrieb um charismatische Gestalten, die Projektionen, die sie auf sich ziehen und die Enttäuschungen, die unweigerlich eintreten, das alles sei grundsätzlich von Übel, und wer sich darauf verstehe, Charismatiker zu meiden, der sei aus dem Schneider. Das ist nicht meine Meinung. Im Gegenteil. Ich halte diesen Ablauf für notwendig und richtig. Es gehört zum spirituellen Weg, dass wir auf andere Menschen projizieren, dass wir sie verherrlichen und glorifizieren.
Dasselbe geschieht, wenn wir uns verlieben. Wenn wir den anderen nicht verklären würden, hätten wir nicht die Energie und den Mut dazu, uns Hals über Kopf in eine Beziehung zu stürzen. Ohne

Verliebtheit würden wir nicht über uns hinauswachsen und keine neuen Bereiche erkunden, in die wir uns bei nüchternem Verstand nicht vorwagten. Nur in diesem Zustand sind wir bereit, unsere Grenzen zu überschreiten. Dass wir das können, das ist doch wunderbar!

Wenn die Projektionen ihre Funktion erfüllt haben, nehmen wir sie zurück, und der Kreis der Erfahrung schließt sich. Wer sich aber von Anfang an nicht darauf einlässt, wer sich dem verweigert, wer sich versteckt hinter Skepsis und Zweifel und es schon gar nie so weit kommen lässt, der verpasst meiner Meinung nach eine wichtige Erfahrung.

Bei dir liess der Prozess der Ernüchterung aber lange auf sich warten, und als er kam, war er äußerst schmerzhaft.

Ich hoffe, mein Buch wird anderen diesen Weg leichter machen, weil sie früher merken, dass es Zeit ist, die Projektionen zurückzunehmen.

Was aber stets auf einen Bruch mit dem Lehrer hinausläuft?

Hoffentlich nicht. Bei einem guten Meister verläuft das nicht anders als bei einem guten Psychotherapeuten. Ein Therapeut, der sein Handwerk beherrscht, weiß doch mit Übertragung und Gegenübertragung umzugehen. Er weiß, dass der Klient ihn im Verlaufe der Therapie idealisieren wird. Er lässt das zu und er verwendet dieses Geschehen, um den Prozess der Selbsterkenntnis zu fördern. Und weil ihm persönlich nichts daran liegt, von seinem Klienten idealisiert zu werden, fördert er den Prozess der Ernüchterung und die Rücknahme der Projektionen.

In der Entwicklung der Psychoanalyse hat es Jahrzehnte gedauert, bis diese Mechanismen nicht nur erkannt sondern auch in ihrem therapeutischen Wert anerkannt wurden. Zunächst wurde die Übertragung bloß als lästiges Hindernis im Verlauf der Behandlung wahrgenommen, und es dauerte lange, bis man sich darauf verlegte, diese Kräfte zum Nutzen der Therapie zu verwenden.

Ein guter spiritueller Lehrer würde ebenso verfahren. Er wäre ge-

nauso wenig der Bewunderung verhaftet, die ihm entgegenströmt, wie ein guter Therapeut. Vielmehr unterstützte ein solcher Meister den Schüler dabei, seine Projektionen zurückzunehmen und zu einem selbständigen, unabhängigen Menschen zu werden. So ein Lehrer würde seinen Schüler nach einer gewissen Zeit zurückschicken in die Welt, ihn bewußt in die Freiheit entlassen und ihn dazu ermutigen, sein eigenes Ding durchzuziehen.
Gewiss ist das ein hoher Anspruch, und es setzt voraus, dass ein spiritueller Lehrer nicht der äußerst angenehmen Erfahrung verhaftet ist, von anderen bewundert und verehrt zu werden. Diese psychologische Falle wäre zu vermeiden. Wenn einem von anderen solche Gefühle entgegenströmen, kann das sehr rasch zu einer Art von Sucht führen.

Ist Andrew Cohen vom eigenen Lehrer nicht gerade das widerfahren: dass er von Poonjaji weggeschickt wurde, um sich draußen in der Welt zu bewähren?
Im Nachhinein verstehe ich das so. Womit ich nicht behaupten will, Poonjaji sei ohne Fehl und Tadel gewesen. In der Hinsicht aber hat er es gut gemacht – obwohl, wenn ich an Andrew denke, hätte er ihn vielleicht besser noch eine Weile bei sich behalten …

Besteht bei deinem Buch nicht die Gefahr, dass es dir Applaus von der falschen Seite einbringt?
Gewiss gibt es Leute, die sich von mir die eigenen Vorurteile gegenüber Gurus und Sekten bestätigen lassen. Das ist nicht meine Absicht, doch das lässt sich nicht verhindern. Mir ist es wichtiger, dass dieses Buch bereits etlichen Menschen geholfen hat, die in einer ähnliche Lage waren wie ich. Nicht nur ehemalige Schüler von Andrew Cohen haben in diesem Bericht ihre eigenen Erfahrungen wieder gefunden, und sie fanden sich bestärkt, der eigenen Wahrnehmung zu trauen.

Amsterdam im Juli 2004

Steven Harrison

Nichts tun

Am Ende der spirituellen Suche

«Wer sucht, der findet», heißt es. Im spirituellen Leben gilt aber häufig: «Wer sucht, sucht ohne Ende.» Woran liegt das? Nicht unbedingt an Meistern und Lehre. Meist geht die spirituelle Suche in die falsche Richtung. Steven Harrison weist einen grundlegend anderen Weg: Statt nach außen führt er nach innen, hin zu Selbstbestimmung und Stille.

ISBN 3-9521966-0-6

142 Seiten, gebunden, E 16.–, Fr. 28.–

Eins sein

Transformation durch Beziehung

Was hindert uns daran, rückhaltlos in Beziehung zu sein mit sich und der Welt? Provozierende Gedankengänge über romantische Liebe und Tantra, über die Sehnsucht nach Verbindung und die tiefer liegende Sucht nach Trennung. Der ultimative Beziehungsratgeber eines modernen Mystikers.

ISBN 3-9521966-2-2

160 Seiten, gebunden, E 18.–, Fr. 32.–

Das glückliche Kind

Erziehung durch Freiheit

Steven Harrison hält nicht viel vom gegenwärtig herrschenden Schul- und Erziehungssystem. Heranwachsende sind nicht den Bedürfnissen unserer Gesellschaft anzupassen, sondern umgekehrt: Die Kinder sollen Staunen, Leidenschaft und Lebensfreude zurückzubringen – wenn wir sie annehmen als das, was sie sind.

ISBN 3-033-00036-3

160 Seiten, gebunden, E 19.–, Fr. 29.–